Voilà une réponse — entre
autres — à cette maladie obsess...
qui t'habite : Sartre "Les mots"
P 78 Edition NRF Gallimard

Vanessa

P.S mais il est vrai que tu
n'aimes pas Sartre... enfin.

L'HÉROÏNE

DÉJÀ PARUS :

Poésie

Les Chants de Nathanaël (prix Guillaume Apollinaire 1943) ; *Tabacs blonds* ; *Bréviaire d'un gitan* ; *Statue de l'amertume* ; *Profit littéraire de la France.*

Art

Les Clés de l'art moderne, La Table ronde, 1955.

Romans

Le Jeune Homme endormi, Sagittaire, 1946.
L'Archange démasqué, Sagittaire, 1948.
Un ange américain, Pierre Horay, 1956.
Les Taches du soleil, Pierre Horay, 1957.
Le Triangle éternel, Julliard, 1981.

© 1987, Éditions Jean-Claude Lattès.

YVES SALGUES

L'HÉROÏNE

Une vie

JClattès

La loi du 11 mars 1957 n'autorisant, aux termes des alinéas 2 et 3 de l'article 41, d'une part, que les « copies ou reproductions strictement réservées à l'usage privé du copiste et non destinées à une utilisation collective », et, d'autre part, que les analyses et les courtes citations dans un but d'exemple et d'illustration, « toute représentation ou reproduction intégrale ou partielle, faite sans le consentement de l'auteur ou de ses ayants droit ou ayants cause, est illicite » (alinéa 1er de l'article 40).

Cette représentation ou reproduction, par quelque procédé que ce soit, constituerait donc une contrefaçon, sanctionnée par les articles 425 et suivants du Code pénal.

A Pascal Jardin, à sa radieuse mémoire.

Y. S.

« Il n'y a que de grandes maladies qui fassent solution de continuité dans la mémoire. »

Jean-Jacques Rousseau.

« La jeunesse n'est jamais si heureuse que parce qu'elle ne sait rien ; la vieillesse n'est jamais si malheureuse que parce qu'elle sait tout. Heureusement, quand les mystères de la vie finissent, les mystères de la mort commencent. »

Chateaubriand, *Génie du christianisme*.

« Il reste à parler d'un état de l'âme, qui, ce nous semble, n'a pas encore été bien observé ; c'est celui qui précède le développement des passions, lorsque nos facultés, jeunes, actives, entières mais renfermées, ne se sont exercées que sur elles-mêmes, sans but et sans objet. Plus les peuples avancent en civilisation, plus cet état du *vague* des passions augmente ; car il arrive alors une chose fort triste : le grand nombre d'exemples qu'on a sous les yeux, la multitude des livres qui traitent de l'homme et de ses sentiments rendent habile sans expérience. On est détrompé sans avoir joui ; il reste encore des désirs, et l'on n'a plus d'illusions. L'imagination est riche, abondante et merveilleuse ; l'existence pauvre, sèche et désenchantée. On habite, avec un cœur plein, un monde vide ; et, sans avoir usé de rien, on est désabusé de tout. »

Chateaubriand, « Du vague des passions », *ibidem*.

« Stupéfier : diminuer, suspendre le sentiment. Le propre de l'opium est de stupéfier. »

Littré, *Dictionnaire de la langue française*.

« Quels livres valent la peine d'être écrits hormis les Mémoires ? »

Malraux.

« Existait-il une autre vie, d'autres amours, une autre morale, là-bas, derrière les champs de pavots ? »

Frédéric Prokosch, *Les Asiatiques*.

« L'on ne devient pas fou parce qu'on se drogue ; l'on se drogue parce qu'on est fou. »

Dr Otto Ritter,
cardiologue de la clinique des Rives de Prangins.

SOMMAIRE

LIVRE PREMIER
   L'opium : le sentiment océanique

LIVRE SECOND
   Cartes pour une identité

LIVRE TROISIÈME
   Identité judiciaire

LIVRE QUATRIÈME
   La mort au jour le jour

LIVRE PREMIER

L'opium : le sentiment océanique

I

J'ai reçu le baptême de l'opium dans des circonstances extravagantes où l'entendement commun ne se plaira point. S'il peut les trouver plausibles, il les jugera immorales et insultantes, peut-être, pour le jour glorieux qui s'écoulait sous un azur caniculaire.

Ce jour, le samedi 26 août 1944, est en effet celui de la libération de Toulouse.

Je cours rue d'Alsace-Lorraine, un paquet à la main, entre les balles des miliciens qui tirent des toits et dont l'un — je ne saurai jamais pourquoi — emploie à m'abattre tout ce qui lui reste de précaire liberté, de vie active, de talent d'adresse. Il devait croire, ai-je pensé depuis, que, porteur d'une machine infernale à forte concentration d'explosif, j'allais faire sauter le musée municipal sur lequel ils avaient établi leur folie désespérée de résistance.

Je ne dus qu'au tramway, par deux fois, de n'être pas touché des façons les plus préjudiciables ; la première — de dos — à la colonne vertébrale ; la seconde — de biais — à l'artère du toréador.

En dernière extrémité de souffle et d'effroi, je me jetai sur les rails, ne devant qu'au sang-froid du wattman — à ses prodigieux coups de frein — de n'être pas écrasé, alors même que sa machine faisait obstacle aux projectiles qui m'étaient destinés ; toute cette action sans motif ayant lieu dans l'artère principale de la ville, sur une distance d'environ cent cinquante mètres, en direction de la place Esquirol.

Dans la peur qui me glace la moelle et où il entre une part d'inconscience que j'attribue à l'âge heureux qui est alors le mien, j'atteins la rue des Arts où, grimpant en dératé l'escalier de marbre blanc, je sonne violemment, au quatrième étage, à l'appartement des Jumièges.

Il était 13 h 30. La fusillade que je venais de traverser au cœur battant de la grande cité languedocienne insurgée se calma. Les miliciens de Darnand se rendirent aux maquisards du colonel Ravanel.

A la vue du colis sphérique protégé par un triple entoilage goudronné que je tiens contre ma cuisse droite, Gontran de Jumièges m'attire à lui avec empressement.

— Je n'oublierai jamais ce que tu as fait aujourd'hui pour moi, dit-il, en enflammant la banalité de cette phrase du feu de l'amitié la plus vive. Au reste, je vais te le prouver toute affaire cessante, poursuit-il dans la même ferveur.

Alors, à travers le long couloir où j'échange ordinairement des balles au pied avec son fils Vincent, Jumièges m'entraîne par la main, dans un mouvement de farandole, jusqu'à sa chambre. D'un geste il ouvre le dernier tiroir de la grosse commode Boulle où sont rangés les objets, documents et souvenirs à quoi sa vie est le plus attachée et en extrait un carton de dessins qu'il abandonne à mes pieds, laissant tomber, avec cette incroyable assurance que nous procurent seuls le détachement du sacrifice ou la générosité profuse de l'amour :

— Ils sont à toi. Tous à toi, mon garçon. Débrouille-t'en. Vends-les s'ils ne plaisent pas à tes yeux.

Et, me prenant le paquet des mains, Jumièges s'esquive vers la cuisine en sautillant tel un gamin déluré.

Ils sont à toi. Tous à toi, mon garçon. Il s'agit là de six magnifiques papiers collés d'Henri Matisse, parmi les plus réussis qu'ait réalisés ce fauve de haute race. Il aura fallu le monument d'exhaustion qu'a consacré Aragon à Matisse pour que les marchands et les amateurs s'intéressent aux collages studieux du vieux peintre tout vibrant d'esprit inventif. (Tout de même, que je sache, nos galeries d'avant-garde n'avaient pas attendu l'étude de Sartre pour exposer des mobiles de Calder.) Matisse découpant, coloriant et collant, c'est le génie qui joue à l'enfant prodige en toute humilité.

C'est la récréation de bonheur des jeudis et dimanches. Oiseaux de mer, cryptomanes exotiques, animaux imaginaires, bustes de femmes-serpents, corps en extension sans tête, au profil seulement figuré... c'est la fortune qui sort d'un portefeuille de cartonnage pour séjourner aux murs de ma turne d'étudiant. C'est Buffon au Jardin des plantes, mais avec les ciseaux et le pot de colle d'un visionnaire surréaliste. Qu'avais-je donc accompli de si sublime pour mériter d'un seul coup d'un seul, toutes à la fois, les six faveurs d'une bonté sans égale ? Et par quel mystérieux itinéraire ces trésors d'une virtuosité fulgurante étaient-ils parvenus jusqu'à moi ? De cela je me souciais bien peu, du reste, puisqu'ils ne provenaient pas d'un vol et qu'il ne s'agissait point de faux.

En juin 1940, alors que l'armistice vient d'être signé à Bordeaux, Gontran de Jumièges, en poste à la succursale de la Banque de France de Biarritz, reçoit en catastrophe, à la fermeture des bureaux, un Matisse accablé dont l'angoisse balance entre une solution espagnole : passer la frontière à Irun et s'installer à Saint-Sébastien, et une solution française : louer une villa au Pays basque et voir venir. A la tête d'un équipage dispendieux, il a la charge d'une nombreuse parenté et d'une domesticité encombrante. Dans le mouvement de panique qui s'est emparé de la bourgeoisie d'argent, toute une clientèle froussarde a liquidé ses comptes et vidé ses coffres. Les billets commencent à manquer dans les caisses. Jumièges a-t-il remonté le moral miné du peintre des odalisques ? L'a-t-il persuadé de ne point franchir les Pyrénées ? A-t-il fait poids de son titre de contrôleur adjoint du groupe B.A.B (Bayonne-Anglet-Biarritz) pour influencer son directeur régional et faire obtenir à Matisse un crédit substantiel ? L'a-t-il fait par la suite profiter de ses anticipations lucides d'avisé conseiller financier ? Oui, certainement. « Je lui ai rendu en une semaine une série de fiers services, m'a confié Jumièges, évasif. Il m'en a été fort reconnaissant. »

Qu'on se mette à ma place. Que j'héritasse de cette somptueuse gratitude pour un transport de colis dans une zone urbaine un moment livrée aux fusils d'une libération, et que cette mission exécutée à jambes lestes et d'un cœur léger me valût d'aussi fastueux égards, voilà qui me parut une aubaine insolite, à la limite du suspect.

Je n'allais pas tarder à savoir de quoi il retournait. Cette carapace de toile imperméable, cette sphère de papier coaltar hérissé de gravillons renfermaient la plus imprévisible et la plus rare des denrées du monde : l'opium du Bénarès dont Gontran de Jumièges était privé depuis quatre années pleines.

L'opium, quand on le découvre, ce n'est pas la vision qui nous révèle un produit : c'est une odeur. Un saisissement olfactif agressif et puissant qui ne ressemble à aucun autre. Une odeur d'excréments de hyène et de magnolias piétinés où l'horreur se mêle au sublime. Il faut y ajouter avec le Bénarès un fol entêtement à prendre possession de la mémoire physique de l'homme. Ce suc noir, suintant et gras du pavot du Gange, qui travaille longtemps après sa cueillette, il ne l'oubliera plus. Son cerveau, son souvenir neuronal en seront à jamais imprégnés. Dans son temps et dans sa sensibilité, il fera date et encoche profonde.

Il n'est bien évidemment d'opium que d'Orient et d'Extrême-Orient. Mais, de tous les opiums asiatiques, l'hindou — le Bénarès — est l'aristocrate et l'indétrônable dieu. Pionniers et chercheurs débarqués avec l'armée des Indes en firent leur champ d'expérimentation favori. C'est à partir de lui que le fameux docteur en médecine Thomas Sydenham trouva la formule du laudanum, opium liquide buvable qui, dès la seconde moitié du xviie siècle, permit le soulagement des misères du monde. Futur Pierre Loti, le lieutenant de marine Julien Viaud — dont on n'eût point soupçonné le raffinement canaille — l'introduisit à vingt-sept ans chez les petites alliées brestoises et toulonnaises. Grâce à la persistante finesse de ses alcaloïdes, la pharmacie anglaise a toujours disposé — sans dévoiler ses secrets de fabrication pour autant — des substances morphiniques les plus efficaces et les mieux tempérées. A telle enseigne que le feld-maréchal Goering, par l'intermédiaire de l'ambassadeur von Ribbentrop — alors du dernier bien avec Windsor —, s'approvisionnait en chlorydrate à Londres. Etc. Un brin d'histoire mis à part, j'entrai dans l'univers des toxiques par l'anecdote, le bavardage, les potins du Quai d'Orsay. Etait-ce vrai ce que me racontait Gontran de Jumièges intarissable, ou s'agissait-il d'un délire de retrouvailles avec sa chère drogue ?

Il faisait, Gontran, l'objet d'une impressionnante métamorphose. J'avais un certain mal à reconnaître sous ce préparateur affairé mais au geste sûr, qui m'expliquait le monde étrange et marginal auquel il appartenait depuis la fin de son adolescence, le fonctionnaire modèle qui secondait le directeur du premier établissement bancaire de la ville. Quand il m'avait impérieusement demandé, à midi un quart, après la fermeture des caisses, de passer à son bureau pour que je lui fasse une petite course, me remettant alors cinquante mille francs dans une enveloppe qu'il cachetait devant moi en m'indiquant ce que je devais en faire, j'avais bien remarqué dans ses yeux bleu acier — pâles et morts d'ordinaire — un regain de vitalité frénétique et passionnée. Mais de là à imaginer que j'allais échanger cet argent, chez un antiquaire très en vue du quartier du Capitole, contre un kilo d'opium, il y avait loin. Il y avait encore plus loin de ma démarche à son aboutissement : le contenu du colis, le miraculeux Bénarès. Gontran s'attendait à du Mandalay ou du Tabriz, cet opium vert et dur des plateaux persiques que les laboratoires clandestins recherchent pour sa teneur en morphine base. Il s'attendait en ces temps de guerre à un vulgaire opium d'Anatolie ou à de l'infumable pakistanais.

Ce sommet de la hiérarchie pavotique sur lequel il se répandait en dithyrambe, c'est moi qui le lui avais apporté avec mes jambes de sprinter, mes réflexes intacts, payant de ma personne et de mon capital de jeunesse. Au lieu de m'effacer devant mon exploit j'avais maintenant tendance à le valoriser.

La vérité était pourtant là, mise à plat comme une belle plaie guérissable ; j'avais risqué, bravé, frôlé la mort pour une masse de puanteur infecte, pour cette énigme répugnante et merveilleuse : la boule de Bénarès. J'avais donc acquis le droit d'y goûter.

Aujourd'hui que la drogue — partout convoyée, distribuée, pourchassée — est devenue un phénomène international de société, les psychiatres, les éducateurs, les prêtres (et d'une manière générale tous les réarmateurs moraux) nous rabâchent à longueur de séminaire que les causes de la toxicomanie et de la délinquance qu'elle entraîne fatalement s'enracinent dans : l'émulation juvénile, la surpopulation émigrante, la contagion des ambiances, la perversion mentale organisée... On me permettra de par mon expérience personnelle d'émettre une opinion définitivement établie. Le principal, le coupable chemin qui conduit le plus souvent la jeunesse à la drogue est la curiosité, cette prostituée aventureuse, cette gueuse de mauvaise vie. La curiosité avec tout ce qu'elle peut drainer d'éléments positifs à sa suite. Le sentiment exigeant d'une découverte intérieure. L'appel d'une vibration, la recherche d'un dépassement, le besoin d'une quintessence. Le tam-tam sourd de l'absolu.

Débarrassée de sa gangue de goudron de houille, la boule de Bénarès — grosse betterave exotique suante d'un pus noir émettant des exhalaisons nauséabondes — trônait en milieu de table dans la cuisine proprette, impressionnante de mystère et de maléfice. Je n'avais pu voir dans ma hâte à livrer le trésor qu'une balle de Mauser, pénétrant le revêtement grumeleux, s'était logée dans les profondeurs de cette sombre planète, dans cette nuit gluante de poix dont la puanteur soulevait comme une acrobatie ce qu'il me sembla reconnaître pour un parfum de chèvrefeuille.

Je butais toujours contre cette odeur de macération et de pourrissement, absolument non négociable, que je ne parvenais point à cerner, à définir. D'une lente inspiration — et pour tenter de savoir enfin de quoi il s'agissait —, je m'en remplis les narines. Le gaz excrémentiel émané des capsules du pavot gangétique me suffoqua. Je reculai de frayeur et de fascination mêlées, tandis que Gontran de Jumièges s'animait au fourneau.

La transformation de l'opium brut (c'est-à-dire mangeable) en opium fumable (c'est-à-dire combustible) procède d'un rituel aussi savant que jaloux, particulier à chaque usager. Chacun a sa recette, chacun son mode d'emploi. Le fumeur le plus confirmé se verra contesté par un débutant magnanime qui, faisant état de l'avidité de sa jeunesse, loin de lier la pâte au contraire la durcira, pour obtenir un effet plus offensif, plus ravageant, plus pugnace. Tel autre, à l'opposé, partisan d'une invasion légère (celle-là même que prônait Cocteau), vous présentera une mélasse diarrhéique : une chiasse de gibbon.

Le gestuel, chez Jumièges au fourneau, relevait à la fois du cérémonial religieux et de la sorcellerie de palais, de la chimie crapuleuse de cour. Ayant découpé au couteau dans la masse bulbeuse le volume d'un œuf, il le faisait fondre à feu doux dans une casserole de cuivre exclusivement affectée à ce rôle, qu'il venait pour la circonstance de ressortir du placard après quatre ans d'inactivité. Le nez plongé dans les effluves (l'odeur nauséeuse s'essorait à la cuisson), il remuait son miel noir dans le même sens, celui des aiguilles d'une montre, avec une palette à sauce, une longue écuelle plutôt. Elevant par instants cette écuelle de bois audessus du magma fondant, il en laissait librement dégoutter les filets sirupeux et opaques, vérifiant ainsi si le degré de mollesse était obtenu. De temps à autre, par intervalles irréguliers, il goûtait avec frénésie, application et gourmandise : de la pointe de la langue et du bout du médius. Au terme de onze à treize minutes environ, il déboucha un flacon d'huile de paraffine et en répandit, en façon de chapelet qu'on égrène, des perles fines et gélatineuses.

Il remua avec l'écuelle, reprit son mouvement de rotation impassible pendant une cinquantaine de secondes, éteignit le gaz et, s'emparant de la queue de la casserole, il s'exclama triomphal :

— J'ai attendu cette heure pendant mille cinq cent vingt-neuf jours. Je les ai comptés l'un après l'autre, chaque nuit au cours de mes insomnies. Je vais recevoir à présent la récompense égoïste de toute une vie que j'ai vécue pour les autres.

L'accès de fièvre de curiosité, ce démon de l'absolu de la connaissance, était à ce point en moi que deux aspects considérables de ma personne en furent abolis : la pudeur et la crainte.

La pudeur : on ne se jette pas sur un lit, aussi peu émotionnable qu'on ait été rendu par la guerre, avec un homme qui est votre aîné de vingt-cinq ans, aussi proche de votre génération soit-il. La crainte : ce bond conscient, lucide, voulu dans l'inconnu de la drogue (un univers dont j'étais absolument vierge, dont j'ignorais empiriquement tout), aurait dû m'alerter par quelque appréhension. Pensez-vous, j'étais intenable ! Je voulais ici, maintenant et sans délai mon expériencc pour voir, comme on dit en classe de philosophie.

Avec le recul des âges, du château de poupe que je me suis construit depuis dans le vaisseau du temps, ma mémoire a conservé cette version accélérée des faits. Gontran de Jumièges insiste pour que je passe une robe de chambre. « C'est bien le minimum à te demander, dit-il. On ne fume pas en pantalon et chemisette. » (Je voulais fumer torse nu dans mon short de football.) Sur son divan large et bas, qui fait angle de pièce et tient aux murs, Gontran pose côte à côte deux oreillers de porcelaine. « Tu te mets dans le fond et tu attends, dit-il. Inutile de prendre un livre, ce ne sera pas long. » De la commode Boulle, il extrait deux pipes : l'une en bois de tigre, intimidante à force de finesse ; l'autre en bambou du Lukiang (un fleuve de la Chine centrale du Sud qui s'enfonce dans la Birmanie), rehaussée d'un embout en très bel ivoire. « Ça te va, ça ? » Un bambou de la forêt cévenole d'Anduze eût aussi bien fait l'affaire.

Ce que ma mémoire a gravé au diamant, c'est l'inconcevable dextérité digitale de Jumièges. Il avait l'efficacité magique et silencieuse des insectes. Un plateau de fumeur qu'on prépare est un microcosme secret et interdit qui s'organise dans une clandestinité de vénielle délinquance, qui n'est ni celle des hold-up ni celle des assassinats. On est en marge de la loi, certes ; on relève du Code pénal, mais l'assurance de l'impunité nous est acquise dans l'intimité spacieuse d'un appartement bourgeois élevé dans les hauts murs protecteurs d'un immeuble en pierre de taille. Toutes les conditions d'une riche expérience heureuse sont donc réunies. Chez l'initiateur — il en faut un —, précision et vélocité sont de mise dans le strict respect ostentatoire du rituel initiatique. (Excité d'impatience, je voulus tirer ma première pipe à la flamme du briquet. Que n'entendis-je pas ?) La lampe miniature à pétrole à mèche moyenne brûle gaillardement, sa flamme bleuâtre cernée d'un halo d'or bien maintenue en hauteur par la cheminée de mica. L'opium stagne, laque miroitante semi-solide d'un noir ardent, dans la vasque de cuivre orné imitant une baignoire en sabot. Je me dresse sur mon séant pour espionner par-dessus l'épaule de Jumièges, voulant tout saisir, absolument, de sa manière d'officier.

L'héroïne

Couché en chien de fusil sur le côté gauche, il plonge les deux aiguilles dans le Bénarès attiédi et prélève une larme géante d'un noir aveuglant avec laquelle il entreprend un numéro de tricot et de rattrapage d'une virtuosité extraordinaire, dessinant ainsi la forme de la pipe et décidant de son volume, éprouvant aussi la fluidité liante du produit : un miel hindou, qui pue une merde animale qu'embaumeraient bizarrement des glycines. Je me ferai, on va le voir, très vite à cette odeur.

En beaucoup moins de temps qu'il ne m'en faudrait pour décrire l'acte, Jumièges approche son visage, en plan incliné, du plateau qui préfigure maintenant pour moi le centre du monde vivant, et que je fixe de mes grands yeux ouverts de glouton optique ; il plante la goutte énorme, durcie à la flamme mais incertaine et tremblante encore au bout de l'aiguille, dans le fourneau et aspire avec une majesté solennelle.

La première pipe est absorbée. Jumièges se détend, ses jambes reviennent à l'horizontale ; et, la tête confortable sur son oreiller de porcelaine, gisant de profil, il garde la fumée pendant 10, 20, 30, 40, 50... 51, 52, 53, 54 secondes (je compte, suspendu au temps infini qui s'écoule) et la rejette dans un relâchement méthodique de ses muscles expirateurs. Bien joué, pensai-je, avec l'admiration béate d'un Elpénor pour son Ulysse.

— Je double ma dose et c'est à toi, dit-il.

Sa seconde pipe commise, Gontran de Jumièges me fait venir dans son creux. (Ainsi parlent les opiomanes.) Les drogues — toutes les drogues dures sans exception — sont puissamment immorales, qui poussent à la dépravation des mœurs, à la déréliction, à la déchéance. Enfermé dans son égotisme délétère, l'intoxiqué prolonge sans fin la singulière aventure d'un prisonnier baignant dans un enchantement carcéral. Alors les âmes sensibles comprendront peut-être que, dans quelque élan d'une touchante irresponsabilité, il veuille parfois faire partager par un ami l'habitacle de sa cellule d'extase.

Entre des individus d'un même sexe ou de sexe différent, l'opium crée des complicités indécentes : des poses d'un sans-gêne gracieux, des figures d'une luxure criante qui prendraient de surprise l'imagination la plus débridée des peintres ou des sculpteurs. Cependant, pour spontanées et audacieuses qu'elles soient, il s'agit ici de postures blanches. Endormi, anesthésié, confisqué, le sexe n'y a plus un mot à dire. Détourné de sa fonction, il attend avec le restant soumis du corps sa ration d'extase et d'anéantissement.

Dans le creux de Jumièges, je fus pris néanmoins, ce samedi 26 août 1944, d'une impulsion de dégoût et de honte. Une fraction de temps, je voulus fuir cette ville, ce lieu, cette couche, cette pestilence ; ce destin qui me tendait un piège dans lequel j'allais tomber, projeté comme un trait de catapulte.

La joue bien à plat sur l'oreiller de porcelaine bleu ciel à motifs jaune pâle, je fermai les yeux lorsque Gontran de Jumièges, me mettant en bouche le bambou du Lukiang, me dit :

— Je t'ai fabriqué l'arme absolue. Tire dessus lentement et fort. Puis laisse-toi ensevelir.

D'une succion hermétique et progressive (une ventouse, disent les opiumphiles), j'envoie en fumée dans ma trachée-artère la forte pipe de Bénarès artistement profilée tel un noyau de datte. L'invasion pulmonaire est immédiate : je la vis, je l'enregistre. Entré en moi jusqu'à la garde, l'opium imprègne mes cavités thoraciques. La pénétration est si totale que je ressens comme à vif la brûlure des alvéoles. J'ai alors cette pensée triomphale : je suis gazé, merveilleusement gazé.

Je ne rendrai la fumée — le peu plutôt qu'il en restera — qu'à la plus extrême limite. Les yeux fermés dans la contraction palpébrale la plus résolue, je m'imagine en scaphandrier descendant en plongée douce et régulière dans un abîme d'éponges sans fond. Je me laisse couler jusqu'à frôler la rupture d'anévrisme : 118, jusqu'à 118 j'ai mentalement compté. Deux minutes moins deux secondes : record d'immersion sous-marine battu, me dis-je, gonflé jusqu'à la bouffissure.

Je n'ai rejeté qu'une vapeur invisible qui me sèche la gorge et exhale une senteur de glycines calcinées. L'odeur putride de camélias excrémentiels — celle du poison puissamment révélée — s'est volatilisée. C'est une constatation surprenante que cette transformation subite. De l'irrespirable au négociable, il n'y a donc qu'un vague trait de fumée que le gosier bien saisi rejette.

Bien sûr, l'odeur mobile, conquérante prend d'assaut l'espace du fumeur ; elle se répand telle une nappe de gaz, se glisse sous la moindre fente, franchit le moindre interstice ; elle se tapit sous la moquette, reptile lové, comme pour y attendre sa proie et la mordre aux narines. Bien sûr, elle s'attaque, en verve, à l'odorat ingénu des enfants et à l'odorat pubertaire en alerte. Bien sûr, elle saute de préférence aux naseaux des grands chiens de race orgueilleuse, dogues et bergers allemands. Bien sûr, elle est infiniment suspecte — et dans l'instant même — aux inspecteurs surdoués, Torticol et Follastuce, de la Brigade des stupéfiants.

Cependant, sous sa frénésie de corruption domestique et sa fringale d'expansion, elle n'est point si funeste. On peut la contenir. Il suffit de la surveiller, de faire obstacle à ses avancées, de la dissiper avec un éventail.

— C'est purement prodigieux, me confie Jumièges. Cinquante mois après ma dernière pipe, je retrouve mon contact d'extase indemne, inchangé, pareil au jour de nos adieux. Le temps, de lui-même, a renoué son fil. C'est à croire qu'il n'y a eu ni interruption ni rupture. La guerre n'a pas eu lieu. Je me recouche à l'intérieur de moi. Dans moins de trois minutes tu seras à ton tour fixé. Je suis gazé, me répétai-je. Avec impatience et déception, tandis que mon ami me tendait une cigarette allumée.

Les événements se précipitèrent. Ce fut un déferlement de sensations insoupçonnables, insoupçonnées. Des crampes dans les mollets, des clous à sabot dans les orteils. Puis, comme une attaque sauvage de panthère affamée plongeant d'un arbre, le saccage à toutes griffes du plexus solaire. Cocteau désigne sous l'expression de douleur exquise le nœud qui se forme entre le sternum et le nombril pour donner le signal du grand bien-être thébaïque. En fait de douleur exquise, ce fut un déchaînement de sadiques atrocités : tenailles brûlantes dans le tissu parenchyme, fouille de viscères, j'étais au séjour ténébreux des enfers.

C'était donc cela, le summum de la civilisation promis par

Jumièges ! Sans doute devais-je à la qualité royale du Bénarès, à sa haute densité morphinique cette aggravation des tortures. Je m'assis à bout d'efforts sur le bord du divan, j'éteignis ma cigarette ; puis, pris de spasmes incoercibles, je m'en allai vomir dans la salle de bains.

Une deuxième pipe me rendit plus malade encore, si tant était que l'on pût être plus effroyablement souffrant que je ne l'étais déjà. Par le haut je rendis ma bile échauffée. Par le bas je me déchargeai d'une matière verdâtre, visqueuse, striée de sillons de sang. Je demeurai au moins une heure dans les w.-c., la tête entre les mains, les tempes battantes, hoquetant, sanglotant, claquant des dents, tremblant de tous mes membres, un fluide glacé dévalant mon épine dorsale et transpirant pourtant à grosses gouttes, croyant mes ultimes moments venus. Tous les symptômes, à peu près, du paludisme, de la malaria ou de quelque malsaine affection tropicale. J'eus alors l'idée de prendre ma température rectale : le thermomètre marquait trente-neuf degrés huit.

Gontran de Jumièges, un instant, s'affola. Je le détestais farouchement, sans nuance. Ne supportant pas son bien-être supérieur, son insolent décollage, le rayonnement extatique de ses yeux gris-bleu, j'aurais voulu le savoir au diable. En réalité, j'étais seulement jaloux de son insultant bonheur.

— Je puis appeler un médecin, me dit-il, après avoir consulté sa mère. Cependant, si tu veux mon avis, je ne pense pas qu'il en vaille la peine. Tu présentes à l'évidence tous les signes du syndrome de Richardson.

Inspecteur général des services de santé de l'armée britannique des Indes, le major Allan Thimoty Richardson passe à juste titre pour le prophète des allergies d'acclimatation et le théoricien des doses initiatiques. Avec deux générations d'avance sur le célèbre colonel d'Arabie (même physique de don Juan aventurier, même culte du renseignement politique, même homosexualité pudiquement militante), il est le Lawrence de l'opium. Il parcourt le Bengale et les Etats vassaux à dos d'éléphant et — affirme la légende — s'est fait aménager un siège de cornac constellé de pierres fabuleuses, inclinable et rehaussable à souhait, qui se transforme indifféremment, et tour à tour, en chaise à porteurs surélevée, en selle d'amazone, en lit catapulteux de maharadjah. Il fumait, l'impénitent, au pas majestueux de ses pachydermes et prélevait un impôt en nature sur les plantations de la vallée sainte.

Fortement commotionné comme moi, sans nul doute, par ses premières pipes de Bénarès, au point de se croire empoisonné et pensant rendre l'âme, A. T. Richardson rédige un mémoire testamentaire magistral de quatre-vingts feuillets : *De l'apprivoisement des substances toxiques*. Plutôt que de livrer le novice aux affres du « venin sacré », il préconise la prise par voie orale de « gouttes accommodantes » d'opium dissous dans de l'eau distillée ou du sérum physiologique. Cela fera au patient une espèce de tapisserie stomacale qui le préparera à recevoir trois ou quatre jours plus tard « l'âcre fumée roussâtre du pavot gangétique ». Maintes décades plus tôt que nos industrieux psychothérapeutes, Allan Thimoty, le major cornac, venait d'inventer ce que nous appelons précisément la laudanothérapie, et dont une application allait imminemment découler : les cures de désintoxication graduelle, soit par potions de bouche, soit par lavements.

Je présentais tous les signes cliniques du syndrome de Richardson. Un colosse sera plus vulnérable à l'entrée de l'opium dans son organisme qu'un gnome souffreteux. Malgré mes horribles malaises, moi je voulus poursuivre, persister et signer.

Ce samedi, les troubles de l'appareil digestif et les convulsions insupportables cessèrent vers les 11 heures du soir. La morve au nez, les yeux en larmes, je sortis transi de mon igloo de couvertures. (Il faisait trente-huit degrés au sol le jour de la libération de Toulouse et vingt-huit degrés dans les appartements, toutes persiennes closes.) Ma fièvre s'était tassée. Je n'en restais pas moins un glaçon ambulant dans un état grippal prononcé.

A minuit, rejoignant Gontran de Jumièges dans sa fumerie, je tirai deux petits coups furtifs et secs sur sa dernière pipe nocturne : la septième depuis le début de l'après-midi. Aussitôt les crampes d'estomac me reprirent. J'eus néanmoins un sommeil presque acceptable dans la pleine lune de ma chambrette, au cinquième étage, d'où je m'étais juré de ne point descendre, le dimanche, quoi qu'il pût advenir et survenir.

Le dimanche, après le déjeuner, alors que tout me paraissait remis en état dans mon corps sans faille, j'aurais pu comme chaque jour de cet été splendide aller à la piscine municipale nager, jouer au water-polo, et surtout m'entraîner balle au pied avec Daho, Azza, Driss, mes camarades africains du Toulouse Football-Club. Alors, qu'est-ce qui me poussa à enfiler la robe de chambre de la veille plutôt que de me saisir de mon short de bain et de courir au tram, carrefour Esquirol ? Cette véhémence de curiosité et cette volonté irréductible d'obtenir l'effet sacré qui se dérobait à moi.

Il suffisait de voir Gontran de Jumièges. Hier vieux grimaud ridé, il était sous le coup d'une ahurissante jouvence. Retrouvant à la fois et tout ensemble l'appétit, l'humeur spirituelle et le sens joyeux du délit (honnête homme sous Pétain, délinquant sous de Gaulle : je trouvais ce trait de situation piquant pour un résistant signalé), il était tout bonnement méconnaissable. Sa mère, Marie de Jumièges, ne laissait pas de se réjouir. « Mon Dieu, mon petit Yves, me dit-elle en cours de repas, quand je pense que c'est à vous que nous devons cette aubaine ! Soyez-en loué jusqu'à la fin de vos jours. »

Un peu plus tard, Gontran, de nouveau, joue pour moi le rôle d'un appât fantastique qu'il me faut absolument imiter. En trois minutes, sa première pipe de l'après-midi fumée, il est loin, déjà très loin parti, hors d'atteinte, échappant à toutes mes manœuvres d'approche. Il y a quelque chose de scandaleux dans cette aisance à décoller. Parviendrai-je une fois, une seule, à cette légèreté aérienne bénie ?

Il m'a préparé une pipe de bébé que je vais, dit-il, gober comme une bulle. Une toute petite dose expérimentale. Je me case dans son creux et je tire sur le bambou du Lukiang avec une déconcentration parfaite, une sorte de mollesse sans pesanteur, rejetant bientôt l'infime filet de fumée. Puis, couché sur le dos dans une immobilité sépulcrale, je commence à compter les secondes. A la cent cinquantième, Jumièges prend son vol. J'en suis encore assez loin quand, déjà, mes jambes se tétanisent, un piège à mâchoires me broie les vertèbres, ma tête s'enfle comme une nébuleuse en surfusion. Je me redresse à l'équerre, je m'arrache au divan et — dans la cuvette du lavabo tant ça presse — je vomis tout mon déjeuner.

Je reviens brisé. J'insisterai, dis-je. J'insisterai jusqu'à la mort.

Douze ans plus tard, en 1956, le cinéaste Marc Allégret me racontait que, au temps où Gide et Cocteau se disputaient vainement ses faveurs qu'il n'accordait qu'aux femmes, il s'était laissé tenter chez l'auteur du *Grand Ecart,* rue d'Anjou, par une pipe de Yunnan. Il avait été si malade qu'un taxi avait dû le ramener chez lui où sa maîtresse, s'en ouvrant à sa mère, avait pensé le faire hospitaliser. Gide, accourant à la rescousse, s'était alors écrié : « Tu souffres, tu as cru mourir, j'en suis fort aise ; ainsi, tu ne recommenceras plus. » Allégret, il est vrai, avait été guéri à tout jamais du goût de la récidive.

Moi je voulais, incorrigiblement, transgresser mon syndrome.

II

— Puisque tu es de plus en plus ancré dans ton idée de persévérance, dit Jumièges, je te laisse, à tout hasard, une pipe confortable. S'appuyant sur son propre cas, Richardson fait remarquer que, lorsque les hostilités sont engagées entre la drogue et l'homme, le troisième jour le Bénarès observe généralement une trêve avec sa clientèle vierge sans qu'il soit exclu pour autant que les malaises ne reviennent le lendemain. Si le Bénarès ne hisse pas le drapeau blanc de l'armistice, tu pourrais toujours renoncer. Encore une fois il s'agit d'un opium exceptionnel, tyrannique, capricieux, imprévisible au fond. Il constitue un cas d'espèce et d'école. C'est la rançon de sa qualité, quoi !

Son exubérante gaieté, son redondant équilibre le débordaient en permanence ; il ne les retenait plus. Se découvrant des maxillaires d'ogre avec la drogue revenue, ce maigrichon névrotique avait grossi de seize cents grammes en quelques repas. C'est souligner notre différence : moi je dégueulais toutes mes nourritures. Nous étions le 28 août 1944, à 13 h 45. Le sourire cocardier, canne à la main, Jumièges — Charlot banquier — s'en repartait au pas de course pour son bureau.

Le sentiment de paix que je savourais à me trouver seul pour ce qui devait être l'expérience de la dernière chance me fut d'un excellent présage. Il s'y ajoutait la légitime fierté d'une future et toute proche indépendance de mouvement ; d'avoir à joindre l'autorité à l'adresse ; et l'indicible plaisir de n'être plus regardé. Je n'avais plus besoin d'initiateur ni de témoin, palsambleu !

Le fait nouveau fut donc la fin de l'appréhension technique. J'abordais le gestuel de l'opiomanie avec la quiétude d'un professionnel consommé. Je savais régler la flamme d'une lampe, tenir un bambou, enfourner une pipe bien épinglée en bout d'aiguille, me remplir avec profondeur et me vider sans emphase. Ainsi j'aspirai vigoureusement mais sans nervosité. De même je remis la fumée sans forcer sur ma capacité thoracique. Celle-ci rendue, je me mis à plat, la nuque en appui très léger sur l'oreiller de porcelaine, le dos à l'aise, les jambes au petit écart; et, les mains jointes sur le bas-ventre, les yeux fermés j'attendis.

Cent vingt secondes n'étaient point encore passées au sablier du temps éternel — celui que notre mémoire immédiate engrange et fixe — que je reçus dans le plexus épigastrique une formidable décharge d'électricité positive. Une sorte d'attaque en piqué sanctionnée par un saisissement saccageur. Elle était le signal d'une irrésistible invasion éclair. Par les membres inférieurs et par les membres supérieurs, par les pieds et par les mains, par les cuisses et par les épaules et par, surtout, le frémissant réseau sensitif du système nerveux dont pas un cordon ne fut occulté, tout mon organisme fut investi.

Thomas de Quincey, le grand prosateur de l'opiophagie, nous attire émotionnellement dans son monde verrouillé et nous y retient captif parce que son drame se développe sur trois niveaux. Celui de la torture : les rages épouvantables de dents — une des formes absolues de la souffrance — qui font de lui un martyr et auquel le Bénarès brut (mâché, mastiqué, dégluti) apporte seul la solution sédative d'apaisement. Celui de la passion que Thomas porte à Anne, forme absolue de l'attachement qui enchaîne un homme à une femme, un amant à une maîtresse, et dont l'histoire fera légende puisque les poètes (Apollinaire notamment) s'en empareront. Celui de la puissance hypnotique et hallucinatoire de l'opium indien mangé, despote aveugle qui soumet son esclave à une accablante assuétude, forme absolue de l'asservissement. Mais Thomas de Quincey, répétons-le, ne tapisse pas de nicotine pavotique ses murs pulmonaires comme un fumeur invétéré. Il ne charge pas son torrent circulatoire d'une concentration effrénée d'alcaloïdes comme le morphinomane manifeste. Il bouffe l'opium, insensible aux doses rassasiantes qui enverraient dans l'au-delà, les pieds devant, tout autre que lui. L'exemple de Thomas de Quincey domine tous les exemples parce qu'il est unique. Désormais nous ne rencontrerons plus dans le monde — et de mémoire future de Dieu — pareil dément que le fou de Manchester.

Je vais tout de même m'efforcer de vous décrire ce sentiment océanique dont nous participâmes — le jour de nos noces —, le Bénarès et moi.

Ce mouvement qui me soulevait avec une infinie douceur — une régularité marine de marée basse — comme une algue au pied d'une falaise, sans aucun risque que je fusse noyé ou emporté par la vague, c'était le sentiment océanique.

L'on ne recueille que des bienfaits — de prodigieux bienfaits — les premiers temps où le corps et l'âme indissociables, unis comme jamais, reçoivent l'opium sans le vomir.

Sous l'empire de la révélation, qui est le plus exaltant des états, la première interrogation qui me vint à l'esprit sous sa forme pure et brutale fut : qu'est-ce qui m'arrive ? Et de définir ce que je ressentais. Une immense volupté d'être : très au-dessus de la joie, très au-dessus du bonheur, très au-dessus de l'ivresse. Une extase physique, intellectuelle et mentale de chaque cellule et de chaque seconde, tout l'organisme et tout le cerveau concernés.

J'étais entré enfin — usant une énergie de patience farouche et un refus primitif de résignation (la résignation est un courage inutile, écrit Stendhal) —, j'étais entré enfin dans ce que Gontran de Jumièges appelait avec grandiloquence la civilisation de l'extase.

L'effet — souverain, immédiat — de cette première pipe, ce lundi 28 août 1944, mon allergie d'acclimatation maîtrisée, le syndrome de Richardson chassé sans retour, ce furent deux heures d'un orgasme ininterrompu, perpétuellement répété chaque seconde ; d'un orgasme à blanc, avec une érection véhémente, à la limite du supportable, mais sans émission de sperme. Un orgasme d'impuissance, un orgasme sec. Une sorte de priapisme enchanté qui supportait le mouvement de vague océanique que j'ai dit et qui me soulevait, cloué horizontal à ma croix d'extase, plus haut que moi-même, plus haut que les toits de Toulouse, plus haut que le monde, plus haut que la guerre et que la paix dans la vision égotiste et impénétrable que je pouvais avoir d'elles dans ces moments-là. Divinement blessée, à tout jamais, de cette extase et imprégnée pour toujours de sa nostalgie, la mémoire — cette plaque sensible — emportera dans le tombeau ce bouleversant bonheur qui, je me répète à dessein, relève de l'incommunicable.

On connaît le mécanisme de toute érection. Le cerveau qui commande au désir envoie le sang dans le pénis, lequel, congestionné de pulsations, se dresse turgescent. Ce phénomène de raideur spontanée, on l'observe quasiment en permanence (une pipe, une érection) dans la période de découverte où le sexe est tout entier soumis à la domination du révélé. L'idée ne vous viendrait pas cependant de saisir votre verge à pleine hampe et de l'agiter pour une masturbation en règle, trop avare d'efforts de toutes sortes que vous êtes. Vous vous laissez flotter, la pine à l'équerre, scrupuleusement attentif à ce qui se passe à l'intérieur de vous. Car le potentiel de conscience sensorielle est comme décuplé les premiers jours où l'on pratique. Le cerveau est aux aguets jour et nuit. Le corps tenu en éveil sans repos, frémissant de toute la multitude de ses antennes, pose des questions et exige des réponses. Vous êtes sidéré de son commerce et de ses industries. Ce n'est que les jours suivants que, frappé d'épuisement, il s'abandonne au sommeil pacifiant, au néant réparateur. Ce n'est point l'imagination qui est la folle du logis en ces heures d'hyperactivité neuronale incessante, mais notre conscience logique qui mérite cette métaphore; la folle gambadante, dansante, c'est elle.

Le cerveau, j'insiste, connaît un véritable âge d'or. Tout en lui est picotements, prurit de curiosité, démangeaison de connaissance, urticaire de nouveau savoir ; appels, invites, émissions d'ondes et réceptions de messages. Une fantastique vie intérieure s'anime sans vous demander votre consentement. Dans cet agrandissement délicieux, dans cette dilatation enivrante des données immédiates de la conscience — dans ce *blow-up* philosophique et sensuel sans aboutissement —, il est difficile de conserver la tête froide.

On naît pour la seconde fois ; mais plus grand, plus beau, plus riche que nature. Sorti d'une matrice magique, on a la certitude d'être créé sans enfantement. Sous l'empire de la révélation, dans le faisceau de nos élans lyriques, qui pourrait-on bien remercier de cette nouvelle venue au monde si ce n'était Dieu ?

« J'ai pleuré et j'ai cru », écrit Chateaubriand, résumant ainsi sa conversion. J'ai fumé et la révélation du sentiment océanique m'a porté à un tel degré d'absolu que je n'ai plus pensé dès lors qu'à aller me confondre en prières aux pieds du Seigneur. J'ai fumé et je n'ai eu de cesse que d'avoir remercié le ciel de m'avoir permis cette extase profuse. (Quand je dis le ciel je n'entends point Dieu mais le Christ en croix.) Événement considérable, révolution de l'âme, si l'on songe que ma foi n'avait jamais dépassé la pénible image de la couronne d'épines ceignant le front de Jésus. Ma misère de piété s'était arrêtée là. Il y avait onze années de cela : sans croire, je priais alors d'arrache-cœur pour que ne mourût point ma mère.

S'agissait-il d'un rappel de mémoire enraciné dans une fin d'enfance et ressurgi de ses profondeurs recouvertes par le temps ? Non, ma foi catholique romaine — si chancelante — se réactualisait soudain, réenflammée par ce beau travail d'invasion réussi par l'opium du Bénarès sur mon organisme exalté. J'en avais la plus intime conviction : il entrait un élément mystique dans cette conquête à la fois réduisante et agrandissante du moi ; réduisante car elle m'épurait absolument. Je me garderai bien d'obliger le lecteur à me croire ou de le gracieuser ; qu'il sache seulement que je lui dis la vérité.

Au quart de 16 heures, l'effet de la première pipe s'atténuant sans qu'il y eût retombement ni dissipation, je pris une douche froide pour remettre dans son état urinaire mon sexe alourdi par le sang de sa congestion spontanée. Une fois savonné, rincé, séché et rasé, je téléphonai mon émerveillement à Gontran de Jumièges. « Tu peux, dans la foulée du bien-être, fumer une deuxième pipe, me dit-il. Le major Richardson recommande de doubler la dose pour décourager le retour éventuel de l'allergie. » Pourquoi pas, pensai-je. C'est un surplus de sécurité.

Je n'ai jamais aimé la prière qui exige une concentration fastidieuse dans un silence abyssal et une persistance répétitive qui use le vocabulaire religieux jusqu'à le vider de toute sa signification. Même gamin dans mes pénitences de confession, quand le grand dieu de justice et d'amour nous fait pourtant peur au cas où nos péchés ne seraient point graciables, je fus rarement capable de me contraindre à ses disciplines mortifiantes. Eh bien, je me dirigeai d'un pas résolu vers le monument de piété le plus proche, et non le moindre : la basilique Saint-Etienne. Une foule sombre et recueillie se pressait sur le parvis avec les groupes d'officiels mis nouvellement en place par le gouvernement provisoire de la République. Dans la raideur solennelle qui sied aux fonctionnaires des ordres nationaux qu'on accompagne en bout de route, le haut clergé toulousain célébrait les obsèques de l'inspecteur principal Buche (Fred Buche).

Je pus prier tout mon saoul, chrétien ardent amalgamant pour une fois le Christ et Dieu, jusqu'à la levée du corps de M. Alfred Buche, mort pour la France en service commandé. Je repartis subrepticement, le corps criblé de mille petites effervescences vives et passagères s'exerçant à la surface de la peau, l'âme satisfaite. Je fis une halte au *Drop-Goal,* petit bar populaire de la rue Fermat, où j'achetai au marché noir mon premier paquet de cigarettes américaines ; car j'avais déraisonnablement fumé pour un sportif non fumeur. En remontant les quatre étages d'escalier pour aller enfourner ma seconde pipe, je me sentais heureux comme je ne l'avais jamais été jusqu'ici. Si heureux que j'en pleurais.

L'héroïne

Septembre fut ineffable. Mois magique, mois magicien qui transcendait ma réalité tout en composant ma mythologie. Jour après jour, heure après heure, je percevais en gage de ma persévérance des chèques pharaoniques de bonheur. Il n'est pas de pente plus naturelle ni de glissement plus doux que ceux qui vous entraînent dans la drogue quotidienne. Tout sourire, les yeux chastement baissés, elle vous force insensiblement la main. L'opium développait entre Gontran et moi une intimité loyale, affectueuse, reposant sur des mécanismes et s'alimentant de confidences. Enhardi par la félicité océanique du Bénarès, le sentiment homosexuel perçait chez Jumièges — mais sous la forme tout à fait vivable d'une tendresse passive. Pourtant — et non pas que je voulusse m'émanciper de lui ni l'abandonner à son opulente solitude toxique —, je désirai apporter des modifications à l'exercice de cette amitié très particulière.

Il me fallait, je le ressentais comme une exigence profonde, me créer au plus vite, en dehors de Jumièges, de grands espaces de temps personnel. Je voulais, sans prononcer un mot ni bouger un doigt, de longs tête-à-tête médités — ou, au contraire, de vagues contemplations sans pensée — avec le Bénarès. Je voulais aussi dormir à ma guise, tout le temps qu'ils me seraient nécessaires, les longs sommeils fructueux, les anéantissements profitables de l'opium.

Ces raisons firent que le cinquième jour je me désolidarisais dès le matin de Gontran de Jumièges. Il fumait trois pipes après le petit déjeuner — donc avant son départ pour la banque —, ce qui m'obligeait, pour lui tenir compagnie, à me lever à 7 h 30 ; discipline sinistre si l'on songe que les trois pipes de la soirée (je quittais Jumièges aux abords de minuit) eussent dû me conduire, vu mon âge, à douze heures de sommeil justement comptées. A partir du samedi, je pus donc connaître ces réveils exceptionnellement délicieux et libérateurs de l'opiomanie, d'une fécondité de repos sans pareille puisqu'ils surviennent à saturation de néant.

Le corps repu d'une mort bienfaitrice d'une demi-journée d'horloge, l'esprit émerillonné à l'idée de cette résurrection laborieuse annonçant le milieu du temps ouvrable (celui des autres), je sortais de ma chambre pour gagner par le palier des bonnes et l'escalier de service l'appartement des Jumièges, où je prenais le plateau rangé dans la grosse commode Boulle pour remonter aussitôt, pressé comme un voleur.

Ainsi j'ai contracté la véloce habitude de fumer, égoïstement seul sur mon petit lit de fer forgé, une forte pipe bien tassée, bien ventrue, de mise en train. Tout à fait étrangère aux dérangements de quelque ordre qu'ils fussent, ma vie qui reprenait son cours au moment même où les classes méritantes interrompaient leurs efforts pour se garnir le corps de médiocres nourritures, ma vie se trouvait ainsi superbement relancée. Il n'entrait aucunement du monstre dans la composition de mon personnage; j'étais tout à la fois Endymion et Sardanapale débauchés par le Bénarès.

Je redescendais pour midi trente, rapportant le plateau à Jumièges qui immanquablement tirait sur son bois de tigre avant de se mettre à table. Il repartait vers 13 h 40 rechargé comme il se devait, en pleine possession de ses moyens, d'une délicatesse d'humeur et de tact phénoménale, travaillant en symbiose épatante avec son directeur (disait-il) et en tirant des avantages moraux et pécuniaires substantiels. Il ne m'en fallait pas davantage pour être terrifié en m'imaginant un seul jour à sa place, à son âge et dans son métier. Chaque matin, à 8 h 30, ce brave et noble Gontran procédait à l'ouverture des caisses. Chaque soir, à 17 h 30 — printemps, été, automne, hiver —, il en assurait la fermeture puis revenait à domicile vers les 19 heures de son même pas ferme et régulier de gentleman de haut mérite. Rendu rue des Arts, pipe de détente, pipe de mise en condition d'appétit; puis, après le dîner, la grande affaire de la journée, le vrai salaire du travail, les honoraires du sacrifice : pipes à discrétion, le kief intense de la nuit.

Le cycle quotidien de l'opiomane est immuablement réglé. La toxicomanie correspond à la mort de toute initiative. Forclose dans son asphyxie délétère, l'âme n'improvise plus. Heureux jusqu'à la béatitude, le cerveau seul se manifeste : dans des énergies de passivité.

Souvent, tandis que Gontran de Jumièges sommeillait, je me préparais une dernière pipe dont je conservais tout le bénéfice de fumée jusque dans ma chambre où je la rejetais en me couchant. Je ne ressentais absolument pas la tyrannie de l'opium comme une évidence néfaste, mais comme une merveilleuse nécessité avec laquelle je pourrais rompre dès que j'en aurais pris la libre décision. Car telle était ma stupéfiante certitude : je dominerais la drogue au point de pouvoir m'en passer comme on se fait, en certaines circonstances qui vous obligent, à l'abstinence de l'amour.

Non, non, je ne me laisserais point intoxiquer par le Bénarès. J'en étais certes le favori, l'ami, l'amant ; mais jamais, au grand jamais, je n'en serais l'esclave.

III

On parlait encore aux temps d'après-guerre de l'avarice légendaire des vieux opiomanes sédimentaires. Nous, nous fumions sans compter ; d'autant que j'étais établi, moi, fumeur à plein temps. Le septième jour après la perte de ma virginité toxique, j'en étais déjà à huit pipes quotidiennes (une pipe, un orgasme à blanc, avec des érections diminuantes, je dois le noter) et à quarante cigarettes blondes par vingt-quatre heures, le pouvoir opiacé créant automatiquement la dépendance nicotinique. Le week-end où nous passions les deux après-midi ensemble, Gontran de Jumièges se montrait d'une largesse de prince barbaresque. Mais c'était seul que j'aimais être. Dans l'argot toxique indochinois, le mot kief désignait le gros effet souverain qui vous empoigne au plexus de l'épigastre et peut se prolonger au-delà de deux heures. (Il n'y a pas de limite comptable pour le kief ; sa durée dépend de la qualité des opiums, de la richesse du suc rendu, des traitements protecteurs après la cueillette. Ainsi les kiefs du Cantonais, opium typique de régie, connurent la vogue chez les intellectuels d'Occident durant les années 30.) Kiefer, c'est donc voguer sur la mer laquée du temps, strictement attaché à son matelas immobile, et pourtant soulevé, léger comme une plume, par l'invisible et remuant flot noir.

Le kief, c'est le sentiment océanique renforcé. (J'allais écrire : renforcé et cumulatif.) C'est la forme absolue de l'extase sans limitation de durée. Le meilleur dans le Bénarès est comme le pire dans l'alcool ou dans l'héroïne : il ne comporte pas d'arrêt. J'ai eu, ces beaux jours de septembre, des kiefs orgasmiques rédempteurs qui idéalisaient au-delà du sublime mon rapport très particulier avec moi-même et qui m'amenaient les yeux clos jusqu'à la tombée de la nuit. Il va sans dire qu'ils font sillon dans la mémoire.

Entre deux kiefs, le plus souvent, je procédais à une halte pour moduler ma respiration mentale et me consacrer, en contrepartie de tant de bonheur, à mes fatigants travaux de masturbation spirituelle. Je n'aurais pu m'admettre sans pratiquer quelque démonstration intransigeante de la foi. Je me serais cru damné, ma dépouille à jeter aux chiens du purgatoire une fois mort. Alors, implorant Dieu ou le Christ (Jésus me convenait mieux, que je trouvais plus abordable et tellement plus poignant dans sa tunique de toutes les douleurs — et puis Dieu est une abstraction de refuge et de crainte ; le Christ est un phénomène concret), alors, implorant tantôt le Père tantôt le Fils, tantôt les deux dans mes élans d'emphase désordonnée, je leur demandais la poursuite *sine die,* le développement infini de ce miracle thébaïque.

Qu'on ne hausse point les épaules, je priais réellement : avec une conviction hargneuse, habité par la force rugueuse de la foi. Et, pour m'enfoncer plus avant dans mes actions de grâces et mes fastes de suppliques, je lisais à haute voix les Evangiles en m'imposant cinq pages de Luc et de Matthieu à apprendre par cœur. Ce n'était là, je m'empresse de le souligner, que le début d'un programme à très longue échéance, ma mémoire effarante se sentant tout à fait capable d'engloutir la Sainte Bible en quelques semestres.

Cependant, pour être scrupuleusement vrai, il faudra que j'avoue que ces brèches consenties dans mon temps d'extase n'étaient pas exclusivement occupées par des impératifs de pieuse gratitude. La brusque montée, à niveaux tumultueux, de la jouissance engendrée par le kief lançait en moi de tels assauts de frottements, de pincements, de pressions, d'écorchures qu'après une accumulation de trois pipes je devais, dans le courant de l'après-midi, me précipiter sous la douche glacée. Il y avait, dans ces excès d'humeur, de sève et de sang exaspérés par tant d'érections non conclusives, des velléités de sexualité possessive, d'ardeurs avortées qui n'exultaient point. Dans leur multiplication tourmenteuse, ces orgasmes opiomaniques non aboutis me causaient une volupté si extraordinaire qu'il fallait que j'en fusse sur-le-champ châtié ; et, tout d'abord, parce que j'avais à portée de mes pas la cataracte glaçante de la douche.

Je débandais normalement et, après m'être lavé à grande eau les parties du corps les plus érubescentes — l'intérieur des cuisses, l'aine, la face postérieure —, je me séchais pour aller me confectionner une nouvelle pipe avec force habileté, certes, mais aussi un soin pharmaceutique jaloux. Car — comprendra qui voudra — plus maladroit que la moyenne des jeunes gens, souventes fois même en conflit permanent avec les objets, j'étais devenu en un rien de temps d'une efficacité digitale égale, supérieure sinon, à celle de Gontran de Jumièges.

Il advint qu'un jour les ablutions glacées, les frottements savonneux au gant de toilette, les jets fusant sous les aisselles ou sur les parties génitales n'eurent plus aucune action thérapeutique désinflammatoire et décongestionnante. Punissable de surabondance de consommation de Bénarès, j'étais inapte à me punir. De la racine des cheveux au cou-de-pied, mon corps n'était que plaies éruptives, plages exanthémateuses avec des sensations insoutenables qui m'arrachaient des rires nerveux, convulsifs, me désopilant la rate. Se produisant par accès et s'aggravant par paroxysmes, je sentis une folie urticante me gagner et avoir raison de ma raison blessée. Pour réduire cette crise de démence dermique qui réclamait son châtiment, j'eus l'idée de me poster devant le miroir grossissant qui me servait pour la barbe et de me presser horriblement les ailes du nez, le gras des joues, l'arcade des sourcils, les plis des paupières, le sillon mentonnier — et la nuque, les tempes, la gorge. Possédé par une frénésie de trituration, débusquant d'imaginaires points noirs et des taches de pus qui n'existaient pas sous ma peau saine, je m'abîmais jusqu'aux seins que je griffais méchamment. Qu'est-ce qui justifiait cette fureur sadomasochiste ? Une rage de bien-être, une immaîtrisable incontinence de bonheur interne et externe.

Ce délire d'autosanction qui laissa des hématomes et des tuméfactions sur mon visage marqua l'intrusion de l'irresponsabilité (et dans une certaine mesure du scandale) dans ma vie de jeune opiomane élevé comme un fils de famille. Mme Marie de Jumièges en conçut de l'émotion.

— Il est temps qu'Yves s'arrête, dit-elle. Sinon il ne se contrôlera plus.

— Il est convaincu, répondit Gontran, qu'il ne s'intoxiquera jamais.

A part fumer, kiefer, me vautrer dans l'extase océanique et prier, prier inlassablement, pour que durât cette situation de providence, que faisais-je de mes journées ? s'interrogera le lecteur un tant soit peu intéressé par mon histoire.

Je lisais, je me documentais avec une énergie culturelle farouche sur l'opium, les drogues, l'univers féroce et romanesque des stupéfiants situé au-delà des lois, à des distances où toutes les interdictions se transgressent. Aucun classique de la drogue ne manquait dans la bibliothèque de Jumièges. Les œuvres en question couraient sur deux rayonnages. Outre des bouquins anachroniques dont je me demandais pourquoi ils faisaient encore autorité (mais c'était autorité de nostalgie) et que j'assimilais par d'assommants scrupules — *Le Livre de la fumée,* de Galtier-Boissière, *Fumées d'opium,* de Claude Farrère, etc. —, il y figurait de poussiéreux traités anglo-américains de psychologie médicale que je devais traduire mot à mot, le nez dans le dictionnaire.

En revanche, j'ai saisi d'emblée l'intérêt éclairant de deux titres de Léon Daudet, imparfait écrivain mais colossal remueur d'idées et signalé journaliste. Dans *La Lutte*[1], Daudet raconte l'impitoyable, le surhumain et ravageant combat que mène une prostituée, plus seule que les orgasmes qu'elle distribue, contre la lourde morphine accoutumante. Encore que lugubrement arrachée, la victoire finale est inéluctable : le moteur du roman se met en marche et tourne tout au long là-dessus ; mais nous passons par des émotions transmissibles, saisissables et saisissantes. Bien que je ne me sentisse aucunement menacé des horreurs d'un pareil destin, je prenais le parti de la putain courageuse. Je me sentais solidaire d'elle en une tendre association d'espérance chrétienne et de front contre l'adversité.

En vrai professionnel de la presse écrite, Daudet a la passion de la curiosité aboutie. Il fouille les poubelles de l'âme humaine, il accule le cerveau à l'aveu de ses turpitudes, à la recherche d'une vérité qui, au bout du compte, est le seul salaire de l'absolu dont soit digne le journaliste de métier ; ce diable d'homme ne désarme pas. Ainsi j'ai appris de lui — et du premier coup, à vingt ans, en m'attablant aux deux tomes de *Paris vécu*[2] — ce que les

---

1. Flammarion, éditeur.
2. Gallimard.

psychothérapeutes internationaux les mieux considérés mettront un quart de siècle à m'expliquer à mots couverts, avec une prudence confuse comme si je les confrontais à un secret déontologique capital : à savoir le processus intoxicant de la drogue. Les substances opiacées, note Daudet de sa bonne grosse plume féconde, imprègnent le liquide céphalo-rachidien, lequel est la sueur, captive du système nerveux. Sachant cela — et m'instruisant au fur et à mesure de ma longue expérience affligée —, j'allais pouvoir tout apprendre par moi-même du grossissement du flot transpiratoire, de ses dérèglements, de ses crues exagérantes ou de ses baisses vertigineuses, dans tous les cas d'excès : doses saturantes ou sevrages draconiens ; la tempérance étant dans la société toxicomaniaque la vertu la moins partagée.

Baudelaire, lui, ne se raconte pas : il démarque et commente Quincey. Les stupéfiants doux, plus démotivants que vénéneux, n'étant pas de notre ressort, il reste un titre à succès : *Les Paradis artificiels*. Mais, qu'on se le fourre dans le crâne, il n'y a pas de paradis artificiels. Il n'y a qu'une fleur capitale du mal, qu'une plante dévorante insatiable, affamée de nuire à l'homme et de le détruire : le pavot.

Opium de Cocteau, qui a marqué son époque sans faire date (il n'en demeure qu'un faible nuage de fumée tapissante sur nos parois mémoriées), est, comme l'indique son sous-titre, le journal d'une désintoxication, illustré de dessins admirables qui vont beaucoup plus loin que le texte écrit dans des spasmes mineurs au cours de brèves insomnies frileuses[1].

Les souffrances qu'y endure Jean, enfant gâté vieillissant replié sur lui-même, nous semblent suspectes : il en fait trop de cas. (Nous pensons à sa santé de chiendent et de fil de fer.) Comédie de châles, de bouillottes, de bols de lait et d'électuaires au

---
1. Stock, 1928.

laudanum à la clinique, alors très ouverte et très fréquentée, de Saint-Mandé. Jean pousse des cris d'orfraie avant même que son praticien n'ait entrepris son régulier sevrage en amortis dégradés, par paliers successifs. Il a froid, il a peur, il est puni ; mais il veut son rachat par la célébrité que procurent les lettres et il l'obtiendra avec la consécration foudroyante des *Enfants terribles*. (« Vous avez la crampe du chef-d'œuvre », l'encourage Chardonne, venu le visiter.) Pourtant, la main de Cocteau ne tremble pas lorsqu'elle projette, noirci d'encre de Chine, le trait impressionnant sur le papier de neige.

Par quelques aveux avaricieusement lâchés dans tel ou tel chapitre de *Gilles,* son autobiographie de roman, j'avais connaissance de la place tenue par l'opium dans la vie exacte de Drieu La Rochelle. Il avait failli en mourir, note-t-il de son héros, autant dire de lui-même. Presque dix ans séparent la sortie en librairie de *Gilles* (automne 1941, œuvre marquante de l'Occupation) de la parution du *Feu follet,* roman qui est le cri d'échec d'une civilisation intellectuelle décadente et qui apporte son point d'orgue à la symphonie excentrique des années folles. Alain, ce double, ce frère jumeau superposé de Drieu, c'est don Juan toxicomane. A travers lui, son rapport raté avec les femmes — avec la femme, devrais-je dire —, Drieu a réussi le roman de l'impossible mariage du sexe et de la drogue. De la drogue nue, sans folklore ni ornements. « Le désespoir est une idée, la drogue est une pratique », souligne Drieu. L'héroïne, on y est en plein dedans ; on y baigne, immergé ; on se l'injecte dans le bras par promptes seringuées mortelles ; c'est tout juste si l'on prend le soin de retrousser la manche pour l'opération. Chez Quincey, au moins l'on s'évade ; par le truchement des rêveries sur l'amour dont Anne est l'imperfectible objet, l'on crève la bulle opaque et puante de l'opium indien. Chez Drieu, l'on s'envenime par la peau et par le sang ; l'on se corrompt jusqu'à l'asphyxie des cellules. On comprend tout de suite qu'il n'y ait pas d'issue positive à une intoxication intramusculaire ou à une accoutumance sous-cutanée. On conçoit également, de première lecture, que les drogues ne sont pas multipliantes ou cumulatives, mais, bien au contraire, que tout redoublement de dose porte en soi, comme l'autosanction de l'intempérance, une limitation de ses effets. Le pouvoir de l'extase n'est pas discrétionnaire. Tout ceci est magistralement explicité.

L'héroïne

J'avais refermé à l'aube ce beau roman de rupture d'une facture sans concession. Je dormais si profondément à midi trente que Vincent de Jumièges avait dû frapper des poings et du pied sur ma porte pour m'inviter à assister à l'événement du jour.

Au quatrième étage, en effet, l'assistance était nombreuse au balcon de son père. On s'y serrait au coude à coude pour voir passer rue de Metz, dans une Packard de louage découverte, venant de l'aéroport de Francazal et se rendant à l'hôtel de la préfecture, le commissaire de la République, M. Pierre Bertaux — un peu emprunté dans un complet croisé de flanelle grise à raies blanches probablement terminé de la veille après un unique essayage —, et le général de Gaulle qui saluait en projetant dans le ciel, puis en abaissant tel un haltérophile, ses grands bras sémaphoriques.

J'éternuais, je bâillais, j'avais presque froid, le torse nu sur ma culotte de football. J'avais fumé ma dernière pipe à minuit, et douze heures après, pour la première fois, mon corps alerté réclamait sa dose de la matinée.

Je ne m'alarmai point. En trois minutes quelques bouffées de Bénarès vous remettent tout en place dans un organisme perturbé et recréent aussitôt — il suffit de clore vos yeux — des harmonies profondes entre le corps et l'âme. Quand le poète lance ce cri qu'il doit à l'opium les heures les plus parfaites de sa vie, il sait de quoi il parle.

Alors que le toxicomane lucide ou encore inconscient des événements qui le frappent vogue à toutes voiles vers la cyclothymie, il ne se met à l'écoute de son organisme que lorsqu'il rechigne ou se plaint, contrarié dans la quantité de sa dose ou dans la qualité de ses effets.

J'ai su, quant à moi, avec une rapidité stupéfiante que la drogue faisait office en moi de pendule d'alerte fonctionnant avec la rigueur d'un chronomètre obsessionnel. M'endormant à 4 heures du matin, par exemple, après avoir fumé ma huitième pipe de la journée, j'étais certain d'être réveillé en sursaut à midi tapant ; non point par les grandes horloges de la ville dont le bourdon pénétrait tout à loisir dans ma chambre par la fenêtre ouverte, mais par un mécanisme intérieur, une rotation insistante et silencieuse qui me broyait le tissu stomacal entre le sternum et le nombril : la meule du plexus.

Cette meule du plexus me jetait hors du lit. J'avais beau, poussé par ma curiosité d'expérimentateur, baisser le store, condamner ma fenêtre et me boucher le conduit auditif avec des boules Quies pour me démontrer que j'échappais assidûment au carillon de Saint-Etienne, la meule du plexus déclenchait en moi une détente de ressort. Si je ne me mettais pas debout immédiatement, sans même m'asseoir quelques secondes au bord de ma couche, le temps de reprendre mes esprits, j'étais agressé par la crampe du footballeur : la terreur dans mes mollets.

Autant mon allergie d'acclimatation était scientifiquement étudiée dans le traité des approches du Bénarès, autant le major Richardson passait sous silence ce qu'il aurait pu appeler dans mon cas précis le syndrome de l'intoxication galopante. Nous ne nous étions pas encore penchés sur la question avec tout le sérieux voulu par la médecine, mais le fait majeur de ma nature d'athlète devait se révéler, contre toute attente, une propension extrême à l'accueil des substances vénéneuses. A l'étude de nombreux cas, ce n'est point un paradoxe : les petits formats sont mieux défendus contre la drogue que les grands. Avec des mensurations d'athlète (un mètre quatre-vingt-quatre pour soixante-dix-huit kilos), j'étais — mais qu'y pouvais-je ? — d'une toxicophilie frémissante.

Avec une franchise d'introspection pour le moins égale, j'ai su quel allait être le point faible de cette force de la nature que les gens se complaisaient à voir en moi : la paresse intestinale, l'accumulation fécale sans issue. Aux lenteurs constipantes de l'opium — il retarde l'assimilation digestive — s'ajoute toute l'inertie rêveuse de l'immobilité. (Je ne me déplaçais qu'une heure environ par jour pour aller prier aux églises les plus proches.) Ainsi se forment les bouchons de la drogue contre lesquels il ne faut pas lutter avec des pilules laxatives ou des mucilages charbonneux qui, employés sans discernement, vous détériorent la flore abdominale, mais par des activités de marche après les repas et une impérieuse hygiène horaire de cabinets.

Quand votre majestueuse santé s'altère au point d'avoir à subir une offense, c'est un avantage indubitable que de connaître ce qui dans votre physiologie relèvera prochainement de la pathologie. Je voulus donc traiter mes problèmes colo-rectaux (les bouchons pavotiques s'entassent dans le fourreau des muqueuses, faisant poids et obstruction sur le sphincter) par une autothérapie de choc.

Me privant de ma dose matinale (deux ou trois pipes) avec une résolution inflexible et me réveillant de plus en plus tôt — subconsciemment travaillé sans doute par l'appréhension du manque —, je m'installais à 11 heures dans les w.-c. de l'étage des bonnes. J'y restais, stoïque, le temps qu'il fallait pour que j'éliminasse une à une mes bombes excrémentielles. J'y parvenais une fois tous les deux jours au prix d'efforts décourageants si répétés, si douloureux que, mes entrailles allégées mais brûlantes et l'anus en sang, je fumais aussitôt, avec une autorité coléreuse, trois pipes d'affilée qui me rebouchaient d'autant et me coûtaient quarante-huit heures plus tard des selles encore plus difficiles, plus desséchées, plus sanglantes.

Outre le caractère d'exacte psychologie attaché à la véracité de mon comportement qu'elles supposaient, ces disciplines cruelles présentaient un deuxième aspect positif : si je n'éloignais pas de moi la drogue, du moins maîtrisais-je mes horaires et supportais-je assez bien l'exaspération éprouvante du retard matinal quotidien.

Autant d'éléments qui me confirmaient dans mon absolue certitude : à savoir que je ne serais jamais aveuglément asservi au despotisme de l'opium. Et qu'en conséquence je conserverais toujours une part certaine de mon libre arbitre. Le futur conditionnel est vraiment le temps du rêve. Il ne sert à conjuger que des illusions.

Ce fut le premier accroc dans le tissu de ma volonté et ma première capitulation de conscience devant l'envahissante, la deltaïque corruption du Bénarès.

Le sentiment océanique de l'opium était si fortement établi en moi ; l'imprégnation de la fumée si souveraine — des poumons au cerveau, du grand sympathique au dernier cordon terminal du réseau nerveux ; l'habitude de l'extase, contractée si prodigieusement vite, était maintenant si installée, recouvrant toutes mes terres pacifiées comme une marée amicale et flatteuse, qu'il me fallut bien me rendre à l'évidence et signer ce procès-verbal de lucidité : je n'étais plus tout à fait le même, je commençais à être un autre, décidément.

La civilisation de l'extase, cette terre promise à notre humaine portée dont m'avait parlé d'entrée de jeu Jumièges, n'était qu'un mot d'affranchi thébaïque. L'extase instaurée par le pavot noir du Gange était quant à elle une royale réalité. A défaut de la lui pouvoir faire partager, je voudrais essayer de faire comprendre au lecteur cette sensation durable, assise, permanente — qui peut se poursuivre, inaltérable, inaltérée, sur de longues plages de deux et trois heures de temps — que vit à chaque pipe fumée le jeune opiomane dépucelé, à merveille dans son noviciat. C'est tellement suave, tellement achevé, tellement plein — et situé tellement haut dans la hiérarchie des événements dont une personne puisse être frappée — que le plus hérétique d'entre les hérétiques se convertirait et courrait chaque matin à la sainte table recevoir l'hostie contre la promesse d'une pipe quotidienne.

Extase : volupté intime qui absorbe tout autre sentiment, professe Littré. C'était bien cela : incomparablement plus grand, plus étendu, plus haut et plus pur que les spasmes sauvages du plaisir sexuel ; et d'une indestructible unité par rapport à lui : toujours ces orgasmes ininterrompus de soixante ou cent vingt minutes qui vous ouvraient imparablement l'accueillant sépulcre du sommeil. Les érections s'espaçaient. Le sensuel virait chaque jour un peu plus au mysticisme. Enfermé à respiration douceureuse dans ma cellule d'extase tel un fœtus dans la matrice abritée, je ne pensais pratiquement plus à l'amour ; je veux dire à ses élans, à ses crispations, à ses éclatements dérisoires. Renversement extraordinaire : j'étais innocemment délivré du désir, de ses tracasseries accablantes qui n'avaient fait, en contrepartie à d'intenables paris de suffisance de bonheur, qu'apporter des entraves et des retardements à mes études et à mon football. J'étais un autre, quoi ! et j'étais devenu cet autre, le même pourtant en âge temporel et en expérience mesurable, en moins de quatre semaines de calendrier. Et je vivais, sachez-le, au royaume de toutes les différences : au-dessus des abondances de bien, au-dessus de la joie, au-dessus de la félicité, par-delà les besoins et les envies ; en extase dans ce qui me semblait être, au milieu d'un monde furieusement en guerre et en proie aux haines sordides de l'épuration civile, le plus naturel des paradis terrestres, amélioré, enrichi, embelli.

Vraiment, cette traversée initiatique du mois de septembre 1944 sur les opiums de la ville sainte des Indes demeurera le point culminant d'une existence qu'elle a bouleversée de fond en comble et qu'elle a continué d'influencer de bout en bout : j'y ai découvert l'absolu consommable et transformable en extase de vivre ; cela sous la forme la plus hautement civilisée et pourtant la plus familière qui se puisse offrir ici-bas. La sublimité de cet état rétablissait à leur misérable niveau la constipation consternante dont ma fortune faisait les frais et les purges drastiques que j'allais devoir lancer, pour mobile d'occlusion, contre mes obstructions fécales.

IV

L'automne était arrivé, soudain comme toujours, comme toujours par surprise, avec ses chagrins de nuages, ses ciels plus bas, ses accélérations du soleil déclinant et ce vent curieux — sorte d'autan levé sur les cimes — qui souffle à la fois le froid et le chaud des Pyrénées à la Gascogne à travers les couloirs où s'infiltre la Garonne agitée.

En écriture leste, ma fiche biographique se fût alors rédigée ainsi : vingt ans, né de père inconnu sous le signe du Verseau à Cazals-en-Quercy, Lot ; orphelin dès la onzième année, sa mère — dont il était fou — lui ayant été confisquée par un cancer du sang ; bien qu'il en brûlât d'envie, n'a pu retrouver son père, sa maman bien-aimée lui ayant interdit cette démarche et fait jurer qu'il ne l'entreprendrait pas après sa mort. Elevé par sa tante, Agathe Salgues-Labro, couturière, alors que sa mère n'avait fait que le chérir ; élève de la République : boursier d'Etat à cent pour cent ; deux passions : le ballon et les mots ; poète à douze ans, prix Guillaume-Apollinaire à dix-neuf (ne s'en vante pas par pudeur : c'était sous l'Occupation) ; par correspondance, a fait la connaissance d'André Gide : le contemporain capital s'intéresse à lui ; d'une zone à l'autre, cette relation prestigieuse lui procure des relations en série, dont les Jumièges.

Lorsque je rencontre Gontran de Jumièges, l'hiver 1943-1944, il est contrôleur à la Banque de France de Toulouse ; livrés aux austérités du rationnement, les siens ont faim : je les approvisionne et ma tante leur envoie des colis. J'ai dû échapper coup sur coup aux chantiers du Maréchal, au travail obligatoire en Allemagne, aux mines de fond françaises et à l'exigeante pression patriotique des maquis. A Toulouse, où je suis inscrit à la faculté de Lettres, les Jumièges m'ont installé dans une chambre de bonne (de bonne, ils n'en ont point) où je vivais comme un étudiant sans problème lorsque survint la Libération.

Un matin, alors qu'éveillé par la première baisse de température je me levais pour me vêtir d'un pyjama, j'aperçus, glissée sous ma porte par un coursier, une convocation émanant du siège du Toulouse Football-Club. La saison reprenait. La direction sportive nous mandait d'être le lendemain à 8 h 30 — professionnels, amateurs et espoirs mêlés, une trentaine de garçons au total — au stade des Ponts-Jumeaux pour une revue d'effectif et une séance de décrassage musculaire. Le football payant mes études, il était pour moi de la première importance de répondre présent et d'y paraître en forme.

Je voulais du mouvement, des courses, des efforts violents dans lesquels trois mois auparavant j'excellais. Je voulais des allégements de ventre, une capacité de souffle, une transparente autonomie de situation par rapport à Jumièges. Je voulais une marge d'écart où je ne me sentirais pas menacé à tout moment par la drogue, où j'entendrais comme en prise assourdie ses appels enjôleurs. Je ne voulais certes pas entendre parler de renoncement à l'extase, mais la tenir à distance respectueuse. Je voulais une barrière de sécurité qui me protégerait de ses grands yeux dévorants lorsqu'ils auraient trop faim de moi. Je voulais un arrangement avec l'incompatible.

Je pris l'affaire avec détermination. Une espèce d'âpreté paysanne, que je me connaissais, étayée sur le désir d'une revanche sourde à prendre sur ces fleurs indiennes du mal qui me détournaient de ma fonction chlorophyllienne, de ma combustion vive.

La convocation lue, je ne me recouchai point. Le premier effort, le premier acte disciplinaire fut de rompre avec l'automatisme de la cigarette : il fallait que je fusse en souffle convenable le lendemain. On ne dira jamais assez combien l'emploi régulier de la drogue pousse à la sujétion tabagique. Aux premières petites laines d'automne j'étais dans le voisinage de trois paquets d'américaines par jour. Dès 9 heures, ce matin-là, je pris donc la décision d'arrêter net et je m'y tins.

Toute victoire sur soi-même suppose la destruction des automatismes de confort, de vice, de plaisir. Il faut dérouter l'habitude par la suppression du geste qui l'a créée et qui l'entretient. J'étais si suggestionnable à l'époque qu'à la seule pensée de devoir me restreindre au minimum fonctionnel garanti — trois pipes au lieu

L'héroïne

de douze — je fus pris d'un sentiment de terreur psychologique. C'était comme si le cœur, mon moteur de vie, organe lourd par excellence, m'était descendu dans le ventre en chute panique. Le résultat : une heure après — douché, frotté au gant de crin, rasé et aspergé de lavande —, j'évacuais sans effort des selles parfaites, dans une félicité rectale inouïe.

Depuis peu, en quittant Gontran de Jumièges vers les minuit, j'emportais dans une boîte de cirage Lion noir, en guise d'en-cas nocturne, quelques filets de Bénarès, merveilleusement fluides huilés de paraffine, serpentins constellés de minuscules pierres précieuses surgissant dans la balise d'un rayon d'électricité. De ce miel hindou, dans ma chambrette enrichie des papiers collés mis sous verre d'Henri Matisse, je me pénétrais le cerveau avant d'éteindre. Il suffisait de prélever avec la lame d'un canif de minces quantités touchantes de ce sombre miel irradiant et d'en induire l'extrémité d'une cigarette blonde sortie d'un bon moule de Caroline ou de Virginie, d'allumer avec adresse — à flamme relativement éloignée —, de tirer dessus d'une succion labiale vive et soutenue, d'avaler les deux fumées, de n'en rien rendre, et le tour était joué. Les coolies de Saigon fumaient comme ça en pédalant à tous mollets (et peut-être les lieutenants de Mao dans leurs grottes rouges). L'effet était plus abrupt, plus bronchique, plus corrosif aussi qu'avec la pipe : cet opium de tabac vous brûlait la plèvre, et vous décolliez immédiatement.

Ce lundi matin, cependant, car ne disposant plus que d'une cigarette, je forçai sur la dose de miel noir. C'était comme si j'avais englouti en prise simultanée, sans faire une concession de souffle, l'équivalent de trois pipes normales ; cela dans un grésillement de foyer exquis et dans une odeur de nausée sublime accentuée par la combustion directe, à feu crématoire.

Je fus arraché à moi-même par le haut du corps, le crâne s'ouvrant comme le flot sous l'étrave pour me laisser fuir. Aux entrelacements et aux enchevêtrements nettement plus resserrés de vaisseaux et de nerfs qui forment le plexus solaire et son vis-à-vis dorsal, le plexus sacré (je n'étais que nœuds qui me retenaient à ma couche et contradictoirement évasion aérienne), je crus que j'allais exploser de l'intérieur, finir mort dans mon espace vital du dedans. Et j'eus aussitôt la certitude (vous savez, ces certitudes absurdes et pas obligatoirement prétentieuses qui mettent nos angoisses au piquet) que, sans la bile envoyée par mon foie dans le duodénum, laquelle avait contribué au moulage harmonieux de mes selles, j'aurais été effectivement empoisonné ou retrouvé en coma de surdose.

Une vérité nous confond à la fois d'admiration pour la nature qui nous a faits et de frayeur devant l'usage intempestif que nous faisons de ses équilibres : c'est la prodigieuse facilité avec laquelle un corps humain normalement constitué se rode à la drogue (ô dérision des mises en garde, ô fumeuse efficacité des clignotants !) et assume ses audaces devant la réalité toxique. En quatre semaines j'avais absorbé plus d'opium combustible qu'il n'en eût fallu pour changer les lions d'Afrique, les tigres de Sumatra ou les jaguars d'Amazonie en loques de ménagerie, en résidus de zoo. Or je supportais le choc, toutes cellules éveillées sur le front de mon économie vivante, devant cette horde insensée d'atomes affadissants et de substances tueuses.

J'aurais pu clamer, parodiant Rousseau : qui s'est montré plus perméable que moi à la drogue ? personne ; mais qui, en revanche, opposera à sa mortelle consommation une résistance plus acharnée que la mienne ? personne. Je n'étais ni physiquement ni moralement une exception à montrer du doigt. Or, la drogue dans le combat sans merci que nous allions nous livrer devait faire de moi quelqu'un d'exceptionnel.

Au déjeuner j'étais à l'aise, svelte et en appétit. Sitôt après je ne m'allongeais pas sur le divan pour fumer comme à l'habitude avec Gontran de Jumièges. J'allais chez le cordonnier de la rue Fermat vérifier mes crampons et casser au marteau les contreforts de mes chaussures, des Hungaria quasiment neuves qui me gênaient à la cheville, sur l'extérieur du pied. Le soir, couché à 10 heures, je fumais la valeur d'une pipe d'opium sur cigarette en écrasant celle-ci dans le cendrier, une fois la drogue consumée. Je n'étais pas heureux. J'enrageais même de m'être mis, en chute stoïque, à vingt-cinq pour cent de ma consommation quotidienne, passant, avec une énergie de rupture assez peu raisonnable, de la dose de luxe (douze prises) à la stricte dose de nécessité.

Je m'endormis en bâillant comme un fauve, et en pensant aux filles qui un mois plus tôt me faisaient tous les jours envie.

Au jour levant je fus chassé du lit comme par un siège éjectable. L'infaillible réveille-matin de l'appréhension, la meule du plexus ponctuelle et silencieuse avaient fonctionné, ce qui en dit long sur l'arbitraire que la drogue fait régner sur notre machine humaine. Plus de sentiment océanique dans l'aube grise et incertaine, mais au creux anxieux de l'estomac une famille de homards qui jouaient des pinces. Je tirai trois bouffées sur ma cigarette entourée de miel noir et les crustacés s'évanouirent. J'allais d'étonnement en étonnement avec cette substance illicite. Je savais que le Bénarès était plus ou moins affilié au diable ; je ne savais pas qu'il participait de Dieu.

Slimane Driss, l'araignée de la Haute-Volta, était mon partenaire favori dans toutes les séances d'entraînement. Qu'est-ce qui fit dégénérer celle-ci dont devait pourtant dépendre mon avenir ? L'optimisme et le débordement de Slimane, lesquels ne rencontrèrent chez moi qu'un zèle tiède et concerté.

Déjà, mes souliers tout juste lacés, Driss m'entraîne sur le stade, les ballons lancés devant nous. Nous courons. Il rit, moi pas. Tandis que nous rivalisons de feintes, de passe-pieds, de tacles glissés, de brossages de balles... il continue un monologue aux accents d'apologie réaliste. Mon contrat de stagiaire professionnel est prêt, rédigé, tapé : il porte sur trois ans. Il convient seulement d'y apposer ma signature. Le secrétaire général du club me consentira l'avance maximale que l'on accorde aux étudiants très bien notés. Le Dr Daho[1] lui-même a fixé mon salaire. Nous prendrons, Slimane et moi, en colocation un appartement sur les allées Jean-Jaurès ou dans un quartier bourgeois chic et cher. A nous les réceptions au champagne, les cocktails dansants, les parties fines. M. Gontran de Jumièges nous fera profiter de ses lumières pour le placement de nos économies. Etc. Ce n'était point là de la mégalomanie fraternaliste : j'étais vraiment un espoir du football-association.

Au bout d'une heure de cette loghorrée de capture et alors que nous avions accompli une foule de mouvements, résolvant tous les cas de figures possibles et imaginables qui se présentent à deux adversaires d'un match, je fus pris subitement de coliques conco-

---

1. Transfuge de Sète, joueur très titré du Toulouse F.C. et futur médecin. *(N.d.A.)*

mitantes, l'une s'en prenant à mon estomac en façon de névralgie, l'autre, nettement expulsive, siégeant dans mes entrailles et n'y laissant plus rien. Ainsi les affres d'un malaise honteux s'aggravaient de toute l'affliction du ridicule.

Je quittai le stade des Ponts-Jumeaux la tête basse en jurant de n'y plus promener mes crampons de longtemps.

V

Il n'y avait plus d'opium préparé, rue des Arts, où me ramenait un taxi à gazogène. Ma stupeur fut énorme en découvrant au fond d'une vieille huche à pain, dans la cave, ce qu'il restait de la boule d'un kilogramme à laquelle nous nous étions voracement attaqués trente jours plus tôt : la base d'une motte crénelée, en état de décomposition putride autour d'une balle de Mauser aux reflets cuivrés de rouille fauve. L'odeur de magnolias piétinés dans un fumier d'excréments de hyènes, une tourbe infâme de délices morbides de pourriture et de mort, s'éleva jusqu'à moi d'une puissante érection olfactive, plus entêtante, plus détruisante encore pour les polypes de la muqueuse nasale que lors de son agression initiatique, le 26 août.

Comme le 26 août, j'étais partagé entre le sentiment d'un dégoût colossal et celui d'une fascination vertigineuse. A jeun et tout tourneboulé par cette audace remuante, je manquai m'évanouir. Prenant dans mes mains ce chou vide et flasque de toile goudronnée, je l'élevai jusqu'à mes narines ; puis, plongeant mes yeux dans son pourtour ruiné, j'inspectai sans illusion ses possibles. Au train où nous fumions, nous devions disposer de cent vingt à cent cinquante pipes. C'était dire que dans cinq ou six jours, une semaine au plus tard, ce serait la disette, le manque, le *nienne*.

L'état de manque, cette expression qui donne longtemps à l'avance des sueurs de glace aux toxicomanes, ne me fit point peur : je n'étais pas accoutumé. Les pernicieuses vertus des pavots noirs du Gange ne causeraient point ma ruine. Ce qui me tenait dans la perplexité la plus dubitative était le calcul d'argent qu'il allait falloir pour nous assurer, Jumièges et moi, une consommation continuelle. La consommation mensuelle normale d'un kilo portait à douze la consommation annuelle courante, ce qui faisait supposer une mise de fonds de six cent mille francs. Somme astronomique qui ne se trouve pas sous la patte d'un éléphant ou le surplis d'un curé.

J'interromps à jamais mes études, décidai-je avec une formidable énergie de bravoure. Dès cet après-midi je me mets en quête d'un travail fixe que j'exercerai à plein temps et qui ne relèvera ni de l'enseignement ni du fonctionnariat de concours. Je veux gagner de gros sous tout de suite pour subvenir à mes propres besoins de drogue. Et je me sentis soulevé par le turbulent, par l'invincible génie que nous donnent sur-le-champ les mauvaises raisons. Rien n'y résiste : d'un jet de fronde nous abattrions les arcs-en-ciel.

Sous le poids abrupt de ma décision, je n'avais plus ni le temps ni la stabilité nerveuse de finasser avec un miel noir d'une subtilité coulante : une adoration de palais, disait Jumièges. Aussi m'offris-je un bon repas coprophagique à l'ancienne, comme Sir Thomas en avait ingurgité des milliers. Manger du Bénarès, c'est faire des économies. On gagne en force brute environ cinq fois ce qui se dépense en fumée. Le rapport est du reste semblablement le même qu'entre une piqûre de morphine et une pipe d'opium ; on ne sort pas du quintuple avec les substances pavotiques. Je goûtai d'abord prudemment d'un coup de langue sur mon ongle maculé ; puis, plongeant le bout de mon index dans le caca putréfié, je me fis coup sur coup trois sucettes de carabin. La scatophagie opiomaniaque n'impose pas de sacrifices démesurés. Ainsi le Bénarès est plus aisément comestible que respirable. Le mieux est de recommander au dîneur, pour faciliter la fusion des lourdes molécules constituantes dans le suc gastrique, d'ingérer de compagnie une bonne tasse de thé bouillant. (Mais ni anis ni alcool, des boissons chaudes et dissolvantes seulement.) En étant à mon dépucelage par voie buccale, je n'avais pu prévoir ces accommodements du confort digestif. Tandis que je ressentais une asphyxie respiratoire par le poids fantastique d'un globe de plomb posé sur mon diaphragme, mon ventre se mit à gargouiller. Je crus périr par le poison, mais, cette sensation de frayeur passée, je m'envolai à travers les étages, mes pieds ne touchant absolument plus les marches de l'escalier de service.

Ma chambre tournait comme un manège lorsque j'y parvins. Pensant que je risquais la mort si je fermais les yeux — une mort amusante et légère mais qui n'en serait pas moins la fin de tout —, je les gardais grands ouverts pour composer, en imitation de Claudel, cinq grandes odes à la mémoire de Sir Thomas Godfrey Lanceford de Quincey, gentilhomme opiophage, pour le remercier de m'avoir livré le secret du remède absolu contre la future percée de mes dents de sagesse.

LIVRE DEUXIÈME

Cartes pour une identité

« *C'est la mémoire qui fait votre identité.* »
Voltaire.

VI

Désormais ma vie allait osciller entre deux pôles d'attraction : la lumière véhiculée par les gens de qualité ou qui les entoure comme des saints leur auréole, et l'ombre impénétrable en quoi la pratique de la drogue vous condamne à vous enfoncer. Désormais, un mouvement ascendant de spirale devait m'entraîner vers les délices intellectuelles des arts et des lettres, et concurremment une pente avalante me rejeter vers les gouffres de la toxicité. J'aurais pu, à vingt ans, commencer à tenir le journal de ma double existence sous le titre : de l'azur aux abîmes ; car ainsi s'établissait — du soleil aux ténèbres — le cycle fatal auquel était soumise ma trouble, mon impuissante destinée.

Drapé dans ma toge d'indépendance pécuniaire — j'allais vivre incessamment de mes talents personnels —, je regardais Gontran de Jumièges d'égal à égal, mais avec une hauteur remplie d'aménité. Pour l'heure, nous organisions sur un front commun une parade à la pénurie dont le spectre de jour en jour s'enflait, bête préhistorique monstrueuse qui étendait sa nuit jusque sur le miroir où je me rasais. Le Bénarès ne me tenait pas tellement au corps ; je pouvais secouer sa magie physique ; l'âme — le dedans spirituel de l'homme jeune, juste formé, que j'étais —, l'âme, en revanche, était prise de la plus sérieuse façon qui se pût être. Je le sus à la mélancolie qui m'accaparait, de plus en plus épaisse et poisseuse, au fur et à mesure que nous nous approchions du fatidique point zéro. « Mon âme émet des rayons noirs », note exquisément Amiel[1] au matin d'un sombre dimanche. La mienne gisait au sépulcre. Cette sensation de noirceur figeante me fut absolument détestable. Eh quoi ! on n'était point encore sorti

---

1. *Journal.*

de la caverne d'extase que déjà il fallait commencer à payer — et comptant, s'il vous plaît — la grosse, la chère addition de l'injuste mélancolie. Dans les cavernes d'extase de la drogue, aucune idole n'est épargnée. Chacune, idole creuse ou idole pleine, paiera son lourd tribut au sentiment océanique capricieux et fuyant. Plus il aura engrangé de volupté dans ses grottes pulmonaires, plus il pâtira de nostalgie, spéléologue absurde, contrit, esseulé.

La géniale économie domestique des opiomanes a longtemps fait merveille (et légende) chez les badauds toxicophiles. Le récupérateur adroit s'échine, il est vrai, sur deux sources d'exploitation des profits résiduels : le dross et la poussière de fumée. La seconde, véritable suie pavotique tirée par la cheminée de bambou, s'amasse sur les parois dont on la déloge avec un ringard, tige de fer crochue qui fait entendre un bruit sinistre rappelant le ronron pervers de la fraiseuse du chirurgien-dentiste. C'est l'opération du ramonage. Traitée par l'eau bouillante, la suie d'opium facilement diluable se transforme instantanément en sirop ; un sirop très amer, de couleur terreuse, dont mieux vaut ne pas laisser les flacons qui le contiennent à portée des mains enfantines. (Les deux jumelles de la cuisinière indienne de l'amiral Finch ont été retrouvées empoisonnées par leur malheureuse mère, l'imprudent marin de Sa Majesté ayant laissé traîner sur une étagère à épices, dans son appartement de Kensington, une bouteille de jus de fumée de Bénarès.)

Très riche en alcaloïdes codéiniques, le dross consiste en de petits agglomérés de cristaux noirs, brillants et durs, qu'il vaut mieux sucer patiemment — réglisse de diamant infecte — plutôt que d'essayer de les broyer entre ses canines. Il encrasse le fourreau au risque d'empêcher la combustion opiumphilique ; d'où le zèle que déploie le fumeur à curer, recurer, recurer encore. Cinq pipes produisent une chiure de minerai incrustante et caramélisée égale au cinquième de leurs volumes ajoutés : c'est le dross, qu'on utilise en potion, en opiat concassé, en piqûre intraveineuse (pour sa teneur en codéine) ; le dross aux multiples usages de dépannage et de soutien d'effet ; le dross qu'on fume pilé dans des cigarettes qui exigent tous nos soins et qui implosent quelquefois, les perfides petites péteuses ; le dross qu'on croque carrément quand on est malade, qui crisse sous la dent, praliné de caca, et dont le goudron brûlant passe mieux dans une ration de Pernod mouillée d'eau glacée. Le dross qui a créé aux Etats-

Unis un nouveau spécimen d'intoxiqué pauvre : le drossman.

Ce n'était plus à des festins d'extase que m'invitait Jumièges, mais au partage de solutions de rupture intelligemment négociées. Le passage de la volupté de vivre à la vie normale devait se faire absolument sans heurt ni coup d'arrêt. Les fioles de suie d'opium liquide, les potions de dross noir, les boulettes de poudre et de dross écrasé enveloppées dans du papier à cigarette — tout un astucieux artisanat d'apothicaire devant assurer ce retour à l'état banal dont la seule pensée qu'il était inéluctable me faisait frémir — nous attendaient précieusement rangées dans l'armoire à pharmacie de la salle de bains dont j'aurais en cas de besoin bien entendu la clé.

Sorcier du pavot aux ruses d'insecte, Jumièges n'était pas un marchand d'orviétan. Il disait vrai ; il connaissait son affaire ; en presque trente années d'opium, il en était (au moins) à son trentième décrochage. Nulle douleur, en effet. Une légère ankylose dans les phalanges, une tétanie urticante dans la zone de liaison du pied et des orteils, quelques séries d'éternuements — et ce fut là, quarante-huit heures durant, tout le malaise. Je dus reconnaître que Jumièges était un thérapeute hors pair, un as dans la diminution progressive des doses et que l'exercice illégal de sa médecine m'amusait. Dès lors, pourquoi nous serions-nous privés de fumer puisque la suppression du Bénarès combustible n'entraînait pas de sanction physique sur le corps ; et puisque j'étais — du moins sous la surveillance vigilante de Jumièges — assuré de l'impunité, de la grâce. La sanction était morale et agissait comme une obsession térébrante qui ruinait la sérénité et minait l'équilibre. A la restriction mutilante de l'argent qui nous empêchait de nous réapprovisionner s'ajoutait l'injure privative et humiliante du manque d'effet. J'avais vécu plusieurs semaines durant habité de sensations exceptionnelles. Rejeté de cette exception, je revenais au lot commun. Je n'en voulais pas, je n'en voulais plus.

Je supportais très mal, nerveusement, cette mort de l'effet. Il y avait pourtant quelque chose, en moi, de plus grave que cette mutilation confiscante du suprême plaisir, du sublime bien-être : c'était l'apparition de la tristesse. Elle rôdait alentour de moi, elle cognait à mon huis, puis elle entrait, se mettait à son aise, se déshabillait telle une fille pour se glisser sous mon ventre. Je ne l'aimais point, je ne la touchais pas et, sans la répudier vraiment, je la raccompagnais jusqu'à la porte.

68   *L'héroïne*

Cette fille triste aux cheveux mouillés par les premières pluies d'automne, c'était le deuil.

Deuil du sentiment océanique en allé. De l'empire de la révélation disparu. De la fable initiatique défunte.

VII

M. Pierre Bertaux faisait à la tête de sa région tricéphale, Languedoc-Pyrénées-Roussillon, un travail considérable qui, pour peu qu'il ait eu la fibre parlementaire et intrigante, l'eût assurément mené aux plus hautes commandes de l'Etat ; mais, son père l'ayant élevé dans le respect des grandes servitudes administratives, il préférait la fidélité des attachements préfectoraux aux inconstances ministérielles. Dans un louable souci de prestige pour sa ville — la quatrième de France —, ce représentant de l'autorité centrale avait, d'entrée de fonction, créé un département des Arts et des Lettres (un rectorat culturel) que dirigeait M. Pierre Abraham, directeur du cabinet du ministre de l'Education nationale de Léon Blum. C'est cet homme, d'une probité intellectuelle partout reconnue, qui lui avait valu l'unanimité chez les leaders du Front populaire, que j'allais voir, hautement recommandé — trop hautement, peut-être — par Pierre Bertaux, commissaire de la République.

En ce jour d'audience, l'on se serrait dans le cabinet d'attente, en proie tout ensemble à une excitation de bazar aux livres et à une verve papotante de salon. Un forain d'Albi voulait lancer un cirque de poésie qui tournerait sous chapiteau à travers la France comme Bouglione ou Médrano. Un inverti congolais — Bulle Gracieuse — expliquait ce que serait son cours de danse si « M. le Ministre » l'autorisait à postuler une subvention. Un gitan déballait une statue de Maillol : pour expertise. La chorale Clémence Isaure était en quête de contrats ; d'église ou de bal, peu lui importait pourvu qu'elle ne tombât point dans l'inertie du chômage. Etc. Un vrai bouillon de culture dans le style spécifique du Midi toulousain et le désordre frivole qui succède en nos contrées du Sud au sérieux des mobilisations collectives.

Adossé au mur, les paupières mi-closes, les bras croisés, chaque main sur un biceps, je me sentais flatté et agacé à la fois de susciter l'intérêt si soutenu d'un homme.

Une calvitie d'intendant de César, une ligne de sourcils fine courant en arc sur des yeux dont la myopie ne dérangeait pas le pétillement mais que défendaient des paupières de marbre, un visage blanc, si méticuleusement rasé qu'il en paraissait imberbe et sans âge, avec un nez sensuel et lourd tombant en chute abrupte sur le grand coup de sabre cicatrisé de la bouche : j'avais attiré l'attention d'un proconsul vêtu comme un ambassadeur, et dont les belles mains chirurgicales faisaient l'objet de soins à la limite de la féminité. Je m'avançai et, d'humeur maussade car le sirop de dross développait des gaz dans mon tube digestif, je me présentai.

— Ah! c'est donc vous le jeune poète à qui André Gide a écrit cette lettre enflammée! s'exclama l'homme. Je correspondais en effet avec le plus grand écrivain français vivant.

— Enflammée et réfrigérante, rectifiai-je, modestement.

— Je suis...

C'était le diplomate historien Philippe Erlanger. Je le remercie pour l'indulgence qu'il a bien voulu témoigner à mes vers, lesquels n'en méritaient pas tant. Là-dessus, il s'offusque : « Ah! croyez-vous que s'ils avaient été si mauvais je vous en complimenterais aujourd'hui. » (Malraux ayant dit que je commettais des poèmes de treize ans et demi d'âge mental, sa boutade m'avait plongé dans un ravissement sans pareil.) « Politesse pour politesse, fis-je, changeant de ton du tout au tout, j'ai beaucoup admiré votre *Diane de Poitiers*. C'est une manière nouvelle de voir l'histoire et de la raconter en façon de roman. D'autant qu'on ne saurait vous adresser le reproche d'inexactitude : tous les faits sont rapportés avec la précision et la pureté de touche qui sont celles de Stendhal dans *La Chartreuse*. » Que n'avais-je pas dit ? Le ciel s'ouvrit et la terre fut à mes pieds.

Comment se fait-il que, de tous nos artistes et créateurs, les littérateurs aient la vanité la plus émotive, la plus chatouilleuse et la plus folle hypersensibilité ? Vous ferez avaler cent boas constrictors aux hommes politiques alors qu'un orvet transparent étouffera l'important homme de lettres tombé du dernier dictionnaire. Fils d'un musicien célèbre, entré au Quai d'Orsay par la porte étroite de l'intelligence et non par nos fabriques nationales de forts en thème, démocrate sourcilleux qui créa le Festival de Cannes pour faire de l'ombre à la Biennale de Venise, symbole du

L'héroïne 71

fascisme triomphant, auteur d'un édifice monumental sur le cardinal de Richelieu — le héros de son cœur —, comment se fait-il qu'un esprit aussi original, aussi prévenu, aussi éprouvé que Philippe Erlanger ait été près de fondre devant la flatterie bienvenue d'un gamin ?

Erlanger venait chercher son ami M. Abraham pour déjeuner. À voir ces persécutés de la veille habillés avec des étoffes de Londres et à les entendre confabuler sur leurs chaumières et leurs cachettes, on était enlevé comme par une montgolfière de confiance et d'amour en son pays. On montait, on montait sans cesse, on montait sans fin. Ces hauts fonctionnaires de la IIIe République déjà recyclés dans la permanence de la IVe me faisaient penser Abraham à Périclès, Erlanger à Thucydide, dans le grand siècle heureux d'Athènes avant leur brouille. Tandis qu'Abraham nous servait un whisky, boisson que je découvrais, Erlanger promenait sur mon visage un regard découvreur attaché.

— C'est dommage que vous soyez si jeune, me dit l'ancien chef de cabinet. Je vous aurais fait nommer secrétaire général de la radio. Laissez-moi trois jours pour réfléchir, mais je vous promets d'ores et déjà un travail intéressant.

C'était trop et ce n'était pas assez. Le monde sans le Bénarès était une organisation magnifique. Avec le Bénarès, il eût été vraiment une organisation prodigieuse. Il allait le devenir puisque à 5 heures Gontran de Jumièges m'annonça que je partais pour Marseille par l'express de nuit.

VIII

> « *Quand je descends les escaliers de la gare Saint-Charles, une bouffée de crapulerie me saute à la gorge.* »
>
> Montherlant.

Ce n'est pas un air de fripouillerie cosmopolite qui m'agressa tandis que je descendais les fameuses marches ; c'est le bruissement de la lumière, les vibrations du bleu du ciel qui me sautèrent aux tempes et aux yeux. Attirée par la mer pour laquelle elle est bâtie, Marseille n'est pas une ville plate mais une ville-ascenseur qui monte et qui descend. Du sommet du grand escalier de Saint-Charles où toute la cité, dans sa perspective lointaine, se découvre en hauteur alors que dans la fracture immédiate du temps qui vous presse elle s'amorce à vos pieds, vous êtes saisi de l'impression d'un gouffre où tout se confond, lumière et bruit, dans le même exaltant fracas. Si vous ne comprenez pas comme une évidence d'instinct, le pied posé au bord du précipice de belle pierre équarrie, qu'ici le silence et la nuit n'ont pas la même signification qu'ailleurs, alors vous ne recevrez pas Marseille.

Il est des villes qui se taisent, des villes à qui ni les dieux ni les hommes n'ont donné la parole ni les sens. Marseille est une ville qui fait usage de tous ses sens et qui en premier lieu donne de la voix, parle haut, tonne fort, rugit, hurle, gueule ; une ville qui ne cache rien : un cri de sincérité. Entre elle et moi, le dialogue s'est établi tout de suite : à *mezza voce,* sous la forme — adéquate à sa bouche, modulée à la mienne — d'un murmure appuyé. La langue des serments.

Je suis tombé amoureux de Marseille d'entrée de pas ; sitôt marchant sur l'esplanade de la gare où j'ai vu des adolescents marocains se désenlacer sous leurs couvertures, s'embrasser gravement sur la bouche et se lever pour aller se jeter, chacun de son côté, dans la bataille du jour. Quelque étude que j'aie pu conduire jusque-là sur la nature des individus, il ne m'avait jamais été donné d'assister à une scène d'ensemble aussi naturellement jouée. Au fur et à mesure que mes pas s'avançaient, je me suis mis à noter, comme ça, un crépitement simultané de sensations inédites qui m'assaillaient sans me faire mal, au point que j'en aurais vite oublié l'objet de mon voyage. Mais le principal est là : épris de Marseille au premier contact, enflammé comme une allumette en ignition, j'ai songé — sans en rien connaître — à louer une chambre dans la ville et à y conquérir un espace privé, une autonomie débutante.

Le grand courant communicateur qui met les énergies en présence — ce vieux bandit généreux, le soleil — était là. Il était là, ce matin radieux d'octobre, apportant tous ses soins à ce travail d'entremetteur alors que j'allais plonger dans la fosse humaine des boulevards d'Athènes et Dugommier.

Au pied de l'escalier, devant l'artère coronaire de macadam qui dessert les hauteurs de Saint-Charles, et sous les énormes platanes noueux plusieurs fois séculaires, les bras de signalisation — lettres noires sur fond jaune — de l'U.S. Army. Là commence donc, sous un azur estival, le manège incessant des jeeps qui dévalent à tombeau ouvert vers la Canebière ou amènent aux express des militaires ou des chargés d'affaires en civil. (Construit en une semaine sur la côte ouest de l'étang de Berre, le camp de Vitrolles, où transitent vingt-cinq mille hommes, est à quarante minutes de volant.) Marseille à l'heure américaine, après le débarquement du 15 août sur la grève varoise des Issambres, et dans la frénésie de défoulement qu'entraînent dans leur sillage les invasions libératrices, c'était une Naples provençale mais tous les excès inhérents à l'Italie du Sud exceptés. La Wehrmacht occupante faisait sauter le pont transbordeur et dynamitait ses bases souterraines, indevinable cloaque où l'on élevait jusqu'à des vaches pour le lait au marché noir, où s'usinait toute une prohibition d'absinthe et d'alcool rectifié ; et le génie du Reich hitlérien, dans son obsession sécuritaire, élevait en quelques mois les Baumettes, forteresse modèle à double enceinte d'où l'on ne s'évade pas. Les Germains transplantaient avec eux leur rigueur gothique. Les G.I.'s qui étaient à Vitrolles avec leur train des équipages et leurs chars rapides amenaient avec leur verdeur de jeunesse leur surabondance d'enfants gâtés. J'arrivai à mon rendez-vous avec une heure de retard. On ne m'avait pas ménagé, il faut bien le dire, une rencontre avec Marseille, mais avec la Babylone des stupéfiants. Je naviguais, en effet, tout à fait dans l'inconcevable. Comment se pouvait-il qu'à trois minutes flânées de la Canebière, dans la partie la plus vibrante du cœur de la ville, je pusse trouver la Golconde des toxiques.

Je me doutais bien qu'on pouvait y rencontrer des joueurs professionnels, des souteneurs par inclination ou des assassins gagés, mais pas des individus de la plus avenante et de la plus captieuse des espèces : des toxicomanes qui ne revendaient pas la drogue avec un profit d'argent tarifé mais qui percevaient directement en produit le dixième (ou le vingtième et plus, c'était selon) de la quantité qu'ils avaient réussi à vendre. Bref, des consommateurs qui poussaient à la consommation, de perpétuels nécessiteux de l'extase qui nourrissaient leur besoin du besoin des autres. Le dealer distribue froidement. Le revendeur intoxiqué n'a qu'un but : intoxiquer davantage.

Orlando Novacita avait dû être beau dans les temps d'autrefois. Dans les temps d'aujourd'hui il était ignoble. Plus abject que lui on ne trouvait point. Un cou de taureau congestionné de sang, la lèvre inférieure pendante, les crans gominés de sa chevelure de danseur mondain laissant apparaître entre leurs bosses de petits sillons latéraux luisants de séborrhée, les sourcils déjà blanchis, la quarantaine attenante, la peau des joues glabre, les ailes du nez pincées comme par une attaque de tuberculose, toute une mauvaise graisse transpirable lui sortant des pores, il dégageait un sentiment d'intouchable ignominie ; et massif avec ça, en début d'obésité presque, les restrictions de la guerre n'ayant pas affecté sa carcasse huileuse de juif italo-tunisien naturalisé. Eh bien, l'attristant portrait que j'en fais se changeait, tandis qu'il me posait des questions insidieuses, en peinture attrayante : la fascination de la *morbidezza,* parbleu !

— Si jeune et déjà embabouiné par la drogue. Jumièges y va fort.

— Jumièges n'y est pour rien, je vous signale. Je suis seul responsable de ce petit écart.

— Cette attitude vous distingue. Dans la toxicomanie, et généralement dans la délinquance, les cadets rendent toujours plus ou moins les aînés responsables de leur chute.

— Qui vous parle de chute.

— Vous devriez vous trouver une passion.

— Je suis en attente d'une passion d'amour.

— La drogue et le désir, vous savez, ne vont pas ensemble. L'opiomanie, c'est une émasculation sans coupe d'organes. *Cas-*

tratio. Vous serez privé de l'usage de vos attributs virils. Ça ne vous ennuie pas de finir en vieillard à vingt ans ?
— Un bon sommeil du sexe, ça repose. Et ça délivre.
— Découvrez-vous une foi, fût-elle politique.
— C'est déjà fait, merci.

Nous étions dans une chambre sans lavabo ni bidet, rudimentairement meublée mais d'une propreté médicale et dont le soleil dans son fougueux embrasement du sixième étage, faisait un intérieur arlésien de Van Gogh. Rappelant à Orlando le but de ma visite, je tirai de la poche de mon blouson la somme alléchante de cinquante mille francs Pétain en billets de dix mille.

— Je suis ici pour un kilo de Bénarès, dis-je, avec une fermeté glaciale. Si vous ne pouvez me le procurer j'irai voir ailleurs.
— Pour du Bénarès ou un opium des Indes, c'est hors de question. Pour du laotien ou un indochinois quelconque...
— Justement, je ne veux pas du quelconque, m'insurgeai-je.
— Je vais me renseigner mais, sachez-le, la marge d'espoir que je vous laisse est infime. Voici pourquoi.

Ouvrant alors le tiroir de sa table de chevet, Orlando en sortit un sachet de papier translucide condamné en son milieu de sommet par un trombone en acier galvanisé. Le sachet contenait jusqu'à mi-hauteur une poudre claire.

— Voici de l'héroïne que nous payons à Marseille au prix de détail cinq cents francs le gramme, soit quatre fois moins cher qu'à Paris et deux fois moins qu'à Nice, je vous en informe en passant. Le grossiste qui vend un kilo de cette poudre empoche donc — faites le calcul — la somme de cinq cent mille francs. Pourquoi voudriez-vous dès lors — les trafiquants ne sont pas des saints — qu'il s'amusât à débiter à quantité égale de l'opium pour un rapport dix fois moins fructueux ?

J'arguai que l'opium brut, aussi riche soit-il en alcaloïdes morphiques dont on extrait l'héroïne, ne peut en fournir, de toute évidence, cent pour cent de son poids ; ce serait sinon le monde scientifique renversé. Ce à quoi Novacita me répondit avec un geste aussi désinvolte qu'autorisé : « Le pourcentage de morphine base rendu par l'opium est tout à fait problématique et aléatoire. Nos chimistes locaux, qui sont les meilleurs du monde, s'en arrangent. 40 %, 60 %, 80 %, peu leur chaut. C'est à partir de cette base morphinique que s'exercent leurs talents ; l'acide entre en jeu, ils sont les rois de la manipulation de l'acide. C'est lui qui, fixant le principe toxique, détermine la force du produit héroïnal.

L'héroïne

Ainsi notre héroïne clandestine est incomparablement plus intoxicante que l'héroïne pharmaceutique. Et si elle est moins pure, elle est plus forte, beaucoup plus forte : je veux dire que ses effets sont plus dévastateurs. » (L'on obtient un sel — c'est de la chimie élémentaire — en faisant agir un acide sur une base. En faisant agir l'acide acétique à concentration maximale — et en combinaison avec tous les améliorants possibles — sur la morphine base, on obtient donc le sel de ce mariage : l'acétate morphinique ou diacétyl-morphine, nom médico-scientifique de l'héroïne ; laquelle — cinq fois plus forte que le chlorhydrate de morphine — occupe le haut du tableau dans la hiérarchie des stupéfiants.) Et mon interlocuteur de poursuivre sur sa prosélytique lancée : « Pourquoi comme quatre-vingt-dix-huit pour cent des opiomanes — tous hormis quelques vieux mandarins sédimentaires qui s'effondrent lorsque vous soufflez dessus —, pourquoi nous convertissons-nous, tous autant que nous sommes, à l'héroïne ? Parce que nous en obtenons dix fois plus d'effet pour, ici à Marseille, des mises de fonds tout à fait modestes. Vous trouvez toujours deux mille cinq cents francs pour vous payer votre paquet de 5 grammes ; on ne détaille pas au-dessous. Avec l'argent d'un kilo d'opium vous avez 100 grammes d'héroïne. Vous faites 50 piqûres ou 50 prises nasales avec un gramme, donc 5 000 piqûres avec 100 ; et ces 5 000 piqûres vous donnent l'équivalent de kief, en bien-être multiplié, de 50 000 pipes d'opium. (J'avais le cerveau tourné par ce manège de chiffres parfaitement calculés mais forcément menteurs.) Enfin, laissez-moi vous dire : drogue de riches, d'amiraux déplumés, de vieillards séniles, l'opium n'est plus du tout le médicament d'extase qui convient au mouvement de nos temps modernes. En quatre années de guerre le fumeur est devenu un personnage absolument anachronique, si anachronique qu'il a disparu, happé par la nouvelle civilisation héroïnique. Vous ne trouvez plus un kilo d'opium à vendre sur la place de New York. Quant à l'Italie industrielle du Nord, elle s'est mise aux injections depuis beau temps. » Et Novacita de me citer des noms de patrons d'empires de l'automobile et de l'armement.

Le témoignage le plus extraordinaire à verser au dossier de la grande connexion marseillaise, le voici : vingt-six ans après, en 1970, l'on pouvait se procurer encore dans le midi de la France, vendus au même prix, les mêmes sachets translucides de cinq grammes fermés par le même trombone inoxydable. Ce qui nous laisse frappé d'ahurissement devant l'ampleur des stocks constitués, l'importance des investissements et la prodigieuse audace de prévision de ces gros bonnets de la drogue. Si l'on sait enfin que ces cinq grammes qui valaient dix mille francs en 1944 à Paris se payaient à la même époque trente mille francs à New York et Chicago et que le prix de l'héroïne n'a cessé de monter depuis quarante ans, l'on pourra se faire une idée approximativement juste des fortunes amassées par les intermédiaires du poison blanc.

Dans l'express Bordeaux-Vintimille qui dans la direction Méditerranée-Atlantique me ramenait à Toulouse avec un kilo d'opium persan, je me sentis ballotté. Survenus en trop peu de temps et en trop grand nombre, le flot des événements m'agitait. Qui suis-je ? me demandai-je tandis que les hautes cheminées de raffinage du complexe pétrolier Shell-Berre lâchaient dans l'azur noirci, devant mon train en fuite, leurs fumeuses torsades de flammes d'or. Qui suis-je ? me répétai-je, saisi de la frousse d'avoir à subir une crise grave d'identité.

Je suis un enfant de la guerre. J'appartiens à la deuxième génération perdue. Qu'ils nous reconnaissent ou non, qu'ils aient honte de nous ou qu'ils en soient fiers, nous sommes les fils naturels des Dos Passos, Malraux, Aragon, Hemingway, Drieu... J'ai tout appris par la guerre que je n'ai pas faite et qui ne m'a pas eu. Précocement elle a fait de moi un homme et de ma vie un roman.

Jusqu'à elle je ne vois rien à dire. Je suis un paysan intelligent affecté malgré lui aux études, qui se sert beaucoup de son corps, qui sait en jouir sans en trop dépendre et souffrir de lui sans en parler. Je me plais dans le football et les lettres : un beau sport complet et, pour l'aventurier de l'esprit que je suis, la plus affamante des disciplines culturelles. J'ai grillé l'adolescence comme un feu rouge et il ne m'en a pas été dressé contravention.

Puis elle arrive, la guerre. Daladier la déclare, c'est bien vrai. Elle est donc là, dispensatrice d'une fantastique énergie de liberté. Plus de barrière entre un garçon et les femmes, plus de fossé entre les sexes, plus de murs pour séparer la vie qu'il faut vivre tout de suite de la connaissance qui doit nous donner d'elle une idée élevée. Le mot éducation nationale tombe en complète désuétude ce doux dimanche de fin septembre 1939 où Giraudoux l'Enchanteur[1] nous appelle — nous tous, écoliers de France — à nos devoirs de pupitres. Il n'y a plus de pupitres. On ne les entendra plus claquer gaiement à la sortie chahuteuse des études. Voici que s'établit désormais le silence des classes mortes. Maints collèges du Sud-Ouest dont le mien sont réquisitionnés comme hôpitaux. Nous aurions pu vivre servilement des femmes pendant cette drôle de guerre, nous avons vécu de nous. L'indépendance est tout ensemble une vertu et un vice ; on la porte sur soi comme une tunique d'habitude qui vous pèse peu ; et puis, si d'aventure on s'avise à vouloir vous l'arracher, c'est plus que la peau qu'on vous enlève : c'est l'âme.

---

1. Ministre de l'Information du premier gouvernement de guerre.

IX

Je compte dix-sept hivers d'âge quand, venant de lire dans le très vivant supplément littéraire du *Figaro* qu'André Gide (il s'est confié par interview) souffre du rationnement de cigarettes, je me propose de lui envoyer avec une promptitude rigide — et pour autant qu'il m'en demandera — des gauloises de contrebande produites avec un caporal très peu ordinaire de mon pays, le Périgord Noir, et achetées aux paysans producteurs. J'adresse ma lettre aux bons soins du réputé journal, à Lyon, avec prière de faire suivre. Je l'ai écrite de mon internat cadurcien, un mercredi soir en fin d'étude alors que je m'apprête à jouer le lendemain la demi-finale du championnat de l'académie de Toulouse. (Un autre adolescent a tenté une semblable démarche mais dans un but tout à fait à l'opposite, pour inviter Gide à assister à la première représentation de la troupe de théâtre amateur qu'il animait et dirigeait : c'est Philippe Bouvard.) Cinq jours après, le lundi suivant, je reçois au courrier du matin, en écriture manuscrite, ces quelques mots signifiants : « Cher Yves Salgues, dites-vous bien que je serre avec effusion la main que vous me tendez pleine ou vide, André Gide. » J'engage aussitôt avec le célébrissime écrivain une correspondance régulière et charmée dont les conséquences seront pour moi aussi peu prévisibles que calculables. En effet, dès mon premier envoi de cigarettes reçu (il s'agit d'un tabac frais et lourd, richement fourni dans sa présentation gros module : une imitation à s'y méprendre des Celtiques si appréciées de nos grands nicotiniques), Gide me fait auprès de ses amis une publicité foraine. Le succès est tel que si l'offre peut toujours satisfaire la demande, les paquets que j'expédie en recommandé peuvent éveiller les soupçons des receveuses des Postes ou des gabelous éveillés. M'accuserait-on de marché noir que je prouverais ric-àric que je suis un agent zélé du bénévolat patriotique cher au cœur du couple Pétain. Je ne perçois pas un sou de ma pléthorique clientèle ; les auteurs de la maison Gallimard par exemple me récompensent avec des éditions originales devenues rarissimes et certains peintres fumeurs de pipe par des toiles qui arrivent fort bien chez moi acheminées par le rail.

Jean Paulhan, qui redistribue mes largesses à l'intérieur de la N.R.F., les pesant méticuleusement au partage avec une balance pharmaceutique, et qui aime à rouler ses cigarettes pour le contact épidermique avec le tabac de Dordogne, Paulhan, le souverain pontife de la rue Sébastien-Bottin, me gratifie de pièces de choix : l'exemplaire numéro 1 de l'*Anabase* de Saint-John Perse, le numéro 4 de *A.O. Barnabooth*, le théâtre complet de Claudel en tirage limité sur vélin de Chine... et des lithographies de Fautrier dont il vient d'écrire la préface au catalogue de l'exposition qui se tient à la galerie Drouin, place Vendôme. Je passe sur les ouvrages de la Pléiade ; je souhaite avoir, j'ai. Accoutumé tabagique essoufflé, Paul Valéry me compose par brouillons successifs de ravissants poèmes rémunératoires dont il ne garde point de double dans sa hâte à me remercier et qui vaudront fortune à sa mort. Je puis dire de Drieu La Rochelle qu'il a fondé ma plantureuse bibliothèque anglo-américaine, de Meredith à Faulkner, de Thomas Hardy à Withmann et Thoreau ; de Sartre qu'il m'arrosait, avec une exactitude puritaine, d'opulents mandats ; d'Albert Camus qu'il ne se faisait pas prier pour dédicacer avec une coquetterie de star des lettres ses photos aux bachelières du lycée Clément-Marot qui agaçaient leurs petites lèvres en rêvant de l'Etranger. Etc.

Mais il y a les amis de Gide ; ceux qui forcent l'intimité du prestigieux écrivain ; ceux qui de longue date et de toute heure partagent avec lui cette complicité qui excite la chronique et sur laquelle pour être chroniqueur il faut savoir inventer puisque l'on n'en sait rien, puisque rien n'en filtre. Il y a les Martin du Gard, les Schlumberger, les Martin-Chauffier, les Viénot, les Simon-Bussy... — et pas seulement des littérateurs. Il y a enfin la famille. Car on peut pousser le cri de mort du terrorisme domestique — « Familles, je vous hais ! » — et n'en être pas moins attaché à cette cellule sociale par quoi toutes les valeurs qui ordonnent au monde (amour, solidarité, morale, philosophie de l'action, sentiment national...) se regroupent en un commencement de règne et se développent pour réussir. Par Mme Van Rysselberghe, la veuve du grand peintre impressionniste pointilliste belge et l'intrépide amie de Gide — la seule relation féminine de base et de judicieux conseil qu'il ait conservée à travers le défilé tortueux des ans —, j'ai atteint de prime élan mais le plus insouciamment du monde le cœur de l'antre sacré.

Maria Van Rysselberghe alimente un double petit vice dont la cruauté des temps l'a guérie : c'est une chiqueuse-priseuse. Elle mâche le tabac en cheveux, aussi bien elle en absorbe les fils par les narines. Mes services pourrisseurs poussent incontinent la vieille dame à la rechute. Mon premier envoi (commandé par Gide) de gros cul dordognais la surprend dans une pension de famille de la rue des Ponchettes, à Nice. De ma vie je n'avais recueilli la joie de retour d'avoir procuré autant de bonheur à une personne. Pour cette preneuse de viril pétun qui, à soixante-dix ans passés, se replonge dans les avatars de la découverte, je suis le fils du ciel, la providence abonnie. Quand, me faisant confiance pour le ravitaillement, elle décide de retourner vivre à Paris (où elle partage avec Gide le septième étage du 1 *bis*, rue Vaneau), je suis au rendez-vous, débarqué de mon train du Lot, avec une valise gonflée de victuailles. Vieux guerrier indien aux blancs cheveux plats collés au crâne par des peignes incrustés de nacre, la petite dame m'en gardera une gratitude immense.

— J'ai encore deux hommes de quarante ans dans ma vie, et non pas deux incubes, me dit-elle. Le premier est Herbart[1], mon gendre ; un baudelairien immobile qui est en train de devenir par la force des choses un forcené de l'action. Le second est Malraux à qui je pardonne tout, absolument tout : les approximations de sa vie et les fantaisies de sa légende. Malraux met toutes les femmes dans l'obligation de tout lui pardonner. Dans cette maison où il ne s'est pas privé de venir nous lui pardonnons tout, absolument tout.

» Ces deux hommes, Herbart et Malraux, chacun de leur côté, essaient en ce moment de faire plier l'Histoire à leur volonté. Il en est un troisième que nous aimons bien, Gide et moi, et qui fréquentait beaucoup ici avant nos pauvres drames. Mais chut ! fit-elle, après une série d'éternuements saccadés dus à l'abus des prises, il vole haut et loin dans les airs. Lui aussi a été blessé, horriblement blessé, par la défaite. Lui aussi voudrait changer le monde et transformer l'homme. Vous voyez, mon cher Salgues,

---

1. Ecrivain, ancien communiste, alors chef des maquis bretons.

que mes hommes de quarante ans ont du fluide et de l'idéal. Mais chut ! refit-elle en façon d'espièglerie, ne dérangeons pas le condor des Andes. Certains oiseaux sont somnambules, ils tombent quand on les réveille en sursaut.

Chacun aura reconnu dans ce troisième homme de la petite dame le pilote de ligne et de guerre Antoine de Saint-Exupéry.

X

Après les éblouissements de l'azur provençal, le brouillard qui remonte des Pyrénées garonnaises ne me mettait que maussaderie en tête. Cinq semaines de drogue ne vous brisent pas une sensibilité établie dans son champ de réactions et ses quartiers d'habitudes; tout de même le travail de sape déstabilisatrice n'en commence pas moins. La drogue foudroie le sexe et détourne le cœur; l'âme mise en éclipse partielle et l'esprit abâtardi emboîtent le pas, leur font suite.

J'avais déballé la marchandise sur le bureau, dans la chambre de Jumièges, et extrait de mon slip le sachet de poudre auquel je m'étais interdit, glacé de dégoût, de toucher. Jumièges ôta l'attache, fit béer doucement le papier ventru, et quand il fut en sa plus large ouverture, il attrapa un monticule de poudre de la pointe de sa lime à ongles ; puis, en figure acrobatique, sans même prendre le soin de s'aider de la glace de cheminée (exactement comme devaient agir les pianistes de jazz aveugles pour se recharger), il se fourra la pincée dans une narine puis récidiva pour l'autre, les yeux fermés, ce geste d'un automatisme démoniaque. C'était un genre de robotique humaine inédite tout à fait au point et Jumièges ne s'était pas exercé auparavant, que je sache, à ces prouesses de discipline mentale. Etait-ce là une de ces facéties scélérates typiques de la consommation d'héroïne ? Etait-ce là le *hot*, la magie conjuguée du gestuel et du *spirit*, comme je l'avais lu dans un roman témoignage (*Hot House*, « Le Bordel ») qui traitait d'une maison close de La Nouvelle-Orléans où filles et clients, tous non voyants, ne forniquaient qu'à la prise blanche ? J'avais remarqué que Malraux ponctuait ses monologues *ex abrupto* de reniflements bruyants et convulsifs, l'index sur l'aile du nez ; mais c'était un tic — la locomotive — et la poudre n'apparaissait point. C'était nerveux, quoi ! Avec Jumièges, c'était du réel mirifique. J'étais éberlué.

L'opium qu'Orlando Novacita m'avait dégotté en moins d'une heure de temps dans la Babylone des drogues dures était un des trois grands opiums nationaux perses ; un opium on ne peut plus officiel tassé en parallélépipède rectangle (comme un lingot) et portant sur le papier vert chiasse qui l'enrobait assez succinctement les cachets de la Régie impériale de Téhéran. On l'appelait le Mossadegh par ironie subversive, le docteur du même nom, contestataire-né, voulant chasser l'Anglais loin du Golfe et proclamer la nationalisation du produit pétrolier. On aurait pu aussi bien l'appeler le Darius, le Mouton-Noir ou le Mohammed Reza tant la tradition opiomanique est ancestrale et indéracinable chez ces totalitaires. Pétrole et pavot y sont dans la continuité comme dans l'alternance les mamelles de la tyrannie. Par centaines de millions de pieds le *papaver somniferum* grimpe à l'assaut des contreforts du vaste plateau d'Iran, vertèbres dorsales du royaume. Raffiner, la dictature iranienne ne fait plus que cela. La culture du pavot est un monopole d'Etat (la sœur du Shah tenait fumerie ouverte pour tout le corps diplomatique), mais si le moindre saute-ruisseau se fait poisser avec un gramme de poudre dans son futal, on le passe par les armes dans la cour d'une caserne fourmillante de spectateurs conviés par le *polizeiburo*. En conclusion, et tandis que la vente du produit toxique engraisse les comptes du régime, la toxicomanie — vu les moyens de répression dont il use — est pratiquement inexistante et forcément impopulaire en Iran.

Mao Tsé-toung sevrait impitoyablement, certes, les opiomanes incrustés de quarante ans et plus, mais exorable au cas de la jeunesse des villes (et selon qu'elle était égarée et non pervertie : là résidait le distinguo difficile à établir dans la réalité de la décision), il ouvrait des cliniques de toile dans le sillage de sa conquête. Malraux me l'a certifié : les résultats ont été étonnamment spectaculaires : cent mille désintoxications spontanées de « moins de trente ans » à Shanghai, véritable Opiumpolis de la mer de Chine orientale. Il y avait parmi les tout jeunes chefs historiques des Gardes rouges d'anciens toxicomanes repentis ayant fait leur exposé d'amertume devant les aréopages révolutionnaires du Grand Timonier.

C'était sous Mao, le cerveau du miracle, me direz-vous. Forcenés du terrorisme mental sur quoi s'appuie leur règne, Reza Pahlevi hier et Khomeiny aujourd'hui ferment les cliniques privées ou les font sauter, suppriment les services de secours d'urgence hospitaliers aux drogués en difficulté et fusillent sans discernement usagers porteurs et trafiquants non usagers puisque c'est le port — la transmission corruptrice — qui doit être avant tout puni de la peine capitale. En 1944, l'année où commencent ces mémoires de drogue, les tribunaux de Téhéran ont condamné deux mille seize ressortissants à la réclusion perpétuelle : pour viol grave de la loi sur les poisons végétaux.

Toxicophile allumé, allumé par la poudre d'or qui mettait en folie son cerveau chatouillé (une prise en appelant une autre, c'est une accélération ridicule et assez dédaignable à regarder), Gontran de Jumièges fit un sort au Mossadegh. Il avait acquis grâce à une expérience étalée sur un quart de siècle la parfaite maîtrise des changements de qualité. Il s'agissait d'un opium dit morphinique dont sont très friands les laboratoires clandestins de transformation pour l'abondance de « matière grise » (la morphine base) qu'ils en extraient, et dont la provenance à Marseille — ceci se liant à cela — s'expliquait par ce que les dockers dans la course désignaient alors par une expression ingénument originale : un surplus de cargo.

J'avais payé cette part de surplus de cargo la somme modique de trente mille francs Pétain, soit 40 % de moins que le kilogramme de Bénarès (une politesse de reconnaissance rendue à Jumièges par des antiquaires alsaciens qu'il avait aidés à s'installer par l'obtention d'un crédit bancaire, et un coup de chance qui ne se renouvellerait certainement pas de sitôt). Fallait-il qu'il y en eût tout de même des lingots de Mossadegh entassés dans les entrepôts ombreux du port ; fallait-il qu'il y en eût tout de même des quantités d'opium persan adéquatement mûri et préparé, livrables à l'entreprise des acides, des cornues, des fours et des masques ; fallait-il qu'il y en eût pour qu'un héroïnomane notoire, même pas coté comme agent d'intoxication (ça n'existait pas à l'époque ; on commissionnait à la quantité vendue, tout simplement), parvînt à vous soustraire du stock et à vous vendre à un prix honnête et abordable un kilo bien pesé du produit en question ? Ce qui m'a le plus impressionné chez les trafiquants méditerranéens — je me répète, — c'est la prévision à long terme, l'aboutissement à lente mais infaillible échéance. C'est à croire que nos parrains avaient prévu — localement prévu entre eux dans leurs petits cercles douillets hermétiquement clos — et dès avant 1939 (je pense à Carbone et Spirito notamment) ce qui se passerait trente et quarante ans plus tard : la résurgence soudaine et la formidable prolifération mondiale du phénomène de toxicomanie.

Très noir — un vrai cirage — et d'une mollesse quasiment incaptable, le Mossadegh émettait à la cuisson des bulles au centre desquelles se produisaient de minuscules explosions : de petits pets volcaniques de cratère miniature. C'était un opium rigolo et ce fut une chance que je ne le prisse point au sérieux. L'odeur, au brut, me faisait penser à des crottes de furet poussant à la fleur une panicule de réséda en pot. Au fumable, il n'avait pas les beaux mouvements reptatoires du Bénarès. Le Mossadegh ne tenait pas au-dedans du corps comme ce dernier ; l'effet des pipes glissait à l'intérieur de vous comme sur un tapis roulant et j'éprouvais la sensation amusante qu'à peine pénétré en moi par les poumons il voulait s'en échapper par l'anus. Il fallait toujours jouer des aiguilles avec ces gouttelettes de suif noir rebelles à la capture ; et en conséquence toujours réenfourner.

Une pipe de Bénarès me procurait trois heures de sentiment océanique. Une pipe de Mossadegh ne me portait jamais au-delà de vingt minutes d'excitation fervente. Nous restions certes dans la civilisation de l'extase mais c'était la civilisation et l'extase de l'incontinent, du hâtif, du pressé ; du stressman, de l'homme de stress, dirons-nous pour être actuel. C'était un opium mondain que ce Mossadegh, un opium de grand dîner au palais du Golestan suivi de bals avec valses de Vienne et tangos argentins, Johann Strauss et Carlos Gardel ; c'était un opium à danser.

Je ne nierai point cependant qu'il avait du charme et qu'il présentait des avantages ; ainsi celui de nous maintenir dans un état de bonne humeur à peu près perpétuel. Malheureusement, alors que la soporthérapie semi-éveillée du Bénarès réussissait à merveille à ma chimie interne, le Mossadegh, en provoquant en moi des accès impatientants, me jetait dans l'action et dans le désordre. J'écrivais, je priais moins, je marchais sans fin dans la ville, arrivant tour à tour en avance ou en retard à mes rendez-vous. J'avais faim, je me démenais, le travail se présentait à moi avec plusieurs visages. Comme j'avais acquis vis-à-vis de Jumièges l'autonomie désirée, je vivais passablement dans ma chambrette parmi mes superbes papiers collés, trempant mes cigarettes dans le coaltar persan et tirant dessus jusqu'à me brûler le conduit trachéen.

Ce fut une illusion somme toute agréable que ce Mossadegh : le kilo nous fit dix-sept jours.

XI

On a assez reproché à André Malraux — « le colonel de la dernière heure » — son engagement tardif dans la résistance physique active. Incité à le faire par Mme Van Rysselberghe qui lui a soufflé mon adresse, lorsqu'il me contacte dans le style à la fois laconique, canaille et bon enfant qui le rend inimitable (il y a une gouaille spécifiquement malraussienne), nous sommes le 26 janvier 1944 : Jean Giraudoux vient de mourir emporté par une crise d'urémie, contre laquelle le professeur de Gennes n'a rien pu. Malraux fait à ce grand défunt des funérailles téléphoniques. Nous sommes loin de la haute solennité des *Oraisons funèbres :*
— Giraudoux, c'est du champagne. On ne le lit pas plus aujourd'hui qu'on ne boit du champagne. La littérature pour se régénérer a besoin de steak-pommes frites et de gros rouge. Giraudoux passera comme le champagne. Il avait au moins un mérite, remarquez : celui d'être de ce siècle. Proust, lui, est du XIXe. Ils iront au frigidaire ensemble. (Il est toujours plaisant de se rappeler le très beau texte : « Giraudoux ou les images d'Epinal », qu'Aragon signera le mois suivant sous le pseudonyme de François La Colère dans la revue *Confluences,* de René Tavernier.)
— Et Laclos ? lançai-je, en appât de relance.
— Ah ! vous avez lu[1]. Quelle vision moderne de l'amour ! Laclos c'est l'écrivain du futur. En l'an 2000 on lira *Les Liaisons dangereuses* comme on lisait en 1925 *L'Homme à l'Hispano.* Puis, virant à cent quatre-vingts degrés : Etes-vous mobile ? Vous déplacez-vous facilement ? Enfin, peut-on se voir ?

---

1. J'avais lu, oui, le texte superbe que Malraux a consacré à Laclos dans *Littérature des XVIIe et XVIIIe siècles,* ouvrage, préfacé par Gide, qu'il a d'ailleurs inspiré, construit et dirigé (Gallimard).

— Mais volontiers, monsieur.

Malraux raccroche. Il n'a pas prononcé son nom en priant mes voisins de venir me chercher, ni lorsqu'il m'a eu au bout du fil ; secret jusqu'à l'anonymat, il est entré en liaison avec moi par le cadavre-prétexte de Giraudoux. Ces artifices de précaution, ces ruses de prudence ne laisseront pas de me surprendre de la part de l'auteur de *Royaume farfelu*. Investi de pouvoirs importants, Malraux joue déjà à fond son personnage de grand conspirateur gaullien. A la même date, Herbart — qui va commander en Bretagne à cinq mille hommes et qui a pris la succession de l'héroïque Abeille à la tête de son réseau —, Herbart, modeste et disert, dédramatise absolument son rôle. Cette différence d'attitude, passionnante à observer, est fondamentale chez les deux hommes, comme elle le sera un an plus tard aux séances du comité directeur du M.L.N. Malraux n'arrêtera pas de se mettre en vedette, Herbart n'aura souci que de discrétion et d'effacement. Le colonel Malraux (alias Berger) va tirer tous les honneurs, toutes les gloires de sa résistance. Le général Herbart (alias Le Vigan) n'en tirera qu'un besoin de paix.

Le jour suivant, nouvel appel téléphonique chez mon voisin, le boucher Alazard. J'habite à Cazals — dans le Quercy périgourdin — la maison familiale tenue par ma tante, Mme Salgues-Labro, qui s'est consacrée à moi après le décès de ma mère. « Pouvez-vous être après-demain à 10 heures au buffet de la gare de Tulle ? m'annonce une voix fortement marquée par l'accent de la Corrèze limousine. Notre cher artiste aurait bien du plaisir à vous avoir à déjeuner. C'est moi qui vous conduirai. »

Sur la haute Dordogne, au triple point de rencontre frontalière Corrèze-Puy-de-Dôme-Cantal, Bort-les-Orgues offre un site de quelque réputation touristique par les superbes colonnades de phonolithe qui lui font rempart et qui sonnent comme des cloches, faisant entendre un bourdon montant, quand on les martèle. Nonobstant, l'enjeu de ma curiosité, ce ne sont pas ces tuyaux de roche volcanique aux échos dentelés mais le phénomène dont ils sont les hôtes.

La postérité, pourtant si coulante avec Malraux, n'a conservé de cette période bortoise qu'une photo d'amateur (prise par un artisan d'Ussel) où on le voit penché sur son second fils Gautier qu'il tient sous les aisselles et à qui il apprend à marcher. Ce fut, je puis en témoigner par ma visite, une période de bonheur familial parfait et d'une fécondité créatrice remarquable ; bûcheur fébrile et passionné, Malraux travaille douze et quatorze heures par jour à sa *Psychologie de l'art*. (La documentation tient dans une valise et un sac de voyage alors qu'en arrivant je croyais que les cantines de dix officiers n'y suffisaient point. L'homme sait prodigieusement tout. Malraux, c'est d'abord la fascination du cérébral.) Il ne met pas le nez dehors. Il pourrait aller déjeuner chez Bertrand de Jouvenel, corrézien de genèse, chez de Monzie (à Saint-Céré) qui l'aime bien, et surtout faire un saut chez Hélène et Roger Martin du Gard qui, réfugiés à Figeac, sont des amis de toujours. Le confort matériel est là, assuré par l'argent des parachutages. La maîtresse de maison utilise les services de deux femmes de ménage ; une jeune fille du bourg est employée à la nursery des garçons. Dans cette organisation dispendieuse (un train de maréchal de France à l'abri), Malraux dispose de trois chauffeurs qui sont à ses ordres jour et nuit. Il faut noter la dévotion du personnel militaire et civil à la personne physique de Malraux ; ce qui plaît c'est sa gouaille commandante. (« Tu comprends, me dira plus tard son chauffeur de route, Roger Bouyssou, le patron, ce n'est pas un officier de caserne. Les galons, quand ça vient vite, ça rend meilleur. ») Malraux, rappelons-le, n'est absolument pas clandestin à l'époque. La Gestapo ne le traque pas. Il ne fait l'objet d'aucun avis de recherche de la sécurité nationale. Parfaitement libre de tous ses mouvements, il n'a pas encore endossé la capote alsacienne de Berger. Il est enfin le résistant le plus protégé de France.

J'avoue avoir été intrigué par l'attitude fondamentalement différente de ces deux hommes devant le danger ; Herbart qui, s'exposant avec une sérénité majestueuse, donnait ses rendez-vous les plus importants à Saint-Germain-des-Prés, aux heures de grosse affluence dans les cafés dits intellectuels *(Flore, Deux-Magots)* et, si ça se trouvait, son baise-en-ville à la main, se glissait un peu plus tard, rendu à pied à la gare Montparnasse, dans l'express Paris-Rennes pour rencontrer, le soir même, ses grands lieutenants terroristes ; et Malraux, foncièrement protégé, surveillé, couvé, adulé, soutenu, étudiant ses gestes, et comptant ses pas dans la forêt des parachutages. Le sentiment du clandestin animait Herbart ; il jouait le jeu de la résistance avec une conscience plus nette du risque que du péril ; il ne s'appesantissait pas sur les conséquences de ses actes, eussent-ils été découverts. A l'opposé absolu, Malraux était habité par le sentiment de l'histoire ; et la clandestinité étant la fonction essentielle, le seul moyen d'expression de ce sentiment, il y conformait sa vie.

A l'écart du gros bourg prospère de Bort-les-Orgues et inaccessible au ronflement régulier du complexe hydro-électrique, la maison de Malraux (nous avions fait le tour du propriétaire, un verre de Suze à la main) ne comportait pas moins de quatre issues de secours. Eût-il été surpris par une attaque soudaine de la milice de Clermont-Ferrand (la seule qui en janvier 1944 et pour toute la région du Massif central fût opérationnelle), et à la condition qu'il n'eût point été prévenu par ses guetteurs — lesquels étaient équipés de tout le matériel optique sophistiqué dont l'U.S. Army faisait profiter l'Angleterre —, qu'il aurait pu disparaître dans la nature par la cave, le toit, deux fenêtres d'angle et une porte dérobée.

Pourquoi Malraux m'a-t-il fait venir ce 28 janvier 1944 ? Cette hâte à me rencontrer ressemble tellement à une convocation. Qu'attend-il exactement de moi ? Quel service va-t-il me demander, quelle fâcheuse direction faire prendre à ma vie ? Quelles idées, quel idéal valent que je leur aliène ma jeunesse et ma liberté ? O questions ?

Nous connaissons tout maintenant des grands causeurs de ce siècle et sur quoi se reposait chez chacun l'art si particulier de la conversation ; la mitraillade spirituelle de Cocteau, les paraboles de Giraudoux, l'esthétique du langage d'Aragon, la repartie saugrenue chez Jouhandeau, la structure philosophique du discours chez Sartre. Malraux, le plus étourdissant de tous, fonde son efficacité sur la marge de manœuvre de surprise dans laquelle il va promener son auditoire ; il est le champion toutes catégories de l'imprévisible. Là-dessus, des moments d'humour noir à la Buster Keaton ou, plutôt, à la Clappique. (Rentrez sous terre.) Malraux ne rit jamais.

— Tenez, je vous fais cadeau d'un fantastique sujet de western, et tout à fait commercial avec ça ! me dit-il en me tendant une reliure ancienne aux dorures cuivrées et aux motifs arachnéens sur lesquels le temps a déposé ses amortis patinés. (Une jolie pièce de bibliophilie.) Vous savez que cette andouille ne s'est pas mal conduite du tout en 89, m'a affirmé le généreux donateur, un radical-socialiste casseur de crucifix. (Rentrez sous terre, semblent dire les yeux baissés vers le parquet qui sent bon la cire de résine de pin.) Certifié authentique, ce farfelu s'est fort bien comporté au début des hostilités révolutionnaires, poursuit Malraux. Sous la Terreur, on perd sa trace : il est of-fi-ciel-le-ment gâteux.

Le généreux donateur est un de ces maires de la Corrèze du Nord que les autochtones eux-mêmes appellent aujourd'hui la Chiraquie tant le maire de Paris y règne en souverain populaire. L'andouille est l'académicien Marmontel, enfant du pays, bortois pur sang, inventeur en sa jeunesse d'un pas de bourrée très rapide en trois temps : le pas Jean-François. Le western est un roman d'histoire épique et débridé, *Les Incas*, illustré de dessins à la mine de plomb sur fond de soleil couchant. « S'il vous plaît, me suggère Malraux avec une autorité papale, vous me rédigerez une note de lecture avec avis de parution très fa-vo-ra-ble — quatorze à seize lignes pas plus, sinon Gaston Gallimard jette à la corbeille à papier — et nous obtiendrons, je présume, la réédition par la N.R.F. des *Incas*, le chef-d'œuvre ressuscité de Marmontel. » Malraux adore introduire des effets de cocasserie dans la conversation. Mais pour quelles raisons suis-je ici ? Pourquoi ce numéro de pitre littéraire qui m'aurait fait pouffer plusieurs fois déjà si une crampe ne me nouait l'estomac.

L'homme a une manière très personnelle de consommer sa suze-cassis : à volume égal d'alcool de gentiane d'Auvergne et d'eau-de-vie de cassis de Bourgogne. Une telle boisson, épaisse et lourde, se sirote à petites goulées espacées. Je termine en même temps que lui mon deuxième verre quand, se redressant sur son fauteuil, Malraux attaque son questionnaire désarçonnant.

— Quels sont selon vous les deux plus grands poèmes de la

langue française ? Evitez de trop réfléchir, s'il vous plaît. Ce qui fait la valeur d'un test, c'est la spontanéité des réponses.

— *La Maison du berger,* de Vigny, et *Le Paysan de Paris chante,* d'Aragon. En numéro 3, si vous permettez, *Le Bateau ivre.*

— Ce sont les deux premiers qui comptent. Ceux que l'on se récite dans les moments d'immense douleur. Dans l'agonie de l'urémie par exemple. J'ai vu pendant la guerre civile espagnole un milicien amputé sans anesthésie : il déclamait du Becker[1] pour se remonter le moral.

— Dans un cas analogue, c'est Aragon qui me serait venu en aide. (Malraux encaisse sans tiquer. C'est de son âge d'aimer Aragon, se dit-il.)

— Les deux plus grands romans modernes traduits de l'américain ?

— *Manhattan Transfer,* Dos Passos ; et *Lumière d'août,* Faulkner.

Etc. Malraux jugeant mes réflexes prompts (trop prompts peut-être), nous laissons ces jeux culturels de côté.

— Avez-vous été sujet, enfant, à des confusions décisives, et à quel âge la vie les a-t-elle dissipées ?

J'ai l'impression, assez nette, que Malraux cherche à m'intimider par son regard de serpent hypnotiseur. Je réponds avec une totale sérénité :

— J'ai longtemps confondu l'autopsie des viscères, le prélèvement pratiqué dans la cavité splanchnique de l'abdomen, et l'autopsie dite autrefois cadavérique : la dissection chirurgicale complète de tous les organes du corps humain ; et conséquemment, l'institut médico-légal et l'amphithéâtre d'anatomie. En d'autres termes, j'ai longtemps cru que pour chercher le poison il fallait agir comme pour extraire les balles : amener les bistouris, les scalpels, les pinces, les écarteurs... et même les aiguilles à refermer et le fil à recoudre.

— Tout le grand fourbi praticien, quoi ! (Sortez de terre, m'intiment ses yeux.) Un court instant je crois même qu'il va sourire. Mais non, il opine gravement. Vos temps de confusion ont duré jusqu'à quel âge ? Racontez voir.

— Treize ans. L'âge où j'ai été confronté avec la mort

---

1. Gustavo Adolfo Becker, le Baudelaire espagnol. *(N.d.A.)*

vénéneuse. Comme l'homme veut tout savoir, je lui explique qu'un petit châtelain parisien de mes camarades en vacances dans le Périgord Noir, et voulant frimer sans nous à la recherche des champignons, était tombé sur un nid de fausses oronges (l'amanite bleue-violette) et tout glorieux de sa prise, ayant demandé à sa vieille bonne bretonne de lui en faire un plat, s'était jeté dessus pour son goûter et en était mort dans des douleurs épouvantables. Les anecdotes de la mort, Malraux les supporte toutes. Celle-ci visiblement le choque. Je ne l'apprendrai que plus tard : un garçonnet — son premier fils, qu'il avait eu de Clara Goldschmidt — est décédé des convulsions. J'ai tout de même capté le message d'affliction. Ça ne fait rien, Malraux remet la clé de contact.

— Avez-vous subi des vertiges de peur ?

— Oui, la première fois que je me suis lancé sur les deux roues d'une bicyclette. C'était dans une descente et la pente en était raide. J'ai appris à freiner, à maîtriser mon vertige.

— Avez-vous subi des vertiges d'effort ?

— Des vertiges d'épuisement musculaire, oui.

— Dans quelles circonstances ?

— En grimpant à l'équerre à la corde lisse, un jour d'oral d'examen. Corde lisse ou corde à nœuds, je déteste grimper à la corde. Je me défends mieux aux arbres. Malraux avait parfaitement reçu mon message d'agacement. Il n'en laissa rien paraître.

— Etes-vous sensible au sentiment du gouffre ?

— Agréablement, oui, lorsqu'il s'agit de Padirac. Désagréablement, lorsque mon regard plonge du balcon d'un septième étage. Je n'aimerais pas du tout être parachuté.

— Moi non plus, mon cher.

— D'autant que les ombrelles anglaises font passablement de couilles ces temps-ci.

— Vous écoutez Radio-Stuttgart.

— En principe chaque fois que je puis choper la station.

— Faites-vous des rêves de persistance ?

— Oui, des rêves d'amour, qui proviennent de privations et qui reviennent régulièrement.

— Vous aimez profondément votre enfance, n'est-ce pas ?

— Autant qu'un enfant peut aimer la sienne.

— Eh bien, je vais vous faire une confidence : je hais mon enfance au point que si je me laissais aller à passer sur elle plus de temps que n'en vaut son souvenir, c'est toute la vie que je me mettrais à haïr.

— Cela ne se sent pas quand on lit tous les éléments d'intimité familiale que vous en rapportez dans *La Voie royale*. Vous parlez du printemps de vos jours avec une tendresse... objective.

— Buvons un troisième coup, s'exclame-t-il alors. Il prépare son cocktail où le jaune paille de la gentiane se dissout dans le rouge pivoine du cassis. Ça râpe au gosier ; je prédis au « Malraux » une grande carrière de zinc : pas de bar américain, de zinc. Enfin les yeux de l'homme rient.

— Vous pouvez continuer à me poser des questions sur ma morale sensitive, dis-je, enhardi par la liqueur alcoolisée dont il m'a servi un verre à pied aux trois quarts plein.

L'index sous le nez, les paupières lourdes d'un masque égyptien, l'homme aspire avec un bruit d'enfer une fantastique prise de cocaïne invisible. C'est son célèbre tic (peut-être un message d'impatience nerveuse) que François Mauriac appelle la locomotive tant il imite bien les hoquets de vapeur d'un train qui démarre, et auquel Hemingway pendant les événements d'Espagne donna le nom de Compound. Les spasmes nasaux s'apaisant, brusque volte-face :

— Avez-vous une idée de ce que serait votre réaction au feu dans une situation de guerre décisive : action de commando par exemple ?

— Je n'en sais fichtre rien. Tout ce que je sais, c'est que ma nature me forcerait à fuir ce genre de situation, sinon à ne pas m'en approcher. Il entre toujours une part d'inconscience dans les cas où le courage est extrême. De quoi serais-je le plus capable : du courage de l'inconscient ou de l'inconscience du courage ? Comment vous répondre puisque ni le premier ni la seconde ne nous appartiennent vraiment.

— Bien, très bien, parfait.

— Je ne crois pas avoir la crampe du héros. Il faudrait qu'on m'y obligeât. Les obligés font de mauvais soldats dans la résistance armée, non ?

Alors Malraux, rêveusement, le geste évasif, la locomotive au dépôt :

— Tous les combattants ne seront pas tués. Il y aura beaucoup de survivants indemnes. Les consignes du moment sont à une scrupuleuse économie d'effectifs. Vous ne m'avez pas attendu pour le savoir : nous sommes très peu nombreux dans la lutte armée. Le patriote français est un spécimen d'humanité honteusement rare. Vous n'êtes pas de mon avis ? Je vous ai fait venir pour parler de cela, non d'autre chose, et sûrement pas de la mort en tout cas.

— La mort ne me fait pas peur : je n'y pense point. Je trouverais seulement absurde de la rencontrer à mon âge.

Et lui revenant, questionneur incorrigible, à son jeu de la vérité :

— Vous est-il arrivé de voler, de commettre des vols d'argent ou d'objet ?

— De voler, non. De ne pas restituer, oui.

— Je ne saisis pas la nuance.

— L'affaire est toute récente. Déclaré apte au S.T.O. dans la catégorie travailleurs de force, je reçois une convocation pour la Ruhr. Je me présente donc, cueilli à froid, à la caserne Bessières, à Cahors, où une commission franco-allemande me remet, comme à tous mes camarades requis, la prime d'encouragement de dix mille francs Pétain. Il est midi, le train pour Duisbourg-Essen-Dortmund part à 4 heures. Je m'apprête à aller déjeuner tristement quand, sautant par-dessus les barrières, mon ami Pierre Galibert — le fils d'un gros boucher de Gramat — me prend aux épaules et m'annonce triomphalement : « Je t'ai arrangé ton coup avec l'ingénieur des mines et les services départementaux du travail obligatoire. Nous allons de ce pas signer ton contrat d'engagement pour le groupe des charbonnages de l'Aveyron. Tu t'y présenteras et très vite nous te ferons réformer pour... anémie tuberculeuse. » Dans ma joie j'ai oublié de rendre les dix mille francs du voyage à Dortmund. Personne au reste ne me les a réclamés.

— Vous êtes donc définitivement exempté de ces travaux barbares.

— Je ne suis pour l'instant qu'en sursis de convalescence.

Malraux paraît sidéré.

— Et cette situation incivile ne vous gêne pas ? Ni l'Allemagne ni les maquis : les jeunes Français ont un drôle de goût pour la légalité... nationale. Restez le plus longtemps possible dans cette légalité officielle : c'est le meilleur conseil qu'on puisse pour l'instant vous donner.

— C'est le meilleur en tout cas pour rester libre.

Mais pourquoi m'a-t-il fait venir ? me demandai-je une fois de plus. Après une courte pause, la psychanalyse au questionnaire reprenait. Une très belle institutrice de campagne m'en délivra, qui frappait à la porte :

— Messieurs, le déjeuner est servi, dit Josette Clotis en tailleur de laine blanche.

— Pardon pour cet impromptu de salivation mentale, s'excuse Malraux, tandis que nous passons à table.

XII

Avec sa coiffure à la Simone Renant lui barrant le front d'une boucle bouffante, bien en joues, bien en chair, la taille à l'aise malgré deux accouchements rapprochés, Josette Clotis était à l'évidence la muse du penseur et sa tentation érotique. Autant qu'il ait été attaché à la notion — fugitive, passagère, mais toujours recommencée — d'éternel féminin et autant qu'il ait aimé sa seconde femme pour sa jeunesse sensuelle, Malraux ne se privait pas d'exercer sur elle une sorte d'autorité misogynique.

Le rapport entre eux était absolument différent de celui qui liait Aragon à Elsa Triolet par exemple. L'épouse ou la compagne n'étaient point tenues, pour Malraux, à consacrer leur temps libre à des activités littéraires. Tout au contraire, l'exhibitionnisme et l'égotisme, que suppose la littérature devaient en exclure la femme. L'image de l'épouse au foyer — surtout lorsqu'elle incarnait, comme Josette, à ses yeux l'*alma mater :* la mère réchauffante — servait excellemment le principe patriarcal malraussien. Gaston Gallimard m'a confié combien le concert de louanges qui s'était élevé sitôt la parution du *Temps vert*[1] (« une innocence acide », « la saveur d'un premier fruit qui rompt sa branche en tombant », « une Louise de Vilmorin qui gambade en liberté, les jambes nues »...) avait excité l'agacement du grand lauréat du prix Goncourt.

Le déjeuner a été catapulteux ; et expédié — une fois les charcuteries du terroir enlevées — comme par catapulte, en effet. Tout est arrivé en même temps sur un long plat ovale de vieil étain digne des ripailles d'Henri VIII. Tout : le chaponneau farci sauce

---

1. Le premier roman de Josette Clotis, en 1936, à la N.R.F.

aux truffes et sa somptueuse garniture : purée de pommes d'arbre, marrons de la Marche en bocal et salsifis en bottelettes, disposés comme des asperges en leur primeur. Les hommes politiques, les militants du R.P.F. qui l'ont fréquenté (le peu qu'il en reste) ne me contrediront point : Malraux est un forcené du salsifis blanc, « le français, pas l'espagnol »[1]. Il raffole du *tragopogon porrifolium*. « Il en mangerait à tous les repas, commente Josette. Il rafle toutes les conserves dans les épiceries. Il traverserait la Creuse et l'Indre à pied pour confisquer la récolte si c'était la saison. Est-ce vrai, Gros-Père ? — Oui, Maman », acquiesce André, en prenant la gueule du vieillard Homère et en faisant mine de rater, aveugle pathétique, sa bouche avec la fourchette. Puis, s'adressant à moi : « Cette femme a deux grands rôles inscrits à son répertoire. Celui de Mme de Warens, dont elle vient de vous donner un aperçu ; et celui — plus austère — de la Religieuse portugaise, qu'il ne vous sera pas donné de pouvoir applaudir. N'est-ce pas, ma chérie ? » Josette Clotis ferme pudiquement ses yeux. Ce qui tient le couple, ce qui en maintient l'unité, c'est la complicité du lit. Ce n'est pas la tendresse, absolument pas. « Malraux n'est tendre avec aucune femme, m'a dit Maria Van Rysselberghe. Son désir mort, il est incapable de sentiment. »

— Et vos futurs hommes, ma chère ? Il serait décent de s'en occuper, ne croyez-vous pas ? lance-t-il avec une foudre ironique.

Josette, de retour de la nursery :

— Tout le caractère insomniaque de leur père se trouve déjà chez ces enfants, ça promet. Si vous interveniez ?

— Venez, me dit Malraux. On va leur faire le coup du sommeil hypnotique. Surréalisme, pas mort.

Vincent, l'aîné, a un lit-cage avec une jolie couverture écossaise ; et, assis près de son visage, un baigneur rose et ventru en celluloïd, sans caleçon ni sexe.

— Dormez, La Culbute ! lui dit son père en faisant les gros yeux.

La Culbute se tourne sur son côté gauche, porte le pouce à ses lèvres et se glisse dans le sommeil comme le plongeur dans son scaphandre. Avec son frère Gautier, Malraux le mime fait le lapin ; deux doigts sur les tempes, il dévore lentement une feuille de chou. « Je voudrais bien être son cerveau en ce moment même

---

1. Ou scorsonère. *(N.d.A.)*

L'héroïne

pour savoir ce qui s'y passe », me dit-il. Puis, se penchant sur le bébé et baisant sa menotte : « Dodo, Zi-go-mar-re, sinon je téléphone au père-Fou-et-tard. »

Le cœur se brise à la pensée que ces deux beaux enfants, fierté du ministre d'Etat du général de Gaulle, et orphelins d'une mère dont ils n'auront gardé que le vague souvenir laissé en eux par la mémoire ombilicale, se tueront dix-sept ans plus tard sur la nationale 7 (comme Camus) à bord de la première voiture de sport offerte par son père à Vincent.

Le visage plié dans un foulard bariolé de Schiaparelli, manteau de ragondin mais bottes de bergère, Josette s'en alla à la Grande Mercerie bortoise pour y faire emplette de petites culottes points textiles (les biplaces de la Royal Air Force ne parachutaient pas encore les articles de nylon américain pour dames). « Vous voyez, fit le colonel, elle a choisi son jour ; et comme par hasard, c'est le nôtre. Je vis avec la perle de la rue Sébastien-Bottin, vous dis-je. » Josette était la femme d'un peu plus de trente ans, mère épanouie et amante comblée, cette femme dont Balzac nous assure qu'elle prend vraiment à cet âge la physionomie de *sa* vérité. Vingt-trois ans plus tard presque jour pour jour, lorsque Malraux, après avoir présenté Brigitte Bardot au général de Gaulle, président des Français, s'exclama la main sur la bouche « Mais c'est Vénus ! », un flash de nostalgie m'emporta le cœur. Josette et Brigitte avaient alors le même âge et en ce même jour elles se ressemblaient.

— Je suis content qu'elle s'en soit allée, me dit le colonel. Au reste, je serais prêt à jurer que sa course aux galeries est un prétexte pour nous laisser seuls, encore qu'elle ait des affaires de lingerie intime à régler : elle a reçu au courrier du matin une carte de supplément rayonne et coton de sa mère. (Rayonne et coton fit ma joie.) Toutes les mêmes sont les femmes : possédées, en ces temps difficiles, d'une névrose d'achat. La mienne rêve d'ouvrir une boutique de luxe après la guerre : pour se venger des restrictions d'élégance et de féminité dont elle a — nous devons le reconnaître — jusqu'ici relativement peu souffert. Avec des aléas divers d'argent, nous avons été heureux jusqu'ici, Josette et moi. Pour ne rien vous cacher, nous ne parlons jamais de mes... activités. Elle juge ce jeu stupide — « Je n'en ressens pas la nécessité à ta façon, ta-ra-ta-ta-, ta-ra-ta-ta... » —, grossiers les mensonges que je raconte pour la désinquiéter, et improbable le but que je poursuis. Pourtant, convenez-en, cher Yves Salgues, la maternité va magnifiquement à Josette. (Tu parles si j'en convenais !) Il n'empêche qu'elle m'en sort de belles : « Tu pourrais être aussi grand que Montherlant, aussi riche, aussi fêté que lui ; au lieu de cela, tu t'amuses à faire des signaux de phare aux aéroplanes de la reine Mary. » Et cætera. Rentrez sous terre.

Etre un grand écrivain et s'arracher à la gloire créatrice, être un grand vivant et se contraindre à vivre dans un corset disciplinaire — quelque avantage qu'on puisse supputer en retirer —, forcément ça coûte. N'est point un héros qui veut.

Ah ! combien j'ai aimé le colonel ce jour-là lorsqu'il m'a présenté, pour me soumettre à la question du plus près, son visage pharaonien plus grand, ce me sembla, que nature. Combien je l'ai aimé tout ensemble dans sa courtoisie poignante et sa familiarité canaille.

J'avais apporté à Malraux une bouteille d'eau-de-vie de prune reine-claude vieille de vingt-huit ans. Elle provenait de la récolte fruitière et de la bouille de cru de 1916. Ma grand-mère Lucie allait l'adresser à mon grand-père Paul, troufion à Verdun, lorsque celui-ci, échappant au siège par une blessure à la jambe droite, arriva à Cazals-en-Quercy en permission miraculeuse. On conserva ce litre d'alcool comme un porte-bonheur.

— Pha-ra-mi-neux ! s'extasia Malraux avec un claquement de langue. Il y en a beaucoup comme cela dans vos caves ? Je viendrai prochainement les inspecter. Dans quels termes êtes-vous avec l'honorable société communiste ?

Je savais enfin pourquoi j'étais là. Nous étions, avec cette question de feu, au cœur concret du problème. Ce que le colonel attendait de moi : des informations inédites sur l'organisation du P.C. en Quercy-Périgord.

— Dans les meilleurs termes qui soient. Je ne fais certes pas tout avec les communistes mais je ne fais rien d'important sans eux.

— Je savais, je me suis renseigné. Ça ne vous gêne pas d'être stalinien ?

— Jusqu'à la fin de la guerre, non. Après, on verra.

— Et vos camarades trotskistes ?

— Ils continuent à distribuer des tracts au ronéotype dans les trains et les facultés avec une imprudence souvent folle. Ils font surtout travailler les filles. Ça fait une diversion subtile, disent-ils. Les étudiants noirs d'Afrique, de plus en plus, s'infiltrent dans le mouvement. Vous ne m'avez pas attendu pour le savoir, le trotskisme est le romantisme attardé de la révolution.

— Entreront-ils au maquis le moment venu, et dans quels groupes ?

— Je ne vous avancerai rien de sérieux en ce domaine. Je ne vois que des filles, des propagandistes de récréation. Mais je puis, si vous le désirez, en parler à mon ami Maurice Faure, le garçon auquel je dis tout, politiquement tout. Ce nom nouveau éveilla quelque intérêt chez le colonel. Il devait traîner en son fond d'oreille. La mémoire patronymique de Malraux est la plus fabuleuse que j'aie jamais rencontrée.

— Renseignez-vous sur la volonté maquisarde des trotskards.

— Ce que je sais fermement, c'est qu'ils n'iront pas grossir les rangs des clandestins communistes.

— Il n'y a pas de maquis radical-socialiste, que je sache.

— Non, mais il y a l'armée secrète. Ils courront aux uniformes, ils iront à l'armée du pouvoir. Ça ne vous paraît pas une démarche logiquement, rationnellement trotskiste ?

— Et les Espagnols ?

— Trop tard pour les Espagnols, monsieur. En masse, à 90 % de la population masculine exilée, ils sont passés — tous ceux d'entre dix-huit à cinquante ans — aux F.T.P. du Quercy et du Périgord.

— Merde.

— Une anecdote, si vous permettez. Ce dimanche qui vient, nous avons un match de championnat de football particulièrement difficile. Les trois étrangers de l'équipe — tous trois espagnols — me font défaut : ils entrent au maquis. Le plus jeune a seize ans, l'aîné dix-neuf. C'est dire qu'aucun n'a fait l'objet d'une convocation du S.T.O. Voulez-vous que je vous dise : moi, réfractaire français, j'éprouve un sentiment de honte devant le patriotisme des Espagnols. Rien d'étonnant si la résistance stalinienne en hérite, elle a préparé l'héritage de longue date.

— Comment expliquez-vous ces prouesses de recrutement ?

— Dès octobre 1941, l'université communiste du soir a ouvert ses portes et commencé à fonctionner. Un travail d'éducation politique considérable a été accompli. Un de mes meilleurs camarades d'enfance s'est formé à cette pédagogie militante et militaire. Il est à cette heure un des principaux lieutenants d'un gros maquis de Dordogne.

— Mais comment, comment ne craignez-vous pas la corruption stalinienne du tissu national ? Ça ne vous trouble pas ?

— M. de Monzie[1] m'a posé la même question. Comment en serais-je troublé ? Je vis dedans.

Véritablement le parti m'en imposait ; et j'avais la certitude confortable d'être protégé par lui. Localement, dans le Lot ; pas à Toulouse.

— Voyez cette carte d'état-major, fit Malraux en dépliant la ténébreuse forêt du Périgord Noir sur le manuscrit du *Monde Chrétien* qu'elle recouvrit. J'ai bien transpiré dessus avant que vous n'arriviez, figurez-vous. Buvons un coup d'eau-de-vie du grand-père ; et vous me direz l'emplacement exact des concentrations de résistants contrôlés par le parti communiste, depuis combien de jours ils sont apparus — il n'y a tout de même pas des lunes qu'ils se sont amenés ! — et comment ils sont installés. Est-ce qu'ils logent chez l'habitant ? Est-ce que les laboureurs et les bûcherons les nourrissent ?

— Rien d'étonnant si vous passez d'ores et déjà dans tout le Sud-Ouest pour un agent de l'Intelligence Service.

— Ce sont les cocos qui font courir ce bruit. Avec eux, si l'on n'est pas des leurs, on est toujours plus ou moins espion, escroc ou toxicomane ; encore heureux si l'on n'a pas des mœurs spéciales. Ils seront bien surpris de me voir bientôt débarquer dans leurs P.C. en uniforme de l'armée britannique. J'ai commandé à Londres la tenue de battle-dress du maréchal Montgomery. Elle va me tomber du ciel un de ces quatre. Si le boche me pique en costume de Robin des bois armé jusqu'aux dents, il me fusille ; à moins qu'il ne me confie à la Gestapo. S'il capture un officier anglais, il me fait escorte en toute-po-li-tess-e jusqu'à la Kommandantur.

» Comprenons-nous, poursuivit-il. Je ne vous demande pas de jouer avec moi le rôle d'un agent de renseignements anticommuniste, mais de me donner des informations sur une région que je commande en chef. Il est normal que je sache où je vais mettre les pieds lorsque j'irai d'ici à peu de semaines en inspection dans vos forêts. Rédigez-moi un rapport sur l'état des forces tillonnistes[2]. Il me sera indispensable lors de mon prochain comité directeur pour

---

1. Homme d'Etat sans parti, député-maire de Cahors, neuf fois ministre sous la IIIe République. Auteur des *Contes de Saint-Céré* (Gallimard) et des deux best-sellers de l'Occupation : *Ci-devant* et *La Saison des juges* (Flammarion).
2. De Charles Tillon, futur ministre des Armées du général de Gaulle et responsable national des F.T.P.

L'héroïne

la zone Sud et je l'enverrai à Londres par le premier courrier aérien.

— Pourquoi vous écrirais-je ce rapport puisque vous en savez tout ? répondis-je. L'emplacement des maquis, cela ne veut rien dire ; frontaliers, ils bougent du Lot à la Dordogne, changeant ainsi de région militaire, et vice versa. Le principal groupe de F.T.P., Soleil, compte mille deux cents hommes à cette heure. Ils s'espèrent cinq mille au jour du débarquement. Tous les Espagnols, encore une fois, sont avec Soleil. Dans mon canton, Cazals, neuf mairies sur douze sont administrées par des communistes. Chaque commune a formé sa cellule résistante. Si vous voulez ma conclusion, la voici : tous les résistants ne sont pas communistes, mais tous les communistes sont résistants.

En fin de dialogue, nous parlâmes du P.C. sans passion. Je parvins à placer mon témoignage vécu : nos régions vidées de leur jeunesse valide, trois classes déportées à la fois dans des trains bondés partant à la cadence de quatre et cinq par jour ; et les préfets, les officiels, toute la classe politique laissant filer sans un mot, sans un geste, ces centaines de milliers de garçons vendus sans plus d'embarras à l'Allemagne. Les communistes, eux, ont été les seuls à s'inquiéter de notre sort. A Cazals, il nous ont réunis pour nous tenir ce discours : « Il est trop tôt pour vous inviter à rejoindre nos maquis. D'ici à quelques mois l'histoire nous sera plus favorable. Alors, en attendant, traînez les pieds, faites vous porter malades, cachez-vous dans les grottes ou dans vos greniers : nous vous soutiendrons devant les gendarmes et l'opinion publique. Si, en dernière extrémité, vous décidez de partir, nous vous ferons revenir avec de faux certificats attestant de la maladie d'un père, d'une mère, d'un proche parent. Nous serons alors en mesure de vous garder parmi nous. Etc. » Un tel langage vous rechargeait les accumulateurs. Le colonel en resta bouche bée.

— Malgré tous ces aspects positifs, dit-il, n'entrez au parti que si vous en ressentez la profonde exigence intérieure.

L'humide crépuscule de fin janvier s'abattait sur la Corrèze limousine. Je fis un moment joujou, à même le parquet, avec La Culbute et Zigomarre que je ne devais revoir dans la suite qu'orphelins. Josette m'avait préparé pour la nuit quatre sandwichs au jambon du pays et au pain de campagne assaisonnés de moutarde et de cornichons. A Brive, en attendant l'express Paris-Cerbère, j'entrepris la lecture de *Pour qui sonne le glas*.

XIII

Dix mois à peine avaient passé depuis ma rencontre avec Malraux. J'étais maintenant un adulte parfaitement autodéterminé ayant rencontré la magie océanique de l'opium et résolument décidé à renouer avec cette magie si elle se présentait à nouveau sous le visage ineffable du Bénarès.

J'avais fait une paix séparée avec la Résistance et je m'étais par la même occasion réformé de la guerre. Je vivais sans amour ; mais comblé par le travail, la solitude sexuelle ne me pesait pas. Je traitais le Mossadegh comme une maîtresse d'occasion, pratique mais insignifiante ; le prenant quelquefois par doses irrégulières et homéopathiques (un filet de cette colique iranienne disposé en enroulements autour de ma cigarette) ; d'autres fois le ruminant en plaquette comme du nougat noir et granuleux dont les amandes se seraient dérobées à l'emprise dentaire.

Je me faisais un plaisir stimulant et je me jouais une comédie vaniteuse dans ce rôle du jeune premier opiophage marchant sur les brisées de Sir Thomas. On le voit, je dominais superbement la situation toxique. Au plan intestinal, pas l'ombre d'un problème ; ma paresse de flore du mois précédent était une infirmité réduite ; et puis, j'étais toujours en action, toujours en marche, le macadam de la ville s'engouffrant dans mes grands compas.

Lorsque, suffisant et crâneur, je ne touchais pas pendant quarante-huit heures au Mossadegh en tant que provision de bouche, j'enregistrais un petit décrochage stomacal (c'était plus exactement comme si le cœur m'avait plongé dans la vessie), puis de gentils fauves fornicateurs se faisaient des mamours dans ma poche gastrique, me mordant quelquefois quand ils se rataient au baiser. Ce n'était point bénin bénin, agréable agréable. Alors je me rendais aux cabinets où je me nettoyais pour deux jours francs.

L'opium englouti par voie orale ne ferme pas l'appétit comme les sots pourront le penser ; il affame. La nourriture cependant ne vous profite pas.

Loin de là, vous maigrissez même ; le pavot, que l'on croit morosif et neutralisant, vous confisque lipides et protéines. Saint Thomas de Quincey a fini squelettique, rongé, presque en transparence, par le cancer du Bénarès. Des enfants de Manchester, apprentis des pompes funèbres, ont porté son cercueil sur leurs épaules ; il ne pesait pas plus que le poids de son âme envolée.

Alors, par un de ces criminels raisonnements qu'on appelle sophismes et qui sont la négative illusion de la vérité — (Je puis en reprendre puisque mon corps ne s'habitue pas : ma physiologie résiste) —, je regoûtais au praliné iranien. Je savais où étaient le bien et le mal, la vie et la mort dans cette affaire. La mort, elle, prenait le masque — tout ridé, tout fripé, tout gris — de l'impertinent Dr Mossadegh et de son caca coulant, fluidique, aux senteurs de résédacées.

Fonctionnaire socialiste peu inspiré mais austère à la tâche et épris de justice sous l'apparence d'une rudesse polie, M. Clément, dirigeait le puissant complexe radiophonique de Toulouse-Pyrénées. Protégé des Bertaux, chéri des dieux réguliers de l'Olympe garonnaise et ayant fait l'objet d'une présentation téléphonique singulièrement forte de M. Abraham, j'arrivais là-dedans comme l'archange intellectuel d'un Front populaire renaissant de ses cendres.

M. Clément me reçut sur le seuil de sa porte avec des effusions paternelles. « Bigre, que vous êtes jeune ! fit-il. Mon garçon, mes ondes sont à vous. Vous voyez, avec mon secrétaire général et mon chef des programmes, les espaces vides des grilles et vous les occupez. »

Avec ma voix plate, lente, bien posée, un peu rugueuse et sourde, qui glissait avec effort (eût-on dit) sur les étangs du

Périgord Noir, je sévissais deux fois par semaine — entendu de l'Auvergne à l'Espagne, du golfe de Gascogne au golfe du Lion — dans des chroniques composites dont c'était miracle qu'elles conservassent à la lecture un certain équilibre, et qui consistaient pour l'essentiel en une copie à la française de la rubrique culturelle du magazine américain *Life* intitulée Miscellanées. Il s'agissait de mélange audacieux où la littérature, le cinéma, le roman, le sport, les variétés, le théâtre et même les courses de chevaux attelés voisinaient en plus ou moins bonne entente en changeant souvent de palier, la loi de mon quart d'heure étant le désordre inspiré, le mot d'ordre, le sens dessus dessous.

En bref, je fréquentais gratuitement le spectacle, tous les spectacles, et j'en écrivais pour le micro au tarif de mille cinq cents francs les quinze minutes. Etayé d'une assurance sur l'avenir, c'était le pactole.

D'autre part je publiais d'abondance et à plume continue dans les revues de poésie à la mode. Aussi avais-je mes entrées reconnues au Centre des intellectuels. Rien ne se faisait à Toulouse si ce n'était entre ses murs.

Le Centre avait à sa tête Tristan Tzara, un des chefs du mouvement dadaïste. Les poètes devraient échapper aux stigmates caricaturaux du vieillissement. Que restait-il de Dada le pyromane — l'homme qui voulait incendier le Louvre et déplacer le musée Grévin au Vatican —, qu'en restait-il sous les traits de ce vieux notaire roumain aux cheveux de toile d'araignée, myope ahuri, qui grattait plus que de pudeur, sitôt assis, sa prostate sensible ? Rien, absolument. L'habit communiste ne va pas à tous. Il allait fort mal à Tzara, autant au corps qu'aux gestes. Ah ! ce que Dada paraissait emprunté.

Un soir, je vois en menue conversation avec lui un petit homme au chapeau usé, au pardessus fripé, au cache-col chiffonné, le dos voûté, la goutte au nez, des mitaines d'un blanc douteux aux mains. A la limite de la décence, il a l'air d'un médecin des quartiers pauvres ; mais une extrême dignité marbre son visage et une extraordinaire volubilité soudain l'anime. Mon Dieu ! pourvu qu'il n'ait pas souffert de la faim ! me dis-je dans un de ces élans de solidarité chrétienne dont je suis coutumier depuis les restrictions. Tzara me fait un signe. Je m'avance :

— Vous ne connaissez pas Julien Benda ?
— Je n'avais pas cet honneur, dis-je.

Les dieux des lettres, une fois de plus, étaient avec moi. J'avais sous le bras la très belle édition numérotée à couverture verte publiée par Bossard de *La Vie de Rancé,* le chef-d'œuvre des chefs-d'œuvre, que venait de m'offrir quelques heures plus tôt, certainement volée, Dominique Béranger, le personnage clé de ma vie. Or, cette édition de bibliophile comprend, composée tout exprès à l'intention de ses mille huit cents acheteurs, une préface au texte de M. de Chateaubriand écrite par Julien Benda. Il ne s'agit point d'une fouille cérébrale exhaustive ainsi que celle de Roland Barthes, mais — autre époque autre vision — d'un péristyle parfait qui présente le temple et le fait découvrir dans toute la majesté de son architecture. Cette introduction serait plutôt, si l'on veut, le « Cantique des colonnes » de Rancé. Elle nous fait entrer dans le monument avec une humilité voisine du dénuement, les mains jointes, en prière. L'on va au réformateur de la Trappe comme à la communion ; et si c'est cela le dessein du préfacier juif, il est admirable.

— Voilà une bonne lecture, sourit Benda. Cela vous change de tous nos décadents du Bas-Empire. (Il travaillait alors à la France byzantine, cette entreprise stoïque de saccage et d'enfouissement de toute notre littérature moderne.)

— Je n'ai pas acheté ce livre pour venir à votre rencontre, monsieur.

— Et quand bien même l'auriez-vous fait !

— C'est tout à fait inopiné, me défendis-je.

— Ne vous excusez pas.

Deux générations de vivants savent peut-être encore l'importance qu'eut pour nous, en fin d'adolescence, l'œuvre de philosophie littéraire critique de Benda. Ce vitrioleur défigurait à peu près tout ce que j'aimais mais on ne peut lire *La Trahison des clercs* sans être saisi par tous les vertiges de l'intelligence. Nous parlâmes. Je m'épris du petit vieillard digne et mal vêtu. Il portait dans son filet à provisions cinq cents grammes de lentilles avariées pour sa cuisinière-gouvernante. Je les jetai dans le caniveau et courus lui chercher du lard, des flageolets, des choux de Bruxelles et deux pigeons dodus.

Avec Dominique, dont le père exploitait une ferme plantureuse, j'organisai un courrier de ravitaillement spécial Julien Benda. L'opiophagie et le Mossadegh à la cigarette développaient en moi le goût du service. Le bonheur pousse à la bonté.

Benda vivait en meublé et en sous-location, chez l'habitante, tel

L'héroïne

un professeur débutant de collège technique. Comme nous étions loin du gros luxe de matières grasses du colonel Malraux. Je m'étais entiché de cet homme intolérant d'opinion et acerbe de propos dont les flèches au curare me ravissaient lorsque Gide ou Valéry les prenaient au cœur. Je voulais l'aider à exorciser son guignon racial et je m'y employais du mieux possible. Je ne le quittai point, je me sentais devant lui en mission œcuménique universelle.

— Je vais vous faire connaître un homme qui vous sera utile, me dit-il finement avant de repartir pour Paris ; un riche éditeur de gauche, dont je ne partage pas les manies d'admiration, mais esprit probe et non perverti.

Cet homme, qui allait devenir ma providence, était Léon Pierre-Quint.

De ma vie je n'avais vu un homme aussi richement habillé. Mais comment faisaient-ils donc, tous (tous hormis Tzara et Benda), pour sortir de leurs tanières, de leurs halliers, de leurs couvents ou asiles aussi élégamment et de neuf vêtus ? Vincent Auriol, qui prenait la navette aérienne de Londres, s'était vu indiquer un maître coupeur dans Leicester et y avait couru : on savait. Mais les autres, tous les autres ? C'était à croire qu'ils n'avaient pas quitté quatre années durant leur luxe d'étoffes anglaises, de lavandes et de cuirs ; que la guerre avait glissé sur leur prospérité comme sur le dôme de nos forêts les flocons de nuages.

Complet caviar gris cendre de Larsen, chemise et cravate de cashmere de Sulka, chaussures de Church, M. Léon Pierre-Quint reflétait tout à fait l'image d'un magnat de Wall Street interprétant son propre personnage dans une comédie psychologique de Hollywood. Ce qui jurait avec la distinction de l'homme et du rôle, c'était son décor d'évolution : une chambre tapissée d'un criant papier à fleurs et meublée tous usages au premier étage d'un hôtel de passes volantes sis en plein quartier des bordels mondains : le *Clarisse Harlowe, Le Panier fleuri, L'Enclos de Ninon.*

— Je descends ici de longue date : pour le chauffage et l'eau chaude, dit l'homme. Prenez place. Ma légion d'honneur vous surprend. La Résistance se dépêche de récompenser ses héros, penserez-vous. Eh bien non, ce n'est pas la lutte contre l'occupant qui me l'a value.

C'étaient, en 1936, ses travaux sur Marcel Proust. Du visage mobile et tendu de curiosité de Léon Pierre-Quint se dégageaient des mouvements d'envoûte. Sous l'épaisseur cuirassée de la peau les traits présentaient tout le charme des excentricités cosmopolites. Un visage c'est beaucoup plus qu'une fiche de police. Ça vous renseigne à la fois sur ce qu'annonce le porteur et sur ce qui doit demeurer ignoré du commun. Comédien de race, L.P.-Q. excellait dans ce jeu de la vérité partagée entre la nudité absolue et la respiration au masque. Arqués en appui sur un coussinet de chair, les sourcils, d'un très harmonieux dessin malgré l'abondance de la pilosité, retombaient en ourlet sur de beaux yeux sombres dont le velours s'animait de vibrations lumineuses ; et quand ces yeux restaient trop longtemps posés sur les vôtres, vous aviez envie de leur crier rideau ! Toujours souriants même si la bouche ne suivait pas, ils s'arrêtaient sur vous comme une main caressante et sensuelle. C'étaient des yeux nés, formés, instruits pour regarder la jeunesse masculine hétérosexuelle (uniquement celle-ci) et je trouvais fort bien qu'ils affirmassent ainsi, par leur contemplation attractive et veloutée, leur séduction dominatrice et exigeante. Je me suis toujours prononcé pour la totale suppression des équivoques entre les êtres.

Ce qui vous retenait de prime abord dans cette physionomie, c'étaient les dons d'acteur. Des cinéastes intellectuels comme Huston, Dmytryk ou Welles eussent assurément remarqué L.P.-Q. Il détenait le génie de la comédie de composition.

Il jouait lorsqu'il recevait des auteurs, il jouait en les lisant, il jouait en leur parlant de leur manuscrit ; et risquant sur eux une part de sa fortune personnelle, il jouait sans calcul en les publiant ; tout cela dans une franche passion de l'écriture, L.P.-Q. ne recherchant pas tant la littérature que le style, l'accent original, le tour, le doigté. Au fond, la possession d'une grande et vraie maison d'édition lui importait peu ; un catalogue lui suffisait : à la fois pour distribuer ses privilèges et pour exercer ses sévices avaricieux.

L'héroïne

— Que redoutez-vous le plus au monde ? me demanda-t-il après m'avoir regardé tout son saoul.
— Rien qu'une chose en vérité.
— Peut-on savoir laquelle ?
— Oui, bien sûr : le cancer de la gorge.

Mais qu'avaient-ils tous à vouloir à tout prix cerner la pensée sensible d'une jeunesse ? La deuxième génération perdue a été, à l'inverse de celle qui l'avait précédée, la génération de la grande franchise.

— Je vous ai apporté deux manuscrits, monsieur. Le premier, *Le Sommeil et la mémoire,* est un essai sur ces phénomènes dont je me passionne : la cessation quotidienne de la vie dans l'inconscience des sens ; et la production du rappel des sensations, des idées, des objets et des souvenirs. Il s'agit d'un ouvrage de philosophie poétique : mon modèle, je le dis immodestement, est Bachelard.

— Vous avez une écriture d'archange. Vos textes pourront aller tout droit à l'imprimerie. L.P.-Q. parut accroché mais je le vis désireux d'aborder tout de suite un récit, une intrigue. Montrez-moi le second texte, dit-il avec friandise.

— Il s'agit d'un roman pour l'instant inachevé.

— Je me m'émeus jamais du début d'un livre, car si les premières pages n'en sont pas bonnes, toutes les autres sont mauvaises ; donc, inutile de pousser plus avant. J'attaque toujours la lecture d'un inédit aux endroits où l'affaire est lancée : troisième ou quatrième chapitre, cinquantième page, peu me chaut ! Dès lors, si je ne me plais pas dans ce train en marche, j'en descends au prochain arrêt. Vous comprendrez, je suppose, l'avantage chanceux qu'auront à venir chez moi de jeunes écrivains en quête d'une parution rapide. Etant mon seul maître, n'ayant de compte à rendre à aucun conseil d'administration, je décide moi-même dans les plus brefs délais. Chez moi, au Sagittaire, on n'attend pas après les notules d'un comité de lecture à la con comme chez Gallimard. Je me charge seul de faire le destin des gens.

Léon Pierre-Quint devait se plaire (il s'y plut) dans ce que j'avais intitulé *Les cinq étés de Sarah Silverstein* puisqu'il y resta quarante minutes durant à lire sans lever une fois les yeux.

— Quelle que soit l'issue que vous donniez à votre livre, je prends, j'édite, me révéla L.P.-Q. sur le ton de la plus banale formalité ; ton qui contrastait avec ma joie solennelle. Je vous prépare un contrat pour après-demain mardi, que vous me renverrez signé si les conditions vous en agréent, et j'y joins une substantielle avance sur vos droits d'auteur. (Nous étions le dimanche de la Toussaint). Mais, suis-je bête, vous déjeunez avec moi ! N'allez surtout pas me dire que vous courez à ce cocktail d'écrivains communistes ; je ne sais rien de plus ennuyeux que ce genre de réunion, elles sont d'une austérité reconnue.

— Justement, j'y fonce. Je dois être présenté à Louis Aragon.

Connaître Aragon et mourir, telle eût été ma devise à l'époque si je m'étais senti périssable de maladie ou menacé d'assassinat.

Beau, mince, impavide, promenant un regard d'airain sur ce siècle de calamités et habillé (lui aussi) chez un tailleur de haut luxe, il me décontenança : par la malice qu'il apporta à me blasonner. En effet, ce n'était de l'hostilité qu'Aragon me manifestait — ce n'eût pas été une attitude sinon — mais un amusement moralisateur ; et j'aurais dû, à première vue, m'en apercevoir, m'en persuader, m'en convaincre. L'on ne peut se figurer en 1986 ce qu'était la gloire de Louis Aragon en novembre 1944 ; non seulement il possédait la puissance mais aussi, ajouté à l'efficacité de l'intervenant, le charisme de la salvation ou l'inhumanité du procureur d'époque. Affirmons pour être juste que s'il a fait innocenter quelques coupables il n'a jamais culpabilisé les innocents. Alors pourquoi cette démonstration de vindicte contre un homme intouchable dans son paisible séjour tunisien et dont personne ne s'occupait à ce moment-là : j'ai nommé André Gide. A cette question assez en l'air, somme toute, une réponse fondamentale : l'étourdissement factice d'une vengeance littéraire en petit comité ; un régal d'inquisiteur non pour salle d'audience publique mais pour aréopage.

Mon nom prononcé par mon ancien professeur de français, Jean Marcenac[1] :

---

1. Rédacteur en chef des *Lettres françaises*.

« Voici quelqu'un qui vous admire, Yves Salgues. » Aragon me saisit au poignet gauche et me rapprochant de lui se met à faire à travers les questions qu'il me pose le procès de Gide, le grand absent. Le ton est mi-affable mi-persifleur : très aragonien, quoi ! Même Benda, qui s'est pourtant frotté aux rudesses de joutes, paraît surpris du coup, et Paul Eluard — dont l'aménité impressionne — n'en revient pas. Le fond du débat, on s'en sera douté, est cette fameuse *Lettre à un jeune poète,* publiée seize mois plus tôt[1], et qu'Aragon (Ô vanité de nos mœurs littéraires !) a encore sur l'estomac.

— La citation que vous mettez en exergue du poème[2], vous ou Gide, n'est pas de Chtedrine. Elsa, en tout cas, ne l'identifie pas comme telle. C'est une grossière imposture. En ces dernières années qui lui restent, Gide ferait bien de se remettre aux classiques russes et d'y restructurer sa mémoire. Etc. A chaque coup porté, le niveau du fiel montant, le ton devient plus accusateur :

— Comment se fait-il, ce pauvre Gide est gâteux, n'est-ce pas ? Car enfin — je vous en prends tous à témoin — comment peut-on écrire qu'Apollinaire ne ponctue pas parce qu'il ne sait pas ponctuer. C'est une imposture grossière ou une assertion débile. Apollinaire ne ponctue pas parce que la ponctuation brise ou entrave le mouvement de ses vers. Point à la ligne. Est-ce que je ponctue, moi ? Est-ce qu'Eluard ponctue ? Est-ce que tu ponctues, Paul ?

— Baudelaire ponctue, rappelle Benda, volant à ma rescousse ; et Claudel aussi, de temps en temps, pour qu'on se reconnaisse dans son torrent de déjections spirituelles. Salgues ne ponctue pas et je le déplore : vous lui avez donné de mauvaises habitudes. Puis, vieux chat de coussin roublard : Il faut se mettre aux virgules, mon petit.

Son effet de manche coupé, et voulant regagner l'attention du prétoire, Aragon redégaine, s'en prenant cette fois à la déclaration de Gide : « Je ne veux pas rencontrer les Allemands ; je crains de les trouver trop obséquieux » *(sic).* Mais comme nous frôlons la scapinade et qu'il s'en rend fort bien compte lui-même, il s'arrête tout net en plein essor. Alors, me prenant à nouveau le poignet et m'entraînant en aparté :

---
1. *Profil littéraire de la France,* juin 1943.
2. *La Fontaine aux portes du désert.*

— Vous savez, si j'avais été membre du jury du prix Guillaume-Apollinaire, je n'aurais pas voté pour vous. C'est Francis Carco qui vous l'a fait avoir. Avez-vous songé à l'en remercier au moins ?

— Non, répondis-je, je ne suis pas obséquieux, moi.

Des cheveux blonds, lisses et filants tirés à la brosse sur les tempes, le chignon haut superbement tressé piqué d'un peigne en rosace, le front démesurément grand sur des yeux démesurés de pervenche pâle, ni fard, ni poudre, ni rouge à lèvres, un teint éclairé d'infirmière de la Russie centrale : Elsa Triolet vient nous rejoindre en manteau d'astrakan. Il n'y a qu'une femme pour vous tirer d'un embarras comme celui où me tannait Aragon.

— Tu n'as pas honte, Louis, de désobliger ce garçon de seize ans qui a fait six cents kilomètres pour venir te voir et qui t'a écrit de si jolies lettres. (C'est le ton du *Cheval blanc*.) Fais la paix avec lui et allons boire un drink.

C'est fini. Aragon entre dans sa loge où il se dégrime et d'où il ressort le visage à nu. Dans la suite avec moi il ne fera que du charme, du charme à haute pression. Les littérateurs forment une race à part dans la race des hommes. Hantés par le besoin d'aller par leurs écrits plus loin que leurs jours, ils veulent se survivre et ne point se forclore. Ce sentiment de la durée les accable alors que les peintres (je l'ai vu plus tard avec Matisse, Buffet, Fautrier, Picasso) s'en dégagent rondement. Il se vendait à l'époque deux mille exemplaires par jour des *Yeux d'Elsa* (« Les yeux », disait Aragon ; ou, à propos de tel alexandrin de rêve, « c'est dans Les yeux ») et le succès du recueil allait irrésistiblement dépasser celui de *Toi et Moi*, de Géraldy. La figure classique du couple hétérosexuel — le rapport de maîtresse soumise à amant dominant — était absolument inversé, dans le cas de Louis et d'Elsa, en faveur de la femme dominatrice régnant sur l'amant dominé. Le secret des couples est fascinant à pénétrer. Autant qu'ils aient pu protéger le leur, celui des Aragon était parfaitement devinable. Tapissés de toiles de maîtres, les murs de leur chambre ne pouvaient rien cacher de ce qui s'y passait.

L'enfant punissable aimait à être puni ; et à le punir au châtiment corporel la maîtresse d'école punisseuse.

Au déjeuner nous mangeâmes le pot-au-feu du Centre des intellectuels. Le soir, dans le plus grand cinéma de la ville (le P.C. ne se refusait rien), nous eûmes droit à un récital à vingt voix de poésie patriotique militante. J'y assistais avec Léon Pierre-Quint, qui avait des auteurs à voir dont le philosophe Henri Lefèbvre, homme d'une complexion robuste et d'une compagnie fortifiante dont à défaut d'être l'élève j'allais devenir l'ami. Aragon donna dans son intégralité *Je vous salue ma France,* cette fresque hugolâtre et péguyste extraite du musée Grévin. Que les vers soient faits pour être dits, voilà une évidence. Qu'ils le soient le mieux par leurs auteurs n'en est pas une autre. Rien ne vaudra jamais cependant Aragon dit, récité, interprété, déclamé par lui-même. Le coffre, la diction, la résonance et le masque du comédien lyrique avec un côté salle Richelieu, rien n'y manquait ce soir-là. Les applaudissements le sacrèrent.

— Louis n'a pas été trop mal, allez le féliciter, me dit Elsa, un sourire imperceptible d'infirmière flagellante aux lèvres.

XIV

J'atteindrai le point culminant de la stupeur, lorsque Léon Pierre-Quint, dont la langue est intenable, m'aura avoué avec la fatuité légitime qui salue une grande bataille gagnée qu'après vingt-trois ans d'injections sous-cutanées d'héroïne pharmaceutique pure, il s'était débarrassé du poison tout seul, sans le concours d'un médecin de campagne ou d'un psychiatre départemental ; seul en trois mois d'été, par la méthode de diminution progressive.

Passe encore le sacrifice accompli sur l'autel de la pénitence toxique ; passe encore ce calvaire trimestriel aride et acharné dont je ne m'imaginais ni de loin ni de près ce qu'il avait été à l'époque : L.P.-Q. en a tenu la relation, saccade après saccade, avec une constance thérapeutique maniaque dans son *Journal d'une double libération*[1] ; passe encore sur le tour de force, donc, qui témoigne d'un héroïsme régulier inouï. Ce qui a fait grosse impression sur mon tissu mémoratif, le sensibilisant pour ainsi dire à tout jamais au nom propre qui va suivre, ce sont les trois mots héroïne pharmaceutique pure ; lesquels annonçaient dans une phrase prochaine la marque de Diacétyl — morphine la plus prestigieuse du monde celle des laboratoires allemands Merck. Eh oui, il suffit d'une syllabe agressive et claquante pour forcer une conscience, l'imprégner et entreprendre un travail obsessionnel de sape et de perversion. Les jeunes âmes sont fragiles à l'érosion où les âmes endurcies résistent.

C'est absolument sans intention que L.P.-Q., ignorant que je

---

1. Paru en extraits, sous le pseudonyme de Jean Basque, dans *Les Temps modernes*, la revue de J.-P. Sartre ; puis publié aux éditions de la Table ronde. *(N.d.A.)*

fumais irrégulièrement depuis un peu plus de deux mois, s'était mis à improviser un long monologue sur l'héroïne sacrée. Au sortir de cette difficile désaccoutumance savamment dégradée dont la phase finale remontait seulement à huit semaines (le plus horrible à supporter ayant été le sevrage : l'adieu au dernier milligramme), l'homme éprouvait le besoin de se confier par la voix ; c'est ce qu'on appelle en termes de psychothérapie une confidence libératrice ; besoin de me dire comment le trafic était merveilleusement organisé entre Berlin et Paris jusqu'à la déclaration de guerre ; en sentant venir celle-ci, de me dire l'importance de la provision qu'il s'était fait un impérieux devoir de constituer au lendemain de Munich ; besoin de me dire combien cette poudre sublime vendue en flacons de cinquante ou cent grammes et voyageant en wagons-lits revenait avantageusement bon marché au prix de gros pharmaceutique ou hospitalier ; besoin de me redire surtout la blancheur neigeuse du produit, sa qualité fondante et la puissance stupéfactive de ses effets. Ça vous mettait dans le crâne l'envie d'y goûter ; au moins une fois, une fois seulement. Evoquant ce passé bienheureux, le souvenir encore tout frais de ses fastes, la voix de L.P.-Q. s'assourdissait, empreinte d'une nostalgie qui lui donnait une profondeur de champ en même temps qu'une transparence d'âme. Mais elle trouvait, la voix, un durcissement décisif, rauque et aggravé d'une haine trouble pour me raconter la torture journalière du désintoxiqué se réadaptant, avec tous les efforts pris à son compte, aux vicissitudes physiques et morales de la vie courante.

De ce cours magistral rayonnant d'une objectivité talentueuse je ne me suis souvenu que trop tard, après les dégâts du cyclone. L.P.-Q. me racontait tout ; comme si inconsciemment ou presciemment — mais dans l'ignorance totale de ce qui allait m'arriver — il me mettait en garde, me criant : « Attention, le châtiment enduré sera injuste et sans pitié par rapport à la faute commise. Attention, mort et passion vous souffrirez. »

Et de tout me dire dans cet irrépressible besoin d'expansivité verbale qui caractérise le toxicomane délivré. Tout, et d'abord le principal : l'asthénie et le tétanisme ; à l'incapacité de se mouvoir et d'exécuter un geste s'ajoutant l'impuissance à prendre une décision ; et si la décision par chance était prise, l'impossibilité dans laquelle était le corps d'accomplir le commandement du cerveau. C'était la fin de la dignité individuelle et le commencement de la mort de l'homme complètement dépersonnalisé, ayant perdu toute identité intérieure véritable. L.P.-Q. me cite alors cet exemple de paralysie de la volonté mentale ; assistant au Cinéac à la projection publique normale de *Lumière d'été,* le film de Grémillon, et sachant que l'heure de son train pour Varilhes[1] approche, il veut en savoir l'exactitude ; mais ne pouvant lever sa lourde main de plomb étalée sur sa cuisse, il n'accomplira point le geste qui consistait à sortir de son gousset la montre en or de son père — le banquier Steindecker — et à la porter à ses yeux voilés par la fatigue. Conclusion : en état de torpeur (les affreux assoupissements de l'asthénie) alors que le cinéma ferme et qu'il n'a point obtempéré aux exhortations des ouvreuses le priant de sortir, deux inspecteurs de la Sécurité du territoire, le prenant pour un agent de la Gestapo, l'emmènent pour une vérification de papiers. S'il parle d'une voix différente, c'est pourtant le même homme qui s'est pâmé en jouissance et qui a souffert en rédemption. Il y a chez L.P.-Q. une qualité d'intelligence, de fantaisie et une noblesse de rumination de la douleur qui l'élèvent au-dessus du lot. Emballeur et martyr, le parcours de Léon est semé d'embûches. C'est un cheminement laborieux à travers une forêt de chicanes. Gosse de riches, pourri parmi les enfants gâtés du siècle, ce fils d'un puissant spéculateur de la rue de la Faisanderie voit sa course aux grandes écoles stoppée à dix-sept ans par une attaque de tuberculose osseuse. Conscrit de la fatalité, il va durant les huit années qu'il passera au sanatorium d'adolescents de Berck-Plage s'éprendre tour à tour et en même temps de Proust — sur l'œuvre duquel je glisse — et de Lautréamont, le jeune dieu devant qui je m'agenouille ; m'empressant vite, très vite, de jeter Rimbaud, que j'ai appris par cœur, aux oubliettes de mon château fort de mémoire.

Fignolé avec un amical raffinement, mon contrat portait sur sept livres dont je devais remettre le manuscrit du premier dans un délai de six mois. J'empochais un chèque de cinquante mille francs et je devais jusqu'à la remise de mon roman percevoir un chèque mensuel supplémentaire de cinq mille francs. « Je ne fais de pareilles conditions qu'à mon ami de toujours Roger Stéphane, me dit l'homme à la Merck. Vous vont-elles au moins ? » Pour sûr qu'elles m'allaient ! J'entrais à pieds francs dans les bottes de la vie. Au moment de monter dans son autorail, à la gare, Matabiau,

---

1. Le chef-lieu de canton de l'Ariège où il avait vécu sous un faux nom.

L.P.-Q. me remit deux cents pages dactylographiées : « Jetez un cil là-dessus, fit-il, et donnez-moi votre avis. Je crois tenir ici un écrivain d'exception. » Cet écrivain inconnu et inédit était Claude Simon ; son premier roman, *Le Tricheur*.

XV

Le mistral, cet express d'air glacé engouffré dans le couloir du Rhône, soufflait sur Marseille. Le bleu métallique du ciel était si perçant que le soleil s'en offusquait ; la verdeur intense de la mer donnait le sentiment des gouffres ; les peignes du vent raclaient l'écume des vagues et l'emportaient au loin. Dans ce manège infini des herses d'argent semblaient se dresser.

La connaissance de mon deuxième contact m'apporta une telle satisfaction de surprises que là où j'aurais pu dénoncer, me faire justice moi-même sinon, j'ai pardonné à bras ouverts. Authentique génie manuel, Henri Hautelice était à vingt-six ans le premier horloger de la Marine nationale ; on venait le chercher en hydravion pour vérifier les cadrans chronométriques des sous-marins en partance ; et le bourgmestre de Nuremberg avait fait appel à lui pour la réparation de la célèbre horloge moyenâgeuse de son hôtel de ville. C'était à présent un individu entièrement fossilisé, établi à son compte rue Edmond-Rostand (on ne peut plus près de la préfecture où sa sœur tapotait à la machine) et travaillant derrière sa devanture à l'épreuve des pénétrations, car il craignait que des malfaiteurs ne la lui découpassent au diamant pour dérober de nuit les montres de luxe dont il avait charge d'entretien. Ce microchirurgien en mécanique de précision se doublait d'un artisan exhibitionniste : les enfants des écoles restaient des heures plantés devant l'atelier tels des anges de crèche à voir M. Hautelice vaquer à ses petites œuvres, tant il dégageait une impression formidable de concentration passionnée. Son adresse proverbiale étant citée comme modèle par toute la profession de l'orfèvrerie, les bijoutiers de la Canebière recommandaient à ce génie signalé leur clientèle du plus riche étage. Pour que son honorabilité fût encore plus solidement assise dans la cité phocéenne, Henri Hautelice donnait un cour bimensuel, où l'on se bousculait, à l'Ecole des arts et métiers de Provence. Enfin, le génie étant l'ami de tous les talents, le légendaire horloger de la rue Rostand trafiquait sur l'or et écoulait les beaux cailloux volés qu'il savait au demeurant réhabiliter à merveille. On le sentait tout ensemble possédant comme Crésus et dénué comme Job : le mot fatal d'héroïne expliquait à lui seul, comme le mot jeu, cette double situation dans un même homme. L'argent honnêtement gagné ne suffisant plus depuis longtemps à remplir de drogue les seringues instamment vidées, Hautelice avait recours à ce qu'il appelait des profits d'occasion.

D'emblée, il entrait par son physique dans la grande lignée des héros du roman de pittoresque et de mœurs. C'était celui d'un grigou livide aux yeux complètement éteints sous des paupières de granit ; des yeux qui ne reflétaient plus aucune lueur humaine, à telle enseigne qu'on se demandait — en face de lui pour la première fois — s'ils vous voyaient formellement, s'ils ne se contentaient pas d'exister à l'état de foyer virtuel, leur lentille cristalline détruite à petit feu noir par les injections. Cette vérité d'un regard vide de lumière et d'expression était d'autant plus horrifique à supporter que ce grand inquisiteur farfouillait un peu plus tôt, pour en remettre la cohésion cardiaque en marche, dans la fabuleuse cage thoracique des Jaeger Lecoultre et des Patek Philip.

Les yeux, même avec effort, l'on s'y fait. Si ceux d'un aveugle ne vous conviennent pas, vous accrochez les vôtres à ses lèvres ; les bouches des non-voyants sont en général sensuelles et jolies. Sur le visage d'Henri Hautelice, il n'y avait rien absolument à quoi s'accrocher en sauvegarde de terreur. Striée de gerçures et trouée de crevasses dès le premier paraclet de mistral, la bouche décolorée restait obstinément fermée sur les chicots et les caries. C'était un des nombreux aspects de son énigmatique pouvoir de fascination maléfique : Henri parlait bouche close ; lèvres mortes, il susurrait dans la soie vaporeuse et friponne qu'évoque l'air de Marseille par temps frais. Il me faisait penser absolument à un sourd-muet communiquant à voix infiniment faible et mourante et entendant avec une extrême difficulté, mais sans nul besoin d'appareil acoustique. Il devait avoir — privilégiés à la limite — des rapports secrets avec le son. (Il faut une oreille très fine pour réentendre battre le cœur ressuscité des montres.) Et cet aveugle voyait sans y voir à travers toutes sortes de larmes douteuses, d'humeurs de la cornée, de sédiments et de sécrétions. Rivé quinze heures par jour à la loupe-monocle, l'œil travaillait forcément beaucoup. La seule organisation qui restât intacte et qui vécût une vie apparemment normale dans ce visage altéré, bouleversé, détruit par vingt ans d'abus de drogue sans un seul jour d'arrêt était la fonction capillaire. Le cheveu demeurait en effet étrangement noir, brillant, foisonnant et nourri, entretenu peut-être à la racine par les effluves captifs du poison en ascension vers le cerveau. Je ne trouvai en tout cas pas d'autre explication au propre, au lisse miracle de cette crinière magnifiquement ordonnée. Ce résidu persistant de jeunesse mis à part, tout avait été dévasté dans cette face par le toxique assassin ; et jusqu'à la barbe dont résistait seulement, sous la galoche du menton, une touffe de poils roussâtres conservés là probablement pour une misérable figuration parasitaire. En y regardant du plus près, l'œil écarquillé de surcroît, l'on remarquait quelques autres de ces pauvres poils fraternels couchés honteux sous les fosses nasales d'où dégouttait en permanence une roupie de gros rhume hivernal.

Vaisseau après vaisseau, muscle après muscle — et jusqu'aux poches flasques sans vie sous la cavité oculaire —, chaque élément de ce visage pouvait être mort, tué à jamais par l'héroïne homicide ; je ne le fuis point, je ne me détournai point de lui, la première impression de dégoût surmontée. Sous la chair exsangue de cette ruine humaine s'entrevoyait comme aux rayons X une architecture esthétique certaine.

Il doit y avoir une magie noire et scélérate de la fée blanche — l'héroïne. D'abord, il me tutoie. Ensuite, il me retient à déjeuner. (J'avais amené, il est vrai, une conserve de civet de lièvre.) Enfin, il m'accueille — le cœur débordé d'amour et sans plus d'embarras — dans la grande chevalerie marginale héroïnomaniaque : les frères de la seringue. Comment se fait-il que je n'aie pas eu la présence d'esprit — le syndrome instinctif de défense — de lutter par un mot sorti de ma bouche contre le malentendu qui s'installait. Comme je suis pâlot, les traits tirés par ma nuit blanche dans le Bordeaux-Vintimille bondé, que je bâille, que j'éternue et que j'ai les frissons de l'insomnie, Henri me croit en panique de privation de piqûre. De Thomas de Quincey à Drieu La Rochelle, l'hyperbole est en marche, la distance franchie.

— Dans un quart d'heure, tu es soulagé, mon petit écolier, me dit-il. Je lance néanmoins le dialogue.

— J'ai cinquante billets sur moi. Ce soir en reprenant mon train, je dois emporter un kilo de Bénarès.

— Du Bénarès, mon cul! Autant rêver au retour au pouvoir du Maréchal. Ce que je peux avec du bol et pour ce bon prix, c'est t'obtenir la qualité numéro deux, un grand Chine. Ah! le snobisme du Bénarès, j'y reconnais Gontran tout chié. Le Bénarès est un luxe insurpassable, certes; mais, à côté de lui, il y a des nécessaires suffisants : le Sseu-tch'ouan, le Yunnan, le Ts'ing-hai. On ne boit pas que du margaux; on pinte aussi du richebourg; et les bourgogne tiennent davantage à l'estomac.

Il n'arrive jamais dans le monde fermé au tour d'écrou de la drogue qu'un intoxiqué se pique chez son fournisseur. Ne pouvant le faire chez lui tant sa mère — Esther Hautelice — et sa sœur Chienne l'avaient placé sous tyrannie surveillante, Henri se rechargeait deux fois par jour, midi et soir, chez le grossiste dont il était depuis vingt ans le principal client sédimentaire quotidien. Deux fois par jour, midi et soir, il vidait les cinq grammes du sachet traditionnel d'héroïne dans un flacon et, y ajoutant de l'eau chaude du robinet, il agitait, faisait fondre, puis il s'infiltrait la solution dans la maigreur de sa cuisse après l'avoir passée à travers l'étoupe d'un coton. Coût : cinq mille francs par vingt-quatre heures. La nuit, avant de s'endormir, il se piquait dans son lit sans lumière ou en s'éclairant sous les draps avec une lampe électrique.

Nous étions dans le grand roman noir de la drogue injectable. Je voulais suivre Henri jusqu'à la porte de l'immeuble de son marchand et si possible jusqu'à son étage; il me fallait cette adresse au cas où il serait mort : d'une surdose, d'une embolie cardiaque, d'une hémoptysie; fossile, ombre, fantôme, il pouvait trépasser à chaque pas, s'éteindre comme un souffle. Cinquante mètres avant de bifurquer, chancelant, dans la rue du jeune Anacharsis, il me désigna un bar — *Le Sévigné* — et me demanda dans une plainte sibilante qui me fit croire son ultime moment venu de l'y attendre le temps qu'il faudrait en consommant à ses frais tout l'alcool qui me ferait plaisir. Du trafiquant, je n'avais donc localisé que l'artère d'habitation, au centre nerveux de la ville, à un jet de fronde de la Canebière et de l'Opéra. La prochaine fois, je ferais mieux.

A 13 h 50, comme il n'était pas revenu, je profitai de l'agitation du bar pour sortir à sa rencontre. Il marchait, calme et droit, le visage inexpressif mais pacifié comme s'il venait de subir une intervention de chirurgie esthétique et, débarrassé à l'instant de ses bandages, comme s'il offrait sa peau décrassée au soleil vivifiant de novembre. Ce fut tout juste s'il ne prit pas un air éventé pour me dire : « Mon petit écolier, j'ai ta marchandise, un très grand chinois du Sud repris aux Allemands la veille de leur départ. » De ma vie je n'avais rencontré un personnage aussi extraordinaire. Il portait dans sa main droite, serrée contre ses côtes squelettiques, une boîte en fer-blanc circulaire de quatre centimètres d'épaisseur environ, hermétiquement fermée avec du ruban adhésif, et qui en temps normal eût vraisemblablement contenu la pellicule d'un film. Au centre de la surface plate, il me montra, comme d'un disque, une étiquette blanche sur laquelle je lus en caractères majuscules fraîchement tracés à la main avec application : Capitaine Craddock, première bobine. « Ainsi, vous êtes paré, monsieur le projectionniste, fit-il ; votre métier vous place d'office au-dessus de tout soupçon. » Je croyais vivre une hallucination positive, réalisable, réalisée.

Certains bars des quartiers chauds de Marseille avaient encore, en façon de bordels pour soldats coloniaux, un rideau de perles de bois derrière lequel se dissimulait la porte. Hautelice éprouvait un infantile plaisir à glisser son cou décharné entre les cascades de perles légères ; puis, les écartant de sa main, à en entendre le bruit canaille, amorti et furtif produit par les mille entrechocs des minuscules sphères peintes. Sous la métamorphose de l'héroïne, le personnage d'Henri était encore plus hallucinant que lorsqu'il en subissait les effets privatifs. Clown tragique et bouffon royal, il relevait du musée du sortilège fabulatoire, le surplus d'extase l'obligeant à dépenser son énergie artificielle et fugitive en toutes sortes d'activités de gestes aussi extravagantes qu'imprévisibles. Je me demandai même à le voir dans son attraction de lupanar — sur le trottoir, devant la porte ouverte, exposant et retirant son faciès de bonze burlesque — s'il ne subissait pas la tentation de se livrer quelquefois à un numéro d'exhibitionnisme sexuel devant de très jeunes personnes ou des aïeules. Ce que je veux souligner c'est que, m'eût-il donné de mauvaises pensées, le spectacle d'Henri Hautelice faisait travailler mon imagination.

Au bar du *Sévigné,* notre héros jouissait de la popularité d'un chouchou de coterie. Il était 2 heures. Tard levées, les putains de l'Opéra et de la rue de Rome y prenaient, afin d'être en jambes en tout début d'exercice, leur premier repas du jour, sûres de trouver là à prix d'ami toutes les friandises de boulangerie et les gâteries de crémier en circulation dans les quartiers rupins. C'était excitant de les voir déjeuner debout ou attablées, la bouche en appétit, devant de grandes tasses de chocolat fumant, le croissant en l'air, la tranche de cake aux raisins secs entre les dents ou beurrant d'un couteau résolu les longues tranches de pain grillé croustillant. Aucune, dix minutes plus tôt, ne m'avait prêté attention. Il n'y en avait à présent que pour Henri, mais je bénéficiais — au milieu de cette noce matinale de chocolat et de café au lait — de l'encens babillard qu'elles élevaient à sa gloire. Quand m'amènes-tu la gourmette pour mon bébé? N'oublie pas le prénom pour la gravure : César. Est-ce que tu penses à moi, Enrico? Je veux ma barre d'or, j'ai tout le pognon qu'il faut pour ça. Demain, ici, à la même heure, je t'apporte la montre de poche que mon colonel allemand m'a laissée. Il la tenait de son grand-père, le général von Heesen, qui commandait sous Bismarck. Un pareil souvenir me déprime. Je m'en sépare mais tu ne la brades pas, chéri. Riton, mon topazos monté sur ma bague, c'est pour quand? (Topazos réunit tous mes enchantements.) La fille, une Berbère effrontée en tailleur de tricot fraise écrasée, splendeur paraissant juste à point nubile, mit la main au pénis d'Henri, qui sursauta, vexé. Il eût fallu de lentes caresses réfléchies, des dorlotements suaves pour sortir ce pauvre sexe du coma profond dans lequel la grande démone hypnotique l'avait plongé.

Se dégageant avec peine de cette circonscription infernale, notre héros posa la boîte d'opium sur le comptoir, commanda deux doubles anisettes et se dirigea vers les toilettes de son pas raide et martial d'ivrogne céleste protégé. Une minute plus tard, la porte des w.-c. s'entrebâillant :

— Viens un peu par ici, mon petit écolier, fit-il, cadavre hilare.

Planté devant la glace qui se trouve au-dessus de la cuvette du lavabo hommes, je sors de la poche intérieure de mon blouson, pour lui acquitter le prix du kilo de Chine, l'enveloppe renfermant les cinquante mille francs. Mais Henri, qui me croit malade alors que je ne suis qu'affamé, s'approche de moi ; et susurrant contre ma nuque, de sa bouche d'oracle qui ne fonctionne plus, ces seuls mots : « Respire un grand coup et ferme les yeux », il m'injecte au niveau supérieur de la fesse droite, l'aiguille traversant le pantalon et le slip, ma première ration d'héroïne intramusculaire.

— Je t'ai plombé le cul, mon petit écolier, dit-il, un sourire mort-né aux yeux, ses lèvres rongeant l'air. Si cette dose de secours ne te suffit pas, je t'administrerai — dans un bistrot de la place de la Préfecture, juste avant le déjeuner — une dose de

L'héroïne

sécurité, plus plantureuse. De toute manière les deux te porteront très confortablement jusqu'à ton train.

A quoi m'eût-il servi de dire à Henri Hautelice qu'il s'agissait d'une dose de découverte injectée à mon corps défendant. L'acte était accompli, il fallait en assumer les conséquences.

J'ai reçu le baptême de l'héroïne dans les circontances de démence aimable que je viens de décrire.

« On ne devient pas fou parce qu'on se drogue, on se drogue parce qu'on est fou », devait me dire, vingt-deux ans plus tard, un médecin dont je reparlerai.

C'était une autre révélation, et la force d'un autre empire. Dans la poignée de secondes qui suivit cette injection subrepticement pratiquée, je fus arraché au carrelage de briquettes rouges du sol ; tant et si bien que, croyant être projeté au plafond, je joignis mes mains sur le crâne pour le protéger de l'écrasement. Les grandes substances morphiniques sont propulsives ; l'opium ne l'est point, il ne touche pas à votre centre de gravité. Je ressentis, en montée centrifuge, une si violente rubéfaction du corps qu'il me sembla que le sang m'arrivait par torrents au cerveau pour le noyer.

Je me souris dans la glace comme frappé de commotion idiotique ; et privé de pensée, incapable d'articuler une phrase mentale, j'en déduisis — dans un lucide éclair de panique — que j'allais mourir, fort heureux ma foi ! d'une encéphalite de surdose. Je portai machinalement la main à mon estomac malmené par une crampe du plexus, auprès de laquelle celle du Bénarès avait été une caresse digestive. Enfin, me mouillant le visage d'eau froide, je repris approximativement possession de ma conscience.

Je m'attendais à éprouver de nouveau, et avec plus d'intensité, toutes les affres du syndrome de Richardson. Il n'en fut rien. Le sang se dissipa de mes tempes ; je n'en entendis plus le double gong monocorde. Ma suffocation s'essora. Le prurit mit en feu mes parties sexuelles ; c'était comme si, relevé du siège défécatoire, on m'avait nettoyé l'anus avec un tampon de coton hydrophile trempé dans de l'éther. Spontanée, dangereuse, ravageante, c'était la grande extase héroïnique, avec laquelle on ne compose pas. J'aurais pu être balayé ou laissé au tapis ; j'étais debout et j'en remerciai le ciel par un signe de croix. Deux remarques me vinrent. La première sur le non-retour du syndrome richardsonien ; endurées sur un seul, l'opium, les horreurs du baptême vénéneux couvraient donc toute la gamme des opiacés ; une fois dépucelé, on l'était de tous ; détruite, la virginité ne se reformait plus. Le lecteur attentif saisira donc le sentiment d'immense facilité qui préside en ce domaine à nos expériences d'escalade.

La deuxième réflexion que je me fis avait trait au pouvoir de la drogue soluble. Bien que dérivant des alcaloïdes du *papaver somniferum* (et compte tenu des formes différentes d'absorption par l'organisme), il ne s'agissait pas du même toxique. Les effets en étaient à l'opposé. Le Bénarès apaisant vous berçait dans ses bras pour vous creuser le chemin naturel du sommeil. Antidormitive, l'héroïne tourmenteuse vous dressait à coups de fouet. J'entrevis tout de suite la réalité de son emploi : une drogue de stimulation hyperactive pour les temps modernes dans lesquels nous allions entrer : l'après-guerre.

Enfin — il faut insister sur ce point —, on ne pouvait hasarder aucune comparaison sur les forces respectives des deux médications de plaisir. Il m'eût fallu en combustion ininterrompue huit à dix pipes de Bénarès pour obtenir l'effet d'intense picotement cérébral et de soumission du corps tout entier provoqués par l'injection d'héroïne.

Nous étions ici et déjà dans le cours supérieur de la stupéfiance.

C'était réchauffant et généreux d'assister bien avant l'aubette au lever d'un homme fatigué, endormi aux barbituriques, bâillant aux abîmes et frileux jusqu'aux os, et de lui tendre sa guérison dans une boîte en fer-blanc. Si j'ai été au plus haut dans le cœur de

Gontran de Jumièges, ce fut bien, ce matin-là, dans ce moment de mon retour à Toulouse.

Des trente-trois espèces de pavots blancs du continent asiatique dont les capsules produisent ce suc épaissi et conservé qu'est l'opium, le Yunnan, de toute éternité, se révèle imbattable par la foudre et la continuité de son effet. Sa teneur en fait un appui sûr. Il vous élève longtemps en vol au-dessus du pavé quotidien. Il est bien vrai que le Bénarès fait penser à une gourmandise de maharadjah face à ce substantiel repas de la Chine impériale. C'est une affaire de sol et d'altitude. De la vallée fluviale du Gange fleurie de camélias virginaux au plateau rocheux couvert de terre rouge du pays natal de Mao, deux mondes — deux univers, deux civilisations — s'affrontent à cinq cents mètres de différence. Les paysans indiens nécessiteux ne mangeaient ni ne fumaient l'opium qu'ils négociaient dans la ville sainte ou vendaient en totalité de culture (vingt mille pieds de pavot, dit-on) aux Anglais qui se chargeaient de l'exportation occidentale. Au Yunnan, grand réservoir d'extase de l'Extrême-Orient d'où sont parties à travers les âges les caravanes du trafic, existait au contraire une féodalité ancestrale, une vraie société établie de gros propriétaires fournissant à la fois aux laboratoires pharmaceutiques et aux grossistes huppés par les trois grands comptoirs maritimes de Canton, Hong Kong et Macao. Il tombait sous le sens que si le Yunnan en temps de paix parvenait sans plus d'embarras à Marseille, c'est à la communauté de frontières de ses plantations avec le Tonkin et le Laos que nous devions ces embellies de la destinée.

Dans sa boîte à film protégée sur ses bords de petits sacs de sable, de telle sorte qu'on eût dit un circuit automobile miniature fermé (vraiment, quelle ingéniosité d'emballage), la drogue se présentait sous l'aspect d'une galette de cire d'abeille brune régulièrement arrondie et qui exhalait dès le couvercle enlevé une odeur mêlée d'encaustique de luxe et de pourrissement de lotus sacrés ; de telle façon qu'on avait le nez pris entre des lambris de palais qui brillent et la vase grouillante où le nymphéa relâché devient détritus abject. A la surface du gâteau de miel noirâtre, une pellicule de poussière à peine percevable dont l'ongle du doigt ne retenait même pas la trace : la patine du temps infini, le souffle de l'éternité. Nul besoin de la loupe-monocle d'Henri Hautelice pour en dresser constat : cet opium de la Basse-Chine orientale n'était point dégradable ; il pourfendait les décades comme nous autres, pauvres marcheurs, traversons une journée. Il avait dû être confisqué à l'aristocratie des caravaniers s'acheminant vers les grandes fumeries tibétaines par des bandes armées du type truands de western. Seul un fait divers de cette pittoresque nature pouvait expliquer la présence parmi nous (en 1944) de ce Yunnan au-dessus des millésimes dont les galettes étaient probablement destinées à la cour du dalaï-lama. En attendant, les pirates du pavot avaient eu la main fameusement heureuse.

Tandis que Jumièges incisait précautionneusement au couteau d'argent pour mettre à cuire (il craignait que cette cire immatérielle se dissolût sous la pression du feu et s'éclipsât par la fenêtre entrouverte), je voulus pratiquer à l'aide d'une cuillère à café un bénin prélèvement.

— Il ne faut pas manger, gredin, frelampier, misérable ! s'insurgea Gontran, scandalisé tout rouge, lui qui affichait l'instant d'avant la pâleur de l'extrême-onction. Ou le Yunnan empoisonne ou il provoque des lésions ; oui, des ulcères à crevasses. Sais-tu qu'il cote huit et demi sur dix à l'échelle morphinique de Richardson : c'est du tout venin, quoi ! N'ayant cure de ses observations effrayées, je continuai ma ponction. Comme il insistait — le Yunnan ayant une action térébrante sur les tissus viscéraux, je courais à la perforation intestinale —, je le remis à sa place :

— En payant de ma poche la drogue et en la déposant entre vos mains, j'ai acquis le droit d'en user à ma guise, non ?

Comme vidé de son sang par une hémorragie d'épouvante, Jumièges redevint blême. Je le poursuivais inconsciemment d'un ressentiment sourd ; pour autant que je me sentisse peu intoxiqué, je lui en voulais néanmoins de cette obéissance servile par laquelle je répondais aux appels de la drogue chaque fois qu'elle se manifestait à mon envie. L'amitié la plus vive, l'amour le plus passionné ne résisteront pas à la corrosion mortelle de ce fléau insatiable de brouille et de désunion. Un trimestre plus tôt, j'aurais eu pour Jumièges — et pour l'enveloppement dont il me faisait bénéfice — tous les élans de gratitude. Aujourd'hui, mon cœur se séchait à son contact. La drogue, en me condamnant beaucoup à sa présence, coupait sombre et sabrait en moi. Partout dispersée, fibres en l'air, notre intimité partait en charpie. Je n'avais de réel plaisir qu'en la compagnie de Dominique Béranger dont la drogue allait pourtant me séparer sans retour. Mais que tous ceux qui lui sont étrangers sachent combien la drogue peut œuvrer avec un zèle efficace au détachement des hommes ; et que c'est surtout pour les hommes jeunes qu'est le dommage.

Gontran de Jumièges, enfin, était totalement repris par la puissance du toxique. Tous ses circuits imprégnés de nouveau, il était davantage que sous influence : sous domination comminatoire et sous péremption décisive. En cela décelable à la perte du poids, à l'accumulation des rides, aux stigmates de l'usure nerveuse, sa santé se dégradait avec certitude ; et l'angoisse de l'argent qui pouvait venir à manquer creusait d'un supplément de souci son regard d'hépatique. Car nous ne pourrions pas continuer longtemps à investir cinquante mille francs par mois dans un kilo de suc pavotique. Ultime recours du toxicomane frappé d'hébétude et guetté par l'escalade, l'héroïne est la providence des opiomanes désargentés. Elle était, l'héroïne, inscrite dans la perspective d'avenir de Jumièges comme le travail bancaire dans son trajet journalier. Il était repris par la drogue comme un délinquant condamné l'est par la justice ; alors que moi j'étais simplement visité, me forçais-je à croire.

Je ne l'aimais point, en ce moment précis, occupé tout pâle à sa casserole, tournant et retournant le narcotique puant et embaumé. Tandis qu'une infection avantageuse se répandait dans la cuisine en une nappe étale, je vidai dans un verre à apéritif la minuscule pelletée de Yunnan contenue dans la cuillère. Y ajoutant plusieurs dés à coudre d'eau chaude du robinet, je pris un amusement particulier à voir se dissoudre en une poignée de secondes la cire solide, odorante et noirâtre. Il entrait un élément magique dans la rapidité de cette fusion où je n'observais aucune pollution résiduaire. Cette teinture de cire brune était fluide et si pure si pure qu'on aurait pu se l'injecter dans le gras extérieur de la cuisse ou dans la veine, à la saignée du bras.

Je l'avalai cul sec comme un quinquina. Drôle de quinquina cependant. Montant bientôt me coucher, je dormis trente heures d'un sommeil volant et émerveillé, peuplé de symboles et de chimères, sorte de troupe fuyarde dont ma mémoire n'a pu retenir un soldat par sa vareuse.

Pendant le temps qui précéda cette longue plongée, je pus, grâce à l'acuité de mes perceptions toxiques, apprécier la différence fondamentale qui séparait le Yunnan du Bénarès. Drogue du plus haut luxe poussant au plus subtil désengagement, le second nommé vous proposait sa flottaison océanique, sa croisière d'extase et de grand confort. Tout autre était l'action du Yunnan qui poussait — par spasmes successifs — à une activité cérébrale débordante, suivie d'un repos immesurable : celui d'une algue des abîmes.

Comme quoi il fallait témoigner d'un effort de vie pour mériter, dans la paix des profondeurs, sa récompense de mort.

XVI

Quel démenti à ma prétention ridicule : j'étais si vulnérable qu'après un trimestre de flirt poussé et d'étreintes vives mais irrégulières avec elle, j'étais pris par le poison de la drogue. Ce n'était pas du tout le singe morphinique qui vous dévore à petites dents la nuque ni le cancer héroïnal qui vous ronge de l'intérieur ; ce n'était pas non plus le crabe géant de l'opiophagie constipante qui détraque votre système intestinal ; c'était une sévère et précoce accoutumance thoracique, reconnaissable au syndrome de Mannering.

Vous cessez de fumer une demi-journée, entre midi et minuit par exemple, et la cohorte des malaises symptomatiques qui forment le syndrome apparaissent en rangs serrés, la pituite en tête, cette humeur blanchâtre, filante et visqueuse qui vous pleut des gouttières du nez, en provenance des bronches sevrées d'air pavotique. Suivent épaule contre épaule pour ainsi dire : les séries d'éternuements incoercibles ; les fontaines de larmes que produisent vos yeux vous vous demandez pourquoi ; la raclette irritante sur le larynx[1] qui engendre une toux sèche, difficile à négocier car non expectorante ; la crispation tétanique du maxillaire ; le gel névralgique des muscles faciaux ; le gong tympanique du sang qui vous abasourdit ; les plissements frisants et insupportables de la peau du visage et la chair de poule sur tout le corps... Avant que ne survienne bien évidemment la fatidique chiasse, une fois expulsés les bouchons de la drogue, véritables cailloux de merde qu'on croirait — à les regarder — non point sortis de notre rectum mais du congélateur isothermique.

---

1. Le tracassin du balai, disait drôlement le regretté comédien Henri Vidal. *(N.d.A.)*

Après Richardson, Mannering; les prophètes des syndromes. Nous sommes sur la pente du pire. L'enchaînement du mal ne ralentit jamais sa coupable extension; il progresse plus vite que les vipéraux venimeux. Après le kief, le nienne. O maudits termes indochinois de la vallée de la Pestilence, je donnerais volontiers tout mon capital de mémoire pour vous oublier le temps d'un jour! Après l'extase, le manque. Après la béatitude paradisiaque, la déroute physiologique. Après le rêve éveillé, la consternation. La consternation et le deuil. Cet horrible deuil grippal avec ses écoulements pituitaires et le froid glacial qui vous saisit au tissu de l'âme et vous la fripe comme un foulard de rayonne de l'Occupation. La Sibérie du dedans, le deuil. Un deuil que vous portez exposé, indissimulable, en écharpe miséreuse. Un deuil qui ne résulte pas seulement de ce qui vous manque mais qui vous confisque ceux, tous ceux que vous n'aviez plus; un deuil terrible qui vous vole vos morts.

Les après de l'amour ne sont jamais confiscants ni punitifs; on y récolte même une satisfaction vaniteuse dans les soupirs de la détente. Corrigeants et inflexibles, les après de la drogue vous livrent à la torture et vous mortifient. Comment se faisait-il qu'avec aussi peu d'étendue expérimentale j'aie reconnu tout de suite, j'aie tout de suite fait mienne cette notion de deuil aride et desséchant qui vous prive de tout ressort physique et de tout recours humain; et cette sensation tout intérieure de frigorification de l'âme et de marche au supplice vers des échafauds inventés.

William Burroughs[1] observe que dans le syndrome général du manque chaque toxicomane présente une faiblesse décisive, un point de souffrance particulièrement sensible, une douleur d'une cruauté si appuyée qu'on peut les considérer comme les éléments corroboratifs de cette hypothèse de certitude : à savoir que nous posséderions tous un prodrome spécifique personnel de réaction au manque. Dans ce cas, je connaissais d'ores et déjà le mien; c'étaient, outre mes intestins en capilotade qui dégorgeaient une incessante colique, mes atrocités du grand sympathique; le double cordon nerveux qui, de part et d'autre de la colonne vertébrale, exerce une régulation sur l'ensemble du système sensitif ganglionnaire. C'était là, en plein Massif central, que se situerait mon

---

1. *Le Festin nu*, Gallimard, éditeur.

L'héroïne

enfer ; de là que partirait l'inondation diluvienne de la sueur expliquée par Léon Daudet.

Je décidai vaille que vaille de rompre mes noces avec le Yunnan et d'abréger le deuil amer qui découlerait de cette rupture.

Supprimant tout à trac fumées et mangeries, je me sevrai stoïquement, *à l'allemande*. Enrhumé, vomissant, défécant, je restai trois jours au lit à souffrir des reins et de la tête, tant et si fort que je crus y reconnaître le diagnostic du syndrome méningé. Je tenais de nouveau sur mes jambes quand Elisabeth et Pierre Herbart m'invitèrent pour une semaine à Paris.

J'étais hanté jusqu'à la névrose d'obsession par cette idée d'accoutumance.

Je ne me croyais certes pas composé d'une chimie supérieure ni doté d'une santé particulièrement colossale. Cependant (on me pardonnera ce langage contemporain) je me savais jouir d'un syndrome immunitaire de défense suffisant pour pouvoir affronter victorieusement le risque d'habitude attaché aux particules toxiques contenues dans la bourse du pavot. Eussé-je été dans le doute de cette aptitude de ma pensée que j'en aurais agi autrement : je ne me serais pas jeté dans la drogue à corps heureux, les bras ouverts, dans l'ardeur enthousiaste de ma jeunesse.

Or, force était de le reconnaître : j'appartenais à cette race commune des hommes qui ne résistent pas, puisque nul n'y résiste, à la grâce assujettissante de l'opium. M'imaginant guerrier invulnérable, j'allais grossir la soldatesque frileuse, la pénible armée défaite des combattants stupéfiés. Ceint des lauriers du demi-dieu, je tombai, patatras ! dans la piétaille hagarde et poursuivie. Le toxique me donnait la chasse. J'en étais déjà et de nouveau le prisonnier potentiel. Par un réflexe fort compréhensible de rodomontade et de lucidité morale mêlées, j'en voulais à Gontran de Jumièges qu'il n'ait su opposer aucune résistance physique ou dissuasive à mon besoin intransigeant de connaître le Bénarès. Là était la perfidie magique de l'opium : entre la découverte et la sujétion, la distance était si rapide que le temps mis à la franchir était insaisissable ; il allait encore plus vite que l'ombre du vol d'un aigle dans les nues.

Du Bénarès au Yunnan, le fond du précipice de la disette atteint, ne subsistait aucune différence. Des opiums des plus célestes sommets nous en étions arrivés par le vertige de la chute à la plus basse hiérarchie des abîmes. Cet affaissement précipité de météorite qui se rompt au sol, c'était la résultante inévitable de l'enchaînement du mal.

J'avais manifesté un courage stoïque et désespéré à sortir de ce satané piège chinois. Je fuyais Jumièges, je l'évitais dans les escaliers des locataires ou des gens de maison, je ne prenais plus de repas avec lui : « Je suis le pestiféré de Jaffa, disait-il. Je ne vois cependant ni mes charbons, ni mes bubons, ni mes anthrax. » Cette nécessaire distance maintenue par mes soins entre lui et moi était à la fois le salaire de la honte et le contentieux de l'étourderie. Affectant une bravoure de résistance exagérée à la drogue, j'avais prématurément fait donner la fanfare. Cette erreur stupide, je ne nous la pardonnais point.

Enfin, j'étais pris. D'une tristesse de cœur plus ou moins grise, il fallait se rendre à cette funeste évidence : c'était fait, j'étais pris. J'avais beau me sentir pour l'instant dégagé de l'emprise physique du toxique fumable, j'étais, prisonnier mental, à la merci d'une attaque de la fumée sur ma mémoire immédiate. Je demeurais en état d'assuétude cérébrale par rapport à l'opium. Cette condition de dépendance permanente était à la réflexion intolérable à supporter. Ah ! combien il m'eût été facile à côté de cela d'endosser à nouveau les pathétiques esclavages de l'amour.

Restant sous l'influence du souvenir (de toute manière l'homme n'oublie jamais son voyage initiatique ni les miasmes pestilentiels qui lui survivent), j'avais perdu mes deux classes de liberté : ma liberté de raison et ma liberté de folie. Je pouvais pleurer tout mon soûl, mon libre arbitre perdu. Je ne m'appartenais plus que partiellement.

Pour le principal, je m'étais intoxiqué ; une intoxication étant le résultat de la rencontre d'un homme et d'un toxique, l'enfant non génital de ce fourvoyant mariage. Indiennes, persanes ou chinoises (la belle jambe que ça me faisait), j'avais introduit des substances étrangères dans mon économie vivante, ma somptueuse machine s'en était trouvée détraquée, et — piétiste masochiste ou débile stupéfié — je portais le deuil grotesque de cet accident.

Heureusement j'allais me réoxygéner l'âme parmi les intellectuels de la capitale. Très écouté au journal *Combat* et tout-puissant au sein du M.L.N., Pierre Herbart, déjà plus socialiste que gaullien, avait téléphoné aux Bertaux pour assurer mon trajet dans les meilleures conditions imaginables en ces temps de famine, de lenteur et de froid. C'est ainsi que je pris, seul avec le pilote, l'aéroplane qui faisait la liaison quotidienne entre le commissariat de la république de Toulouse et le ministère de l'Intérieur. Et ce fut amusant, dois-je dire, de voler dans les airs par avion privé pour la première fois.

Il n'en restait pas moins vrai que, touché au corps et à l'esprit par la drogue, je venais de prendre ma décision du siècle : ne pas me marier et, surtout, ne pas avoir d'enfant.

1*bis,* rue Vaneau, dans l'appartement jouxté Gide-Van Rysselberghe, Pierre Herbart était dans une forme optimum, dans le plein été de la vie et de l'âge. Moi qui, parti comme je l'étais, ne pensais pas à franchir le pont de la trentaine, je le trouvais à quarante ans dans son époque faste de force et de maturité. Dans la réputation nationale brillante que lui faisaient ses exploits de libérateur de la Bretagne sous le masque de guerre du général Le Vigan, il ne faisait parade d'aucune prétention et affectait au contraire un détachement souverain à l'endroit de tous les centres d'intérêt dont on s'appliquait à le cerner. Des directeurs de revue le sollicitaient pour des textes ; de nouveaux leaders de parti, tel le Lyonnais André Philip, lui proposaient un probable siège à la future députation. Herbart se dégageait avec politesse. Il avait la paresse du crotale à damiers et une puissance analogue de sommeil, à cette différence près qu'il ne dormait pas les yeux ouverts enroulé dans lui-même.

Rire sur rire, je pouffais vingt fois par jour avec Herbart. Cette rigolomanie était les prémices d'un excellent augure. Toute désaccoutumance aboutie et en voie de consolidation se traduit en effet — avec un retour de l'humeur émerillonnée, qui fait bascule à la mélancolie — par des dispositions à s'esclaffer spontanées. Si la nostalgie que vous aviez de la drogue n'a plus de moyens de coercition contre ces flèches que décochent l'humour, l'esprit de répartie ou même la grosse carabinade pornographique, alors vous êtes désintoxiqué et bien placé pour la loterie fluctuante de la guérison. Emancipé de l'état de besoin, je ne ressentais plus aucun des signes du syndrome de Mannering, hormis ces podosités tétaniques dans les mollets qui me venaient à l'épreuve des longues marches que m'imposait Herbart à travers le Paris brumeux de décembre. Avec Elisabeth, c'était un plaisir d'aller en flânerie de promenade de magasin en boutique, de salon de thé en maison de chocolats.

Son mari, en revanche, m'épuisait au souffle. Comme il possédait, remisée au garage, une Hudson décapotable, modèle 1928, ayant fort belle allure, ma foi, sur ses roues rayonnées (nous en voyons les sœurs jumelles dans le feuilleton des Incorruptibles), je lui demandai si, placé aux honneurs comme il l'était par le cirque gouvernemental, il ne lui serait pas possible d'obtenir facilement des bons d'essence du ministère de la Production industrielle. « A quoi cela me servirait-il, mon petit Yves, me répondit-il avec foudre ; je ne conduis dans Paris que pour en sortir et y entrer : quand je pars pour ma villa de Cabris et quand j'en reviens. J'aurais bien trop peur d'être pris en flagrant délit d'infraction dans la capitale. » Comme j'insistais pour qu'il me fournît une explication moins vague, il s'écria, comme si toute la stupeur était pour lui : « Comment, vous ne saviez pas, je n'ai jamais passé mon permis, voyons ! » Cela faisait quinze étés qu'il allait de la porte d'Italie aux collines de Grasse par la nationale 7 et qu'il roulait sans pièce officielle. C'était un grand format que ce Pierre Herbart et un personnage sorti d'un moule unique.

De tous ceux dont je fais vivre la figure, il était celui avec lequel s'était établi d'emblée un dialogue d'une liberté sans frontières. La technique de séduction la plus sûre, pour un homme de quarante ans voulant s'attacher l'amitié d'un garçon de vingt, consiste bien certainement à combler le fossé des générations qui les sépare en mettant à bas la statue que lui compose son âge. L'on ne pouvait être moins solennel que Pierre Herbart. Ce maître abolisseur faisait abstraction de tout, droits et privilèges y compris, pour vous mettre à l'aise. Jamais sans doute un écrivain n'aura produit un français plus transparent, plus élevé, plus fluidique en prenant aussi peu en compte sa destinée d'auteur. Jamais héros de guerre aussi insoucieux des notions de nation et de patrie n'aura autant risqué pour finalement retirer un profit nul de son héroïsme.

Le général Le Vigan ne parlait jamais de sa campagne libératrice de Bretagne pourtant menée avec une maîtrise à la Bonaparte ; une pudeur toute pacifiste l'en empêchait. Ce que j'en sais de plus fort, je l'ai appris par Emmanuel d'Astier de La Vigerie qui n'était pourtant pas son ami au sein du comité directeur du

M.L.N. où il représentait, contre Henri Frenay, la fraction procommuniste. Il fallait l'acculer au questionnaire pour qu'il consentît à sortir de sa somnolence séculaire et répondît par des instantanés d'anecdotes de guerre. On dit que les grandes frayeurs subies nous poursuivent longtemps sous l'aspect de cauchemars que le cerveau transpire. Un soir que nous dînions en tête à tête, j'ai vu les frayeurs revenir sur son visage, le faire blêmir et le confondre sous les sueurs froides.

Pour peu qu'on ait croisé ce visage, fût-ce en reflet dans une glace, on en retenait à jamais la grâce nordique et dure. Certains sont oubliables ; le sien ne l'était point. Herbart c'était Dorian Gray coupé de Bogart, avec de secrètes démarches à la Lawrence d'Arabie.

Albert Camus n'ayant pas trouvé à se loger, Herbart l'avait installé dans la chambre de Gide dont il utilisait également la salle de bains et le cabinet d'écriture. Au mur, dans le couloir, un très beau Maurice Denis première manière et une chaise de jonc tressé de Toulouse-Lautrec.

Camus m'a tutoyé presque tout de suite en vertu sans doute de cette familiarité qui est monnaie courante dans la presse. Presque tout de suite il m'a fait maronner avec Aragon. Sur le poète : « Comment peux-tu aimer ce pompiérisme d'armée de métier ? C'est pis que du Déroulède. » Sur le romancier : « C'est du Giraudoux de Monoprix. »

En ce peu de temps où je l'ai beaucoup connu, Camus vivait comme un vieil étudiant célibataire avec un seul complet bleu, croisé, neuf, impeccablement coupé que je lui voyais chaque jour, sauf le samedi où il restait à plancher sur *La Peste,* se devant de réécrire quatre fois les cent premières pages, détruisant tout, notes et plan, n'en gardant rien. « Je peux jeter un œil, Albert ? » hasardai-je timidement, un dimanche matin, après avoir gratté à la porte. « Non, non, mon petit vieux, répondit-il ; c'est de la merde. » Une merde qui seize ans plus tard le menait au prix Nobel de littérature.

Albert Camus était un bourreau de travail sombre et pâle, de peu de mots mais de beaucoup de foi. Vers les 11 heures du soir, il rentrait fourbu de la rue Montmartre après avoir assuré le bouclage de *Combat,* alors qu'Herbart était rendu dès les 6 heures sonnantes pour assurer sa vacation somnifère d'avant le dîner. (Secrétaire de rédaction à *Paris-Soir* jusqu'à la guerre, il connaissait la confection d'un quotidien jusqu'à l'achèvement.) Souvent il se restaurait alors d'un plat emporté qu'il faisait recuire sur le réchaud du bipède (le bipède étant le surnom que Catherine Gide, âgée de huit ans, avait donné à son illustre père). Il s'agissait de plats de guerre non point médiocres mais d'une modestie certaine : potée aux choux avec saucisses à la mie de pain, purée de flageolets au coulis de tomates, etc. Nous en sentions, répandue par le froid courant d'air qui allait grand train sous les portes, l'odeur d'une acidité un tantinet déplaisante comme si le traiteur avait dûment vinaigré la préparation. En plein accord avec Herbart, j'allais porter à Albert deux belles tranches grasses de jambon du Quercy. Une fois sustenté, il ne s'abandonnait point au dieu des songes comme le faisait Pierre. Vaillamment, avec une rage de désespoir peut-être, il s'attablait à son manuscrit juqu'à 4 et 5 heures du matin pour être à 10 heures à la conférence de rédaction matinale de son journal.

C'est aux alentours de l'anniversaire du 11 novembre que Camus avait renoncé, s'en prenant à une entreprise au-dessus de ses forces, à réveiller Herbart pour l'amener bras dessus, bras dessous à ce rendez-vous rédactionnel où, selon MM. Pascal Pia et Baumel, son bon sens, sa pertinence, sa vision lucide de l'avenir politique du pays eussent fait merveille au comité. A quarante et un ans, Pierre effectuait le parcours soporeux d'un bébé en langes : seize et dix-huit heures de cessation complète de toute activité de vie animale. Il n'était point étonnant qu'ainsi rechargé aux sources du néant, cet éternel reposé m'entraînât courir, traversant ponts et places de Paris, comme à travers les grands champs de monuments mégalithiques de Bretagne. Autant je l'aimais immobile, autant je le haïssais en course.

Pierre Herbart se moquait de la politique tout en sachant comme Napoléon qu'elle était le destin, c'est-à-dire le pouvoir d'agir sur les hommes, c'est-à-dire Dieu pour tous les non-croyants dont il était. Cependant il croyait en l'homme. Albert Camus lui aussi croyait en l'homme. En somme, il leur eût suffi, aux deux, de savoir en lequel.

Un soir que nous nous mettions à table dans la salle à manger familiale, Maria Van Rysselberghe, retour du téléphone, annonce, spectrale : « Malraux est à la porte d'Orléans ; il nous rejoint dans dix minutes ; il est veuf. »
La nouvelle de la mort de Josette Clotis arrachée au quai en gare de Brive par l'express Paris-Cerbère qu'elle tentait de prendre en marche de démarrage, puis traînée et broyée par ses roues, n'a été connue qu'au lendemain de l'enterrement, Malraux ayant alors rejoint son P.C. de la brigade Alsace-Lorraine. Nous l'avons vu, nous, à l'étape de Paris, le soir de cette terrible sépulture en terre corrézienne. Cette étape de route de deux heures dont il eût fort bien pu se garder, nous l'interprétâmes comme un appel déchirant et silencieux lancé contre sa solitude et son malheur.
Le béret aux cinq galons rabattu sur l'oreille, la peau de mouton militaire importée d'Australie, remplumé après son arrestation par la Wehrmacht, et portant grave et beau, Malraux nous fait signe, l'index sur les lèvres, qu'il ne dira rien de sa tragédie. Le tic de la locomotive a cessé, mystérieusement guéri par ce grand séisme ; et il ne reparaîtra plus que je sache. Malraux est absolument rentré, des bottes aux épaulettes, dans la peau du colonel Berger tel que nous le montrent les photos du front alors qu'il vient de rejoindre avec son régiment de réfugiés alsaciens-lorrains l'escadron de l'armée de Lattre. Il porte sous le bras un jambon de porc cousu dans son sac de toile.

— Tu ouvres, tu défais, tu enlèves le sel et tu découpes en incurvant le couteau dans le sens d'une concavité légère, finement légère, me dit-il, très technique.

— Nous avons tout ce qu'il faut, proteste Elisabeth. Qu'à cela ne tienne, l'abondance limousine est là et Malraux veut que le microcosme gidien soit suralimenté. On sonne à la porte trois minutes plus tard : le chauffeur extrait de l'ascenseur un sac de pommes de terre, une tourte de pain de campagne, de la farine, des châtaignes, des noix, des pruneaux... Un père Noël d'intendance générale qui aurait dévalisé Fauchon.

— Les Boches contre-attaquent dans les Ardennes belges, s'exclame-t-il. Patton est aux abois. Puis, sans que nous ne lui demandions rien, il se met, conteur de génie, à nous faire partager sa vie à la prison Saint-Michel de Toulouse, beaucoup mieux qu'il ne le fera vingt-quatre ans après dans les *Antimémoires*.

» La population carcérale se réduit à deux classes ennemies : les patibulaires et les faméliques. Les premiers voulant éliminer les seconds pour toutes les raisons intérieures possibles et imaginables — prélèvements sur les rations, contrôle du travail dans les ateliers, distribution des corvées, accès à l'infirmerie et au fichier médical... —, c'est la forêt primitive. Derrière les barreaux. Comme tous les politiques j'étais — rentrez sous terre! — famélique et dénutri. Les patibulaires — tous les droits communs : sortez de terre! — m'appelaient le scribe. Fais-moi fumer, le scribe. T'as pas un mégot dans ta poche à stylo, le scribe. Fends-toi d'un mot pour ma gonzesse, le scribe ; je l'ai mise au tapin à Lourdes, dans l'avenue des médailles, des images pieuses et des chapelets ; je suis illettré, tu vois.

Ici nous éclatons tous de rire, car le colonel Berger — jetant l'uniforme aux orties et redevenant Malraux — prend l'accent rogue et ombrageux du souteneur analphabète.

— Maintenant — et la psychologie de masse prônée par le marxisme dialectique ne pourra rien contre ma certitude — laissez-moi vous annoncer cette vérité en trois temps. Primo : le Français est xénophobe. Secundo : le Français est prosélyte. Tertio : le même Français est proxénète. Proxène, pas mort! Je viens de vous livrer la conclusion de ma réflexion sur sept semaines d'internement à la prison régionale de Toulouse : mille cinq cents lits. Et quand la faim talonne le famélique au point qu'il va défaillir et passer, eh bien, mon Dieu — rentrez sous terre —, il compose avec le patibulaire. (Nous mangeons une jeune cane que ma tante a envoyée du Lot et que la petite dame a recommandé d'arranger avec du riz pour que le plat soit plus copieux.) Malraux, virant de bord :

» Voici le dernier point fort, tel que me l'a rapporté Corniglion-Molinié, de la dernière entrevue de Gaulle-Staline au Kremlin.

Staline : — Ainsi donc, mon général, aucun litige entre nous. Nous nous quittons satisfaits et heureux d'avoir bien travaillé l'un et l'autre pour le salut de nos peuples. De Gaulle : — A vrai dire, monsieur le Maréchal, il y a une petite ombre au tableau. Staline : — Laquelle ? Nous sommes là pour la dissiper. De Gaulle : — Cette ombre, c'est le problème que me pose le retour en France de M. Maurice Thorez. Son départ précipité pour Moscou, en 1939, l'a rendu très impopulaire à la majorité de mes compatriotes. Staline : — Que voulez-vous que j'y fasse. De Gaulle très embarrassé : — Enfin, monsieur le Maréchal, devons-nous conseiller à Thorez de différer la date de son retour à Paris ? Staline : — Cela vous regarde. De Gaulle : — Cela me regarde, certes ; mais je tiens à votre avis, sinon à votre approbation. Staline : — Ecoutez, Thorez est un déserteur. Que fait-on aux déserteurs ? On les pend, n'est-ce pas ? Eh bien, pendez-le. Ab-so-lu-ment au-then-ti-que ! s'exclame Malraux, qui s'épanouit dans l'effet triomphal obtenu.

Descendant avec lui à pied les cent quarante marches des sept étages, je raccompagnai Malraux jusqu'à sa voiture. Le chauffeur avait changé ; ce n'était plus Roger Bouyssou, mon copain garagiste du Périgord Noir, mais un pilote de l'armée, raide, fermé et froid ; un de ces types de l'Est auxquels nous ne comprenons rien, nous autres gens du Sud et du couchant.

— Vous êtes certain de ne pas vouloir vous reposer trois petites heures ? dis-je au colonel. J'ai une chambre rue Rousselot, près du ministère des Colonies, dans un vieil hôtel dont le patron m'a dit que Léon Bloy y dormait quelquefois lorsqu'il sortait tard dans la nuit de chez Villiers de L'Isle-Adam. Malraux exprima le fantôme d'un sourire.

— Non, fit-il, je roupillerai dans la bagnole.

— Je suis consterné, dis-je, au moment de la séparation. Je l'avais trouvée si belle, si forte et si éprise.

— Merci de prendre part à mon chagrin. (Chagrin était un mot bien pudique et bien faible.) Est-ce que ça te ferait plaisir de rencontrer un grand écrivain américain ?

— Assurément.

— Il est au *Ritz*. Va le voir avant 5 heures. Après il est ivre et il te disputerait. Il parle un français de Quartier latin. Tu lui téléphones de la réception et tu lui apportes ce mot de moi. (Il griffonna sur une carte de visite qu'il me tendit sans enveloppe.)

— Bonne guerre, dis-je. Puis, le citant : « Et que la victoire revienne à ceux qui font la guerre sans l'aimer. »

J'étais dur aux larmes mais en quittant Malraux, si grandiose dans son désespoir, j'en écrasai une sur chaque joue.

XVII

« *La plus grande distance dans le temps est celle qui sépare un verre vide d'un verre plein.* »

Hemingway.

Dans la chambre de l'écrivain, au troisième étage, côté rue Cambon, régnait un désordre indescriptible ; comme si un ouragan sexuel venait de s'y déchaîner. Il avait passé un peignoir éponge ; et le fait qu'il ne l'ait pas encore noué me prouvait bien que l'ascenseur m'avait déposé à sa porte impromptu. Une bouffée d'admiration me saisit, suffocante, devant l'inimaginable beauté de cet homme. J'en bredouillai presque, le souffle aboli.

— Défaites-vous ; mettez-vous à votre aise ; vous n'allez pas rester ainsi engoncé dans votre pardessus jusqu'à ce soir, comment déjà ?

— Yves Salgues. Mon manteau retiré, il me le prit et l'accrocha au cintre dans l'armoire Napoléon III de sa chambre d'ambassadeur.

J'étais sous le coup d'une émotion esthétique considérable. La beauté quelquefois désempare, le temps de nous habituer à son éclat, à sa tyrannie, aux réactions qu'elle oblige. Pris de court, stupéfait aux yeux, je n'avais jamais vu un aussi bel homme de ma vie ; et cette révélation était d'autant plus agréable à soutenir qu'elle n'engageait ni mon sexe ni mon cœur. Avec sa barbe brunâtre qui lui carrait le menton et qu'éclairait en haut des joues une flammèche de poils fauves, son nez à l'arête si fine et ses yeux d'une douceur de nuage, ce bélier superbe était à quarante-six ans le père que beaucoup d'orphelins de ma génération eussent aimé avoir.

— Vous prendrez bien un verre de champagne, fit-il. Sec ou en mélange battu ? Les bouteilles de Mumm cordon rouge étaient partout — sur les deux tables de chevet, de part et d'autre du lit, sur la commode à linge, sur le bureau en acajou de Bolivie qui se reconnaît à ses reflets écarlates (m'expliqua le maître de céans), sur la cheminée de marbre et jusque sur le tabouret de bar qu'il se faisait monter dans sa chambre pour boire assis, les talons sur le repose-pied, le buste incliné, comme au *Harry's* de New York ou au *Delmonico* de Cuba — partout vides, liquidées. C'était l'homme de boisson, le grand buveur professionnel, comme Jumièges était au même âge l'homme de drogue, le toxicomane indéclinable. Il est bien vrai que — soit par déterminisme, soit par accident — tout homme porte son destin en soi comme un imprimé ineffaçable. Cependant si la boisson est cordiale, familière et inoffensive de physionomie, la drogue, pour peu qu'on ait fait sa connaissance, vous donne des frissons dans le dos à la seule éventualité de retomber dans son piège. On boit avec gaieté, on se drogue avec frénésie ; mais comme il ne s'agit pas du même besoin, il ne s'agit pas non plus du même plaisir ; et ce ne sont pas les mêmes cellules cervicales qui trinquent. Le toxicomane se veut plus noble que l'alcoolique, alors que, plus insensé dans le risque, il va beaucoup plus loin et beaucoup plus vite dans l'autodestruction. Au physique, la routine éthylique n'avait alors causé aucun préjudice sur la forte nature de cet homme ; il était si beau, et paraissait si jeune dans son demi-siècle approchant, que j'en étais contraint de baisser la vue ; tout en épaule et en torse, l'ancien baseballeur de Chicago ne semblait point dégradable ; à l'intérieur pourtant une érosion se produisait, usant les mécanismes de résistance, affaiblissant l'immunité ; mais elle était invisible.

— Silence, les pécores ! fit-il, stoppant tout net le caquetage insipide des filles qui s'était élevé de la salle de bains. Que de chichis pour un bain de bouche ! Je vous prépare un mélange battu, décida-t-il, civil et amène. Dans un verre à demi, sur un fond de glace pilée, il versa à quantité égale du Cinzano reçu d'Italie via la Suisse puis du Mumm sec et frappé qu'il retira d'un seau. Ensuite, il agita avec une fourchette de liège comme s'il s'était agi de blancs d'œufs. Quand le pétillement fut vif et mousseux, il ajouta un zeste de citron et me tendit le breuvage. Je n'avais jamais rien bu de meilleur.

— Vous n'avez rien contre les femmes, j'espère, dit-il, en faisant suivre sa goulée de Cinzano-champagne d'un claquement gourmand de langue.

— Absolument rien. J'essayais de mesurer, du regard, l'étendue du désastre.

Il hissa sa carcasse bien découplée sur le tabouret de bar et se prit les tempes dans les mains comme s'il avait à rougir de ses extravagances du retour d'âge. Qu'a-t-il pu se passer entre un homme et deux femmes, m'interrogeai-je, pour qu'une chambre en ait été ainsi ruinée comme par un maelström ? Le traversin gisait, raide et fort lancé, dans un angle. Sur un oreiller, au milieu du grand lit matrimonial, une tache de bave s'irisait sous le tamis mauve de la lampe. Le drap supérieur et les jolies couvertures écossaises, dont le confort laineux est si doux au toucher, avaient été repoussés très vigoureusement par des membres inférieurs en colère. Sur une serviette d'une blancheur virginale une empreinte grasse de rouge à lèvres voisinait tout contre avec des poils pubiens lovés comme d'insignifiants petits reptiles ; sauf qu'ils signifiaient beaucoup ces petits poils génitaux frisés en boucles circulaires. Attiré et honteux, opérant par biaisements de l'œil, j'inspectais ces désordres du stupre en y cherchant le sperme ou sa trace : il est bien rare qu'il n'en reste point quelque chose après des échanges mouvementés à deux contre un. Journaliste naissant, j'avais en ce temps-là la curiosité intime des grands hommes : de leur approche publique et de leur vie privée. Taquinement, la phrase musicale et vaudevillesque à souhait — Que de chichis pour un bain de bouche ! — m'était restée à l'esprit. Ces démêlés laborieux, cette volupté de débauche avaient été placés sous le signe de l'étourdissement du vin de Champagne qui, absorbé en quantité très riche (comme ç'avait été le cas dans cet appartement du *Ritz*), engourdit nos facultés sensitives et altère nos fonctions sexuelles à la façon (minimisée) d'un stupéfiant. En dépit de ces spasmes convulsionnaires à grand spectacle, en déduisis-je, il n'a pu se lancer dans quelque accouplement. Elles ont dû lui faire, triomphai-je, une fellation à visage rapproché, presque front contre front, en reprise haletante de bouche, se relayant sans interruption dans un synchronisme de remplacement à peu près parfait ; de telle sorte que le fauve rugissant, sa bestialité assouvie, ait répandu sa semence dans l'une en croyant se dédoubler : la déverser dans l'une et l'autre comme en un double orgasme simultané. O sublimité de la fortune littéraire, tous les luxes de jouissance lui sont offerts ! La sensualité de l'écrivain le plus licencieux, le plus dépravé, est exsudable par l'argent. Il y avait de quoi devenir fou de jalousie et de quoi contester, à vingt et un ans, les ignominieuses facilités, les scandaleux privilèges des grands hommes arrivés. En tout cas je ne croyais plus à son impuissance ; c'était une légende qu'on lui avait forgée de toutes pièces au marteau du ressentiment.

Ce qu'il y avait de paradoxal et de suprêmement sympathique était que la célébrité universelle du personnage (peut-être était-ce à la modestie de l'artiste devant le phénomène de création que nous devions cela ?) imposait comme en revers de facette une simplicité du bonhomme à l'épreuve de tout ; une de ces simplicités qui, écrit Vauvenargues, délassent des grandes spéculations. En vérité, on ne spéculait pas longtemps devant cette bonhomie participante et chaleureuse, quelque sentiment de protection et de diplomatie littéraires qui l'inspirât. L'écrivain aux deux millions de dollars de droits d'auteur se trouvait déjà vers 4 heures de l'après-midi, par ce jour bleu d'hiver, dans des conditions d'ébriété fort avancées. Il accusait une torpeur lorsque la sortie des filles de la pièce d'eau le tira de ce morne accablement. Il étendit nerveusement ses bras — dans le geste, les chevilles jointes, du plongeur qui va se jeter dans la piscine — pour se démontrer, les mains à l'horizontale parfaite, qu'il ne sucrait les fraises nullement. (Du moins pas encore.) Puis, procédant aux présentations avec l'autorité goguenarde d'un patron de bains mixtes de la Rome antique :

— Constance et Joan, fit-il ; Yves Salgues.

Je m'inclinai.

— Comme les sœurs Bennett[1], dis-je. La vivacité de ma réaction l'étonna. Dès lors, il me congratula, me gratifia de maintes accolades et voulut même m'entraîner à boxer à mains plates au miroir devant la glace impériale de la cheminée.

Les filles étaient de ces prostituées hors cadre, hors moule, hors classe qui attirent à Paris les deux légions étrangères fort à part des érotomanes et des irréguliers. Blonde avec une dentition chevaline, Constance l'aînée me terrifiait : avec ses yeux d'algues mortes, ses épaules basses à la Rodin, ses seins flasques et pointus ayant, semblait-il, immodérément allaité, sa peau ne présentant ni coloration ni fermeté, et son gros postérieur mou qu'une cellulite affligeante faisait pendre en chute libre sur les mollets. J'avais beau être jeune et n'avoir du lit qu'une expérience amoureuse, je savais qu'il existait un érotisme de l'horreur qu'on pouvait utiliser à bon escient, par exemple dans une expérience fellatoire ; ce qu'avait peut-être fait l'écrivain avec Constance, mais je lui souhaitais — à retardement — bien du plaisir. Abominablement

---

1. Comédiennes réputées de Hollywood.

coiffée en façon de Mme Viviane Romance dans le film *Carmen,* Joan, la cadette, figurait une poupée noiraude, gesticulante et frénétique, avec de grands yeux d'émeraude, une bouche de viande rouge, une peau de satin foncé sans fard et un corps joliment tourné avec des fesses haut perchées, hémisphères durs, tendus de velours brun, image mobile de l'inaccessible sodomie. Lorsque Constance s'échoua dans un fauteuil pour vaquer à son habillement, le dossier, habitué à moins de pesanteur, fit entendre une plainte risible.

Se hissant sur le lit d'un appui tournant de la main, Joan y prit en son milieu la posture d'une jeune odalisque effrontée. Lui jetant au visage la serviette rose dont elle couvrait son sexe, elle tira dans la direction de l'écrivain une langue humide sûrement experte au *french kiss;* puis, feignant de ne pas nous associer à son entreprise de provocation, elle enfila ses bas de soie beiges qu'elle retint au sommet de ses cuisses par un large ruban d'élastique noir. (Pour satisfaire sans doute sa nombreuse clientèle de rue — la demande, avec l'afflux des soldats U.S. qui la tiraient debout, étant grandement supérieure à l'offre — Joan ne portait pas de culotte.) Se relevant en deux temps, elle passa sa jupe, en remonta la fermeture Eclair; puis, sautant comme une grenouille, elle l'enlaça au niveau des genoux et lui fit — sa frimousse relevée — une petite cour vénale :

— Papa, lui dit-elle, vous n'allez pas me laisser marcher longtemps encore avec ces horribles semelles de bois. Je connais un bottier tout près d'ici, rue des Pyramides, qui fait des chaussures pur cuir en vingt-quatre heures. Autre chose : mon flacon de parfum est vide; il me faut encore des bas — cinq paires au moins — et une cartouche de cigarettes long module. Vous m'avez compris, Papa ? Ne faites surtout pas semblant de ne pas m'avoir entendue. Vous êtes sourd quand ça vous arrange, gros vilain, méchant avare, sale Crésus américain. Joan était émouvante et il paraissait ému. Mais de là à ce que sa pingrerie fût ébranlée, il n'y avait à mon sens rien d'espérable. Je crus qu'il avait honte de cette situation absolument indigne de sa plume. En réalité, il était coutumier de ces scènes de revendication impudique. Lorsque Malraux lui avait rendu visite, il était ivre couché — le pénis et les testicules à l'air —, la bouteille de Cinzano sur le ventre, échangeant avec les deux putains qui renonçaient à le faire entrer en érection de pleines bouches de liquide.

— Je n'ai plus un sou de droits d'auteur à toucher chez mon éditeur, dit-il sur un ton d'excuse ; et mon compte en banque est à sec. Et puis — tiens-le-toi pour dit — je n'aime pas ta fausse misère, rusée femelle.

Quand il eut payé en espèces et en partiels cadeaux ses fellatrices — de rudes batteuses de pavé du quartier de la Madeleine —, ce fut comme si la chambre avait reçu une grande bouffée d'aération. Il se détendit, son visage s'illumina ; il n'était plus en représentation de théâtre libidineux, mais en amicale audience. L'homme aussitôt redevint beau et assoiffé. Le seul besoin d'alcool vous modifie une figure à traits de pinceau et à coups de brosse. Il commanda à Cyprien, « son » maître d'hôtel, deux nouvelles bouteilles de champagne et de Cinzano.

Je sus alors que le moment était venu pour moi de subir devant cet ogre éthylique mon test de capacité.

Le phénomène est observable au critère de ses yeux : l'alcoolique, dans la fraction de temps où il se charge, obéit en première phase à une courbe hyperbolique ; puis, son plafond atteint, il aborde une deuxième étape marquée par la saturation dépressive, laquelle se traduit le plus souvent par des humeurs d'impatience et de vénielles excentricités du comportement. Mais le plafond était alors placé très haut ; il s'y maintenait, gardant pied sans problème. L'homme pourtant était à jeun ; sans perdre encore ni l'appétit ni les forces comme le cancéreux attaqué par sa tumeur, il ne déjeunait plus, remplaçant sa nourriture par un vrai repas de vermouth et de vin. Il découvrait son cerveau, réduisant ainsi sa défense. (J'avais remarqué par le peignoir béant la fragilité des genoux par rapport à la charpente opulente du corps.) Mais Papa, toujours porté à se cautionner lui-même, avait, encore une fois, du répondant à l'époque.

Je l'estomaquais par mon entrain à vider mes verres de leur contenu délicieux ; j'étais heureux loin de ce fichu piège oriental de l'opium et je le manifestais. Le scénario de cet aparté se déroula comme prévu : une heure et demie flamboyante suivie d'une demi-heure terne et difficile.

J'étalai tout de suite ma lecture de son dernier succès parachuté pour Malraux en forêt limousine.

Il ne résista pas à cette raison d'éprouver une sympathie supplémentaire à mon endroit. Je n'allais pas faire la fine bouche devant le romancier. Il y a des coups de soleil sur ces monts de

Castille, et l'émotion pudique et contenue d'une grande histoire d'amour qui finit mal.

— Mais quel dommage, regrettai-je, que vous n'ayez pas écrit le livre à la première personne. Quelle tristesse que vous n'ayez pas dit « je ». La passion entre vos deux héros aurait pris un tout autre relief.

— J'étais trop vieux — oui, je suis déjà trop vieux dans la vie — pour pouvoir endosser le bourgeron d'un dynamiteur. Est-ce que tu comprends, boy, cette distorsion impossible de l'âge intercalée entre la réalité romanesque et la réalité personnelle que se projette le lecteur ? L'affaire aurait pris un tour incestueux. Mais tu as aimé, boy, n'est-ce pas ? Papa m'enserra le genou dans sa poigne et me servit une rasade qu'il fit pétiller avec de tendres soins. Le dialogue était lancé, gaiement.

Malraux ? Est-ce que de Gaulle allait, oui ou non, le nommer maréchal de France ? Il n'aurait aucun mal à mériter ce haut grade vu la nullité aberrante des généraux dont il s'était entouré ; Leclerc : « Ce ouistiti chiffonné, chaplinesque... » ; De Lattre : « Dont les mœurs étaient connues de toutes les armées du monde » ; Kœnig : « Cet âne bâté qui aurait dû avoir honte de se laisser photographier en short tellement il le portait mal. » Je passe sur ce short du brave officier alsacien et sur les oublis qu'il y commettait face à l'ennemi. Intarissablement, Papa réglait leur compte à nos cinq étoiles ; et sa santé imprécatoire était réjouissante à observer. Puis, ne sachant honnêtement à quoi s'en tenir sur Vichy et sa collaboration — mais disposé à accorder à son gouvernement toutes les circonstances atténuantes —, Papa, inlassablement, m'interrogea sur Pétain dont il voulait se composer une juste image.

Ce n'était plus Papa qui était soûl désormais, mais le fabuleux sultan populaire des lettres du nouveau monde, le créateur fantasque et caractériel auquel son éditeur pardonnait tout, et qui était lu en collections de grande diffusion par trente millions d'Américains. Car tel était le génie physique de cet énergumène — dont on était obligé de parler, de disputer, d'écrire — que sa vie, en chaque geste et chaque acte, faisait plus pour son œuvre que cette œuvre elle-même n'avait jamais fait.

Cet état d'ivresse débordée n'avait aucune influence à déplorer sur la beauté de l'homme : celle-ci restait intacte. Il y avait toutefois un défaut vibratile exécrable qu'il fallait prendre garde à ne pas chatouiller pendant la conversation : sa susceptibilité littéraire. Là était la faille de ce héros de notre temps ; lui qui démontrait tant d'humilité devant le travail, comment se faisait-il qu'il manifestât devant ses résultats tant de boursouflure et de redondance ?

Tout ramenait l'homme à cet égotisme sacré de l'œuvre imprimée ; et chez nous, sur le sol de France, aux traducteurs ayant pour mission d'en faire venir au jour le plus fidèle visage au mot à mot. Il souffrait ici de la maladie infantile de l'auteur qui se croit sans cesse adapté, c'est-à-dire trahi, alors qu'il doit être naturellement et scrupuleusement amené d'une langue dans l'autre. Sa beauté s'éclipsant de lui comme atteinte par une stupeur de foudre, et son visage si admirablement structuré prenant vingt siècles de temps en un quart de seconde, il fit un instant peine à voir. S'étant brouillé (à la suite d'un article vitriolique de celui-ci paru dans une revue d'avant-guerre) avec son traducteur, le meilleur du monde avec ceux de Dostoïevski et de Conrad, son éditeur avait dû faire appel à de nouveaux tourneurs. En studieux consultant du Littré, il employait le mot version dans le sens de tournage : c'est-à-dire l'action de tourner un texte d'une langue dans une autre ; d'où sa crainte, son doute affreux, de voir de mauvais esprits improviser sur sa prose. « S'ils me faisaient ça, je tirerais sur eux, boy. » Avec les trente-trois traductions de par le monde de chacun de ses livres, le pauvre Papa allait contracter des ulcères psychosomatiques, non ?

Je n'ai pas tenu le compte de tous les verres de Cinzano champagne que nous avions bus ; j'en flottais un peu dans ma masse tendre. L'on perd ingénument le sens de l'heure sous l'effet des influences artificielles ; heureusement il existe une lucidité de l'ivrognerie ; le toxicomane rate ses rendez-vous, l'alcoolique pas. La nuit était depuis longtemps tombée sur Paris quand Papa, entrant dans la salle d'hygiène sans en condamner la porte, se mit à uriner bruyamment, éliminant des litres. Jamais je n'aurais pu imaginer le vin de Reims si diurétique ni qu'un consommateur pût pisser avec une régularité si prolongée. Quand il eut terminé sa vidange, Papa, me vouvoyant à nouveau dans l'entrebâillement de la porte :

— Si la vue d'un vieil homme au corps couvert de sutures ne vous horrifie pas, entrez donc pour lui tenir compagnie pendant sa toilette. Là-dessus, il lâche un rot monumental monté des profondeurs abyssales de ses tripes, accroche son peignoir à une patère et passe sous la douche où il se commet en toutes sortes de singeries tarzanesques, mais en se savonnant le bas-ventre en silence et avec des soins précieux ; action tout à fait caractéristique du puritanisme américain vis-à-vis du rapport sexuel, de quelque importance qu'il soit. Dessoûlé sous l'eau fumante, l'écrivain rote, pète, s'ébroue, martèle sa poitrine gonflée, racle sa gorge, pète encore. (Pardon, lance-t-il comme un mot de carte postale, une politesse d'absent.) Puis, sortant ruisselant de sa niche d'hygiène, il se sèche en s'entourant le corps d'un peignoir sans y entrer. Captivé par le luxe de la grande hôtellerie, j'en compte six empilés sur une table roulante.

— Un dernier verre, boy, pour se dire au revoir ? Un quart champagne chacun, sous lequel nous nous serons partagé ce fond de bouteille de Cinzano ?

— Volontiers, monsieur, pour vous suivre.

J'aurais passé toute la nuit avec ce sacré bougre.

La barbe brossée, le coup de peigne ondulant, l'homme était d'une élégance redoutable en smoking. Comme il dînait chez l'ambassadeur des Etats-Unis, avenue d'Iéna, et que je faisais de même chez Léon Pierre-Quint, rue Freycinet, il se proposa, jovial redevenu, de me déposer devant le musée Galliera. Il connaissait Paris comme un guide de touristes ou les commissaires d'arrondissement.

Venu à Paris pour six jours, j'y avais vécu seize, faisant provision de films, de livres, de pièces et de manifestations d'art pour mes miscellanées radiophoniques. J'enverrais mes chroniques à la station qui les ferait enregistrer par quelque comédienne titrée. En gare d'Austerlitz, ma décision était prise : je ne retournerais pas à Toulouse pour y risquer de rechuter dans l'ambiance de contagion entretenue par Gontran de Jumièges. Je m'arrêtai donc aux confins du Périgord Noir, dans la grande maison familiale, en ce canton de Cazals que Zadkine, exilé de guerre à New York, appelait suavement la Toscane de la France.

D'un trait de course de stylo, sans relever la tête, j'y rédigeai mon premier roman publiable, *Le Jeune Homme endormi,* dont je dirai que « s'il n'existait pas je ne l'écrirais plus ; s'il m'était possible de le détruire, je le détruirais »[1]. J'allais surtout me brûler les mains aux flammes d'un brasier d'amour peu ordinaire.

---

1. Chateaubriand, deuxième préface de *René. (N.d.E.)*

LIVRE TROISIEME

Identité judiciaire

XVIII

Diane Delsol étant une insulaire de Tahiti, on rencontrait dans sa personne toute la lascivité originelle des filles du Pacifique Sud. C'était un détonant mélange de langueur et de précipitation. On passait avec elle du complet anéantissement aux accélérations les plus soudaines : le cycle indiscret de l'amour dans son recommencement perpétuel. Son père, colonel de l'armée coloniale, l'ayant faite à une mulâtresse grand teint, et les gènes féminins semblant avoir pris le dessus sur les gènes masculins, il était né, du tumulte de leurs accouplements provenant de la dysharmonie des âges, une vahiné, une presque négresse dont la mère avait accouché à seize ans (donc deux ans avant que la mienne ne me mît au monde). Cette union de sang-mêlé avait produit une prodigieuse créature de un mètre soixante-quatorze sous la toise pour soixante-dix kilos tout ronds sur la bascule : je ne cessais pas de la peser dans les pharmacies, de peur qu'elle ne maigrisse. Fallait-il que Cahors fût un désert artistique absolu : le ciseau le plus impropre à sculpter, le pinceau du plus indigne barbouilleur eussent réussi des merveilles avec un tel modèle. Aujourd'hui, si je me laisse aller au jeu de la confusion des époques, j'imagine en projection tout à fait objective Diane Delsol en travesti brésilien descendant d'un taxi porte Dauphine pour prendre à revers le Bois. Sidéré j'étais qu'elle ne consacrât point un peu de ses loisirs à la natation ou à l'athlétisme tant son rayonnement lui aurait naturellement apporté, selon moi, les faveurs de l'amateurisme olympique. Pensez-vous ! en créature élevée sous les climats dissolus, Diane Delsol ne sacrifiait qu'à deux disciplines ponctuelles : la luxure et le sommeil.

A peine les yeux clos, sitôt sa volupté consommée, qu'elle prenait les yeux grands ouverts à la façon de ses anciennes compagnes des îles, elle s'endormait — le corps content, l'âme tranquille — dans la seconde immédiate qui suivait l'aboutissement de nos communs transports.

Encore que les photos de sa mère — disparue alors qu'elle avait onze ans, l'âge même où je perdis la mienne — donnassent à rêver, la nature s'était penchée sur le berceau de Diane Delsol avec toutes les générosités de la providence, lui accordant la majesté des formes et la délicatesse des contours. De par sa nuque, ses épaules, sa croupe, ses seins, Diane Delsol figurait un Renoir; un Renoir de couleur, pétrissable et sculptable. Bref, je n'avais jamais vu une aussi belle fille, aussi méritante d'être possédée. Mais dans un désert d'amants aussi peu visité que Cahors, cette maîtresse-née n'avait eu droit jusqu'ici qu'à la portion congrue de l'amour. De quel traitement autre que banal, limité à d'égoïstes emportements sommaires, pouvait bien en effet la faire bénéficier un primate gracieux du type Lucien Lacombe, qu'elle avait déniaisé de toute évidence avant que de le livrer à l'anarchie du bordel. (Le pouvoir des filles devant le garçon qui les désirait était illimité du temps de ma jeunesse; heureusement la révolution des mœurs de nos temps modernes a réduit ce pouvoir.) Bref, jusqu'à ce premier soir de janvier 1945 où je fus dans son lit, Diane Delsol n'avait jamais été révélée à elle-même autrement que par le sexe d'un J3 ou d'un homme adulte, amplement satisfaits de la pénétrer et de déverser en elle leur semence. Mais cette nuit-là où sous l'empire de la révélation je m'intéressais à son sexe, Diane Delsol connut le plus fastueux changement de sa vie; et en quelques heures de temps je me l'attachai pour ce que je croyais être toujours.

Je me souviens du chemin parcouru jusqu'à ce miracle. Je me souviens des grogs au marc de raisin dans cette salle affublée du nom déshonorant de café du palais de justice, comme si l'on pouvait associer le débit de boisson réjoui à l'effrayant tribunal. (Je venais de déposer au procès d'un ancien condisciple.) Diane Delsol portait un trench-coat probablement oublié par un amant de passage. Elle était coiffée d'un long turban couleur paille prenant sa tête et son visage en façon de bandage d'accidenté; de telle sorte que je ne voyais que ses yeux gris-vert, assez étranges dans ce ton de gomme d'écolier, son nez glacé et sa bouche opulente d'ogresse qui incarnait à elle seule tout le sexe féminin. Faite pour être déshabillée et couchée dévêtue, Diane Delsol n'était pas jolie jolie, bien qu'améliorable, ainsi fagotée. Mais on

L'héroïne 163

devinait sous tout cela la netteté d'un corps tributaire de l'unique luxure, la religieuse obsession des gants de toilette et de crin, les soins éternels devant la glace en pied.

Je me souviens du restaurant de *La Bonne Auberge* où nous nous empiffrâmes de pieds de mouton à la crème, une des spécialités de la maison, servis avec des croquettes de pommes de terre et une purée de haricots mange-tout. Il y avait là Albin Sirugue, le dispatcher de la S.N.C.F., réfugié de La Garenne-Bezons, qui, réglant la marche des trains de marchandises par téléphone, avait maints problèmes avec les gardes-barrière qu'il n'informait qu'au dernier moment. Il boudait, marmonnait, grommelait de me voir en compagnie de Diane Delsol, radieuse, sur le ventre de laquelle il avait dû s'ébattre. Radieuse, Diane Delsol l'était. Dans son chandail de belle laine tricoté machine en imitation de celui que portait Jeannot Marais dans *L'Eternel retour,* elle gagnait en assurance.

Puis Christian Lasalle arriva, et, ne pouvant faire autrement, nous l'invitâmes à notre table. Fils du contrôleur des tabacs de mon canton, ce camarade avait, pour éviter le travail en usine outre-Rhin, épousé la terreur. Drôle de mariage qui me glaça les reins comme un manque de drogue. Tueur patent du parti communiste, il tirait les derniers temps sur la patrouille cycliste allemande du couvre-feu. Son double meurtre accompli, les hommes gisant à terre abattus, Christian dévalait comme un fou les rues en pente qui conduisent aux quais ; et là, tremblant de frayeur dans le frisson des feuilles, des sanglades aux tempes, il attendait le retour de l'aube calmante. Quand la lumière apparaissait aux tringles de bois en abat-jour des persiennes, quelque heure qu'il fût, alors il se portait vers la chambre de Diane Delsol, n'ayant pour l'atteindre que la rue riveraine à traverser. Nous venions de vivre des temps singuliers. Aussi, amant confirmé contre amant virtuel, Lacombe et Lasalle auraient pu se croiser dans le corridor de Diane — l'un sortant de ses draps, l'autre pressé d'y entrer — et tirer sur leurs ombres réciproques.

Moi je me glissais frileusement dans le lit de notre vahiné publique, me frictionnant les côtes à travers la laine mal peignée de mon gros pull-over terminé de la veille par ma tante. Le feu du poêle n'étant plus que cendre, j'avais dû le rallumer, le bourrant de bûches pour le pousser au rouge. De prime excitation, j'avais fait tumultueusement l'amour à Diane Delsol, enrageant de jalousie de ce jugement porté sur le dénonciateur Lacombe :

« Même s'il se faisait avant tout plaisir à lui-même, il m'aimait chaque fois comme si c'était la dernière fois qu'il couchait avec une femme. Un pareil désespoir, forcément, ça vous touche. » Puis, me retirant, je m'étais occupé d'elle dans l'étouffement que dégageait la chaleur du poêle portant la fonte à l'incandescence — et là, je l'avais conquise.

Nous dormions nus, amants exténués d'amour dans la nuit noire de janvier, lorsque des coups furieusement frappés s'abattirent contre la porte. C'était une opération désespérante que d'extraire Diane Delsol du lent sommeil ; ces efforts conjugués lui brisaient l'âme.

— Ouvre, ouvre, clamait la voix de l'homme, sinon je fais sauter la serrure avec mon calibre.

J'avais reconnu cette voix virile, exaspérée, gueularde d'un amant transi : c'était celle de Jean Bachelier, un de mes plus chers amis d'enfance et de jeunesse. Nous étions unis par cinq ans d'internat ensemble ; par la guerre et par le désastre. Rien que ça. J'allais chez lui dans la riante vallée du Lot depuis l'âge des culottes courtes. Le S.T.O. venu, Bachelier, réfractaire signalé, m'avait invité à partager avec lui, dans la liberté sauvage, la solitude et l'inconfort acrobatique d'une grotte : un trou béant imprenable creusé par la nuit des temps dans le rocher schisteux. Engagé dans les Forces françaises de l'Intérieur, il se battait dorénavant, soldat disetteux, pour expulser la Wehrmacht de l'enclave atlantique de la pointe de Graves. J'allai ouvrir, Diane Delsol poursuivant longuement, envers et contre le bruit, son lent sommeil indéclinable d'enfant des îles.

— Justement, je pensais t'appeler tout à l'heure pour t'inviter à la ferme, me lança Bachelier en replaçant le revolver dans son étui. J'ai décroché une permission de cinq jours. Avec ce maudit temps il ne se passe plus rien sur le front de la mer.

En lui faisant signe d'avancer vers le poêle éteint, je faillis lui dire de se dévêtir et de se glisser entre les draps tout chauds de ma double combustion avec Diane. Ayant ses habitudes en ce lieu, il se fit du café, déjeuna au couteau de pain et de saucisson, puis s'en repartit brave et silencieux pour la gare où il prit sa correspondance d'autorail.

— Je te souhaite, fit-il, sur le pas de la porte, que ce ne soit pour toi qu'une passionnette. Car elle est pis qu'une coucheuse, c'est une étourdie.

L'héroïne   165

Diane Delsol, créature des songes, dormait toujours. Nous ne l'avions même pas éveillée.

Ainsi s'écoulèrent mes jours pendant plus de sept mois, une longue fraction d'existence au calendrier de la passion. On croit que l'amour, dans le sentiment du bonheur dont il est inséparable quand il est réussi — on croit que l'amour abrège le temps ; étant la conscience de ce temps, il le rallonge au contraire, en faisant des plages, des grèves, des langues de sable à l'infini, multipliant les espaces de bain. Il faut être bien jeune, et planté solidement comme je l'étais, pour ne pas vieillir sous le harnais accablant de ce bagne passionnel. Pendant les sept mois que dura ce bonheur, j'étais dans le tournant de ma vie, mais incapable de prendre le virage, de le négocier d'une manière ou d'une autre. Je voulais épouser Diane Delsol qui elle aussi voulait devenir ma femme, mais — faute de savoir unir nos bons vouloirs imparfaitement synchronisés sans doute — nous n'en fîmes rien. Je nous voyais pourtant comme à l'envi enseignant dans le Périgord Noir l'un et l'autre (moi professeur dans un cours complémentaire, elle simple institutrice), élevant une pléiade de mômes que nous aurions eus sans difficulté.

L'entente physique des corps révèle l'harmonie des cœurs et des âmes, et la nôtre était extrême. Nous avions tous les deux de la santé à revendre. Diane Delsol, il est vrai, fatiguait peu. Déesse du repos, elle passait exclusivement à dormir le temps compris entre ses courtes activités quotidiennes à la police préfectorale et nos embrassements. Assurant ce train de sommeil, elle ne vieillirait point et aurait vingt ans jusqu'à son grand âge. Quelquefois elle emportait au bureau Mme George Sand et s'y délassait de la machine à écrire en lisant de furtives pages de *Lélia*. C'était tout pour l'aspect culturel du personnage. Pour l'aspect politique, elle animait, gouvernant par ordonnances dactylographiées, la cellule trotskiste cadurcienne, ce qui ne manquait point de piquant pour une employée des Renseignements généraux. Elle en voulait à Joseph Staline, moi pas.

Diane Delsol était au demeurant une compagne d'une fidélité à citer en exemple ; irréprochable en hygiène, nulle en cuisine, passable au ménage, coquette avec des pépiements de colibri. Dépensière en diable, et trafiquant sur les dessous, elle était dévorée d'une névrose d'achat. Jouissant d'un bas de laine alimenté de tous les avantages de la sûreté nationale, elle entassait le linge en pensant sans doute à son trousseau de vierge réinventée. Ses amants éloignés, ayant fait le vide absolu autour d'elle, nous ne nous opposions qu'en un sujet de dispute mais il était sérieux : ses plongées en précipice dans le sommeil sitôt terminées nos séances amoureuses.

Ayant trop souffert de ne pas avoir de père, je refusais derechef de prendre le risque d'avoir un fils. Ce conflit pour ôter d'un vagin quelques grains de fluide séminal — je devais arracher Diane Delsol à sa couche et la jeter à terre — donnait lieu à des scènes d'une incroyable comédie exécutées furioso. Opérant avec un bidet de métal à trépied, Diane Delsol additionnait l'eau savonneuse de quantités excessives d'eau de Javel : « Pour tuer le germe fatal », disait-elle. Un matin que j'étais aux cabinets, je l'entendis pousser des cris de harpie qu'on vitriole. Brûlé extérieurement aux grosses lèvres, son sexe était devenu subitement tout jaune, tout fané. Je me demandais parfois si Diane Delsol n'avait pas une case de vide dans les régions irrépréhensibles de son arrière-cerveau.

Porteuse d'événements capitaux pour la transformation du monde, cette année cruciale 1945 traversa ma vie comme un vent d'autan le pont Valentré d'une rive à l'autre. Je n'ai rien vu, absolument rien vu défiler, de cette cavalcade tragique et triomphale du siècle. Avec ses airs appris de créature soumise, Diane Delsol maintenait sur mon désir une pression d'esclavage, de négrière. Ne m'aurait-elle pas aimé que j'eusse commencé à la haïr. Le printemps a bourgeonné tout de suite, cette année-là, ce me semble ; il n'y a pas eu, du moins dans mon souvenir, de seconde phase hivernale.

J'ai commencé à battre Diane Delsol à la mi-avril, au vent étouffant du germe fécondé, de la pousse. Un samedi que je descends à Cahors par l'express nocturne, elle n'est point sur le quai pour m'attendre comme à l'ordinaire. Je traverse la ville à pied d'outre en outre, du quartier Valentré au faubourg Cabessut. Elle dort nue, suçant son pouce, la reine des ombres blanchissant

L'héroïne

son dos par la fenêtre ouverte. Pour la réveiller, c'est la mer et la Bible ; pour lui avouer que j'ai la fringale, il faut observer des précautions de rhétoricien. Puis, ouvrant avec beaucoup de difficultés ses yeux verts de gomme et de salamandre, elle jette à ma bouche qui s'approche pour baiser la sienne ce compliment offensif :

— Vous êtes tous fichés aux Renseignements généraux comme membres cotisants du parti communiste, je te signale ; et toi le premier puisque tu en es le dernier inscrit. Tous, Béranger, Ortega, toi. Etc. Cédant à la corruption opprimante d'Agamemnon[1] qui me harcelait avec séduction — et avec qui je jouais au billard, avec qui je faisais de la poésie automatique tandis que Diane tapait sa prose policière —, j'avais fini par adhérer ; beaucoup moins pour obéir à un penchant idéologique que pour me protéger d'un bouclier social contre la drogue.

— Je ne vois pas ce qui te choque là-dedans ? arguai-je. Ça prouve que nous sommes dans le mouvement, dans la spirale.

— Hum ! fit-elle, en aspirant fortement le « h » en façon de succion fellatoire.

— Dis-moi, qu'est-ce que ce dédain affiché ? m'emportai-je. C'est parce que tu es métissée de négresse que tu te crois d'une race supérieure ?

Je frappai Diane Delsol violemment aux joues, au point de lui déplomber les molaires si elle avait été jamais traitée par un dentiste. Elle eut pour toute réaction de se cabrer à l'horizontale, allongée sur le ventre, dans un sursaut crispé des reins, et de mordiller le traversin comme une rongeuse, le visage enfoui. Fière et dure, Diane Delsol était à ma merci et elle se voulait telle ; c'est du moins ainsi que je l'entendais, et j'avais raison d'ainsi l'entendre. Dans cette position de provocation luxurieuse, Diane Delsol n'attendait que la réalisation d'un long espoir réfléchi : que j'usasse et que j'abusasse d'elle. Ce qui fut fait.

L'on a tant écrit de l'érotisme qu'actuellement nous n'oserions plus avancer un mot sur ce sujet à problèmes sans en rougir de prétention. On a dit notamment qu'il était l'imagination de l'amour déshérent ; il est bien vrai qu'il le renouvelle. Je crois plus simplement qu'il est la solution de domination absolue d'un homme sur la femme qui lui offre toutes les complaisances de

---

1. Jeune et distingué poète communiste, filleul spirituel de Paul Eluard.

soumission. Car, dans l'érotisme comme dans l'amour, il faut être deux. A cette différence près, qui est essentielle : à savoir que s'il y a des partenaires dans l'amour, dans l'érotisme il n'y a que des couples.

Très vite nous formâmes, Diane Delsol et moi, un de ces merveilleux couples maudits. L'aventure engagée dans la sodomie ténébreuse me convenait infiniment : dans la mesure même où je laissais, sur le seuil de l'anus de Diane, toute l'anxiété de la reproduction. La nature humaine est ainsi composée que si l'homme glisse d'un pas dans la marge il s'enfonce aussitôt dans la marginalité ; et le sexuel ici rejoint très vite le social. Autre chose à ne pas oublier de mentionner : si l'amour est un médicament anodin qui soulage et libère, l'érotisme est une drogue toxique. Cependant on s'y accoutume moins nécessairement vite qu'à l'opium ou qu'à la morphine. Disons qu'il est, à effets conjugués, l'alcool et le tabac de l'obsédé sexuel.

Je domine aujourd'hui mon sujet grâce au recul du temps, ce maître infaillible. Mais il ne faut point se fier à ces illusions de la distance : elles sont trompeuses. J'étais l'amant dominé d'une dominatrice nommée Diane Delsol. Etant la maîtresse de mes envies, de mes désirs, de mon énergie de pouvoir érectile, elle avait la haute main sur mes orgasmes. J'étais le cavalier servile d'une négresse qui m'emmenait danser au bal.

Le premier du mois de mai 1945, la croix de guerre à sa boutonnière, Jean Bachelier frappa à notre porte mais sans menacer cette fois d'en pulvériser la serrure au revolver. Soûle de possession passive et de volupté, étendue sur le ventre, les fesses rebondies dans la lumière matinale — dans une posture à pousser au suicide tout enfant de chœur — Diane Delsol dormait une espèce de sommeil de l'ère quaternaire dont aucune force au monde ne la tirerait avant 6 heures de l'après-midi.

Victorieux dans la poche des sables de Soulac-sur-Mer où il venait de s'illustrer dans les combats au corps à corps, Bachelier allait maintenant poursuivre jusqu'au lac de Constance sa glorieuse épopée. Fallait-il tout de même que ce permissionnaire à cheval sur la loi militaire fût attaché au corps de Diane pour consentir ainsi à prendre des risques de retard sur des correspondances ferroviaires insaisissables à une seconde près.

En cette propriété résidait tout son pouvoir, Diane Delsol était une fête pour les sens de l'homme.

— Méfie-toi, m'avertit charitablement Jean Bachelier. C'est

une jeteuse de sorts. Dans le dialecte tahitien, elle guimboise. Gauguin fut guimboisé par les vahinés ; il serait rentré à Pont-Aven sans cela. De plus Diane est une scorpionne. Elle appartient au huitième des signes du zodiaque, qui est celui de la fatalité Quoi qu'il en fût, guimboisé ou pas, il était trop tard pour me méfier. Ou pour avoir peur.

XIX

Je coulais des jours inégaux, tantôt pacifiques et harmonieux comme les jets d'eau, tantôt désordonnés comme des spasmes ; mais j'affirmais une forme de santé infernale. Le trop-plein d'énergie qui était en moi trouvait son rôle dans une dépense naturelle : je rejouais au football sans ambition, avec une concentration sans but ni intérêt ; mais l'ambition revient vite : il suffit d'un déclic.

Je passais un temps fort dommageable dans les express et des nuits d'une folie rituelle avec Diane Delsol qui me laissait repartir au matin — la dormeuse amiante — sans plus se soucier de moi que ne s'inquiète d'un coucheur de passage une prostituée de luxe et de location. Je l'avais présentée à ma tante et tutrice, Mme Salgues-Labro, qui, sous sa couleur café, s'était empressée de lui trouver des airs de monitrice africaine tant il est vrai que les nègres sont de tous les continents.

« Je ne te tromperai jamais, aimait à me rassurer Diane Delsol ; je suis trop bien avec toi. » Esclave affranchie mais toujours attachée à la nostalgie du knout, elle cherchait à se faire punir pour le motif de conduite douteuse ; surtout la peau ruisselante d'eau claire au sortir du tub. Je la cinglais dès lors avec le cuir de crocodile de ma ceinture ; et le colibri murmurant qu'elle était plus tôt émettait soudain les cris démentiels de la chouette que les petits paysans cruels supplicient sur la porte des granges. Une part certaine de comédie entrait cependant dans ces terreurs de ménagerie ornithologique. Sensuelle boîte à sons, Diane Delsol, toute contenance perdue, s'excitait de ces effrois qui la livraient à un état second bienvenu. Par un processus mental héréditaire et convenu, elle recevait le fouet du dominateur avant que de recevoir le sexe de l'homme ; et j'eusse mis les mains au feu que le colonel agissait de la sorte avec Ambroisie Delsol. On est battu dans les familles exotiques de mère en fille, comme on se suicide dans les nôtres de père en fils.

Aucun tribut à la méchanceté n'entrait dans ma violence, ces mauvais traitements participant d'une adéquation passionnelle. Diane Delsol, au reste, jouait complaisamment le jeu, se glissant derechef dans la peau d'une écolière qui mérite son châtiment corporel.

J'étais pourtant à l'ordinaire le plus doux des jeunes hommes, le plus tendrement amoureux, et le plus délicatement attentionné aux états d'âme de mes maîtresses. Diane Delsol, croyant ainsi me garder plus longtemps à ses pieds, s'ingéniait à me pousser à bout ; mais plus nous nous donnions du corps, plus l'âme s'échappait irrattrapable de notre couple. S'il n'est pas soutenu par une intimité absolument quotidienne, s'il ne s'appuie pas au lien sacré du mariage ; enfin s'il ne vit pas de la jalousie, l'érotisme est un enfant mal né qui meurt en bas âge. La tension n'est pas la jalousie. Il n'y a pour sauver l'amour que cette sœur de charité haineuse. Je décompressais à part moi sans m'en rendre ouvertement compte. Mon bras en la flagellant avait quelquefois des lapsus de fatigue : je n'étais plus jaloux de Diane Delsol.

Comme une équipe de football qui gagne et dont on ne change aucun joueur sauf en cas de blessure, ma vie aurait pu continuer ainsi pendant des années sans que l'envie me vînt d'y changer un jour, à moins que j'y fusse blessé. Mon concubinage avec Diane Delsol ne présentait aucun aspect héroïque ; c'était l'union libre sans jalousie de mon côté. On ne peut s'en prendre à une femme qui tout un week-end vous attend à dormir et qui lorsque vous arrivez l'excuse aux lèvres, le lundi, vous demande à son réveil distrait si vous partez déjà.

Devant les puissances du sommeil dont était marquée Diane Delsol, je me confondais en conjectures. C'était, mais avec un coefficient multiplicateur d'un ordre indéterminé, le pouvoir de soustraction au commerce des hommes des coureurs de relais, des boxeurs poids lourds, des solistes de jazz, tous gens de sa race, ses frères tous. Le chef des R.G., le commissaire Humbert, m'avait expliqué pourquoi elle n'avait pas accompli dans la Résistance la carrière prometteuse que laissaient espérer ses dons : dans les salles d'attente elle manquait ses rendez-vous par assoupissement ; sa bravoure ainsi n'était point escomptable.

Je pouvais me pencher avec mélancolie sur nos ardentes amours des grands froids de janvier, l'été n'en demeurait pas moins la saison de la pleine beauté de Diane Delsol. Elle affichait aux joues ce brillant merveilleux des marrons d'Inde lorsqu'ils font éclater leur carapace de piquants. Nourrie de chaleur et de néant, elle ne maigrissait pas d'un gramme. Les longues parenthèses entre lesquelles l'endormissement plaçait son économie vivante profitaient aux docilités de son humeur ; et cela sans suspendre son sentiment sexuel, ni l'altérer, ni le tenir à l'écart.

Elle s'exprimait endormie comme d'autres le font éveillées avec une craie au tableau noir, l'allaitement d'un enfant au sein, la cuisson d'un canard aux olives ; la différence étant que chez elle il n'y paraissait rien. Outre l'amour et les soins infinis consacrés à l'entretien de son corps dans le bassin en aluminium du tub, Diane Delsol ne faisait que dormir ; que gravir des marches, s'autotransborder, grimper dans le sommeil, y réussir des ascensions et des escalades, mais sans y planter son drapeau. Elle en revenait de plus en plus tard, comme si c'était de plus en plus loin, mais elle en revenait.

Devant cette énigme d'ébène, au repos intouchable et inaccessible, devant cette eau morte qui sans une ride, un souffle, un saut d'insecte amphibie noyait tant de pensées inconnues de moi, devant ces poumons qui volaient l'air à la vie sans le respirer, devant le rouge à lèvres rose-noir de cette bouche oraculeuse qui ne s'ouvrait jamais, devant ce ventre auquel les poils courts, réguliers et fournis, décolorés par l'eau de Javel, faisaient un triangle de feu insolite, ce ventre que je ne pénétrais plus... j'étais saisi de toutes les bontés d'une grâce contemplative et je désirais à Diane Delsol toutes les prospérités de la création.

Je n'osais même ni la caresser ni l'approcher par crainte de ramener son corps à une existence végétative, de l'offrir à nouveau aux précipitations de la conscience sensible. Elle semblait si heureuse dans les profondeurs de son sommeil lent que c'eût été commettre un commencement de crime que de la faire revenir à la surface. C'eût été la tuer que de la priver des bienfaits de cette vie soporifique qui lui était nécessaire comme aux arbres leur fonction chlorophyllienne. J'eusse plutôt prié d'admiration devant ce Phydias du deuxième sexe sculpté dans un monument de marbre noir.

Au début, vaguement inquiet de ses plongées anéantissantes, et questionneur comme on l'est en la genèse d'une liaison, je m'étais demandé si, sous l'ambre impénétrable de cette peau, ne s'évertuaient pas des songes, des rêves, des cauchemars ou de pesants pensers. La réponse fut bientôt négative. Il ne se passait rien sous l'unité lisse et monstrueuse de ce sommeil, qu'il fût lent ou paradoxal. Comme s'il était livré à l'alchimie des arcanes, on n'en pouvait rien dire hormis qu'on n'avait aucune prise sur lui et qu'il était un sommeil de nuque, de reins, de croupe ; un sommeil de femme enclume, de pierre, de minéral. Même les lionnes, les serpentes et les louves ont des songes d'amour que leur cervelle transpire. Le cerveau creux de Diane Delsol ne transpirait rien.

Elle est étendue, sans drap, sur son matelas de mousse de caoutchouc rouge. Avec sa belle chair, sa haute stature, ses hanches pleines, ses longues cuisses dures impudiquement écartées et ses lourds bras ouverts évoquant un bâillement de son âme inexistante, elle en occupe la surface en toute sa largeur. Si je veux prendre le moindre repos, je suis obligé de m'allonger sur elle, ventre contre ventre. A peine y suis-je, son souffle mort contre mon souffle vivant, que, mon courroux s'étant aiguisé, je sens mon désir basculer dans la haine. Aussi, me glissant en elle par la porte étroite des grosses lèvres, je lui ai fait trois fois la haine en une heure et demie de temps, avec une lente et savante méthode, comme s'il s'était agi d'une conquête scientifique, me répandant en elle, y laissant toute ma substance jusqu'au dernier pleur, persuadé que les spermatozoïdes ne rencontrent pas d'ovules dans les vagins assoupis ; mais réjoui jusqu'au fond de l'âme de sa combustion animale au ralenti et de lui avoir volé cette triple volupté morbide et baudelairienne.

Plus j'y songe, plus je trouve que ce fut là une manière sublime de dire adieu à Diane Delsol.

XX

    Un matin, à l'espoir du jour, je fus réveillé par une atroce douleur. C'était comme si une fusée tirée par un char d'assaut m'avait touché à la mâchoire et, s'enflammant sous le choc, avait communiqué l'horrible supplice à tout le visage jusqu'au cerveau. Mes deux molaires de droite, les dernières à avoir poussé (celles qu'on appelle, pour leur venue tardive, dents de sagesse), étaient des dents barrées s'étant développées de biais comme les défenses d'un grand fauve cornu. Un stomatologiste aussi compétent qu'il était imbu de sa personne, le Dr Lions (« comme le roi des animaux, mais au pluriel »), décalotta au bistouri les bourrelets enfiévrés. (J'avais quarante degrés deux de température rectale.) Ce ne fut pas suffisant pour permettre la percée des os cruels.
    Comme il eût été inhumain de m'abandonner à la douleur sans un soulagement et que de toute manière « il n'en supportait pas, avouait-il, le spectacle dégradant sur un jeune homme », M. Brice Lions (« comme le roi des animaux, mais au pluriel ») me prescrivit des suppositoires d'Eubine forte à deux centigrammes ; ce nom d'Eubine étant la transposition française de l'Eucodal, médicament de pure origine allemande diffusé dans toute l'Europe dès 1936 avec un succès de curiosité certain.
    Je fis donc simultanément connaissance avec deux mentions accrocheuses : « Ne délivrer que sur ordonnance » et « Ne pas dépasser la dose prescrite », ainsi qu'avec l'étiquette rouge portant en caractères noirs et gras l'indication spécifique de « poison ». Je n'échappai évidemment pas aux formalités du tableau B, mon nom et mon adresse étant inscrits sur le registre du pharmacien, pouvant à toute heure du jour recevoir la visite de l'inspecteur des produits toxiques en vertu de l'article 9 de la législation des stupéfiants.

Même employée sous la forme d'un obus rectal qui vous brûlait, lorsqu'il était aspiré, le fourreau des muqueuses, l'Eubine forte était un des toxiques les plus puissants de l'époque et qui avait (j'expliquerai pourquoi le moment venu) la faveur des intoxiqués par injections. Petiot, le docteur assassin, signait à tour de bras des prescriptions d'ampoules d'Eubine aux drogués qui constituaient une notable partie de sa clientèle. Les stupéfiants eux aussi n'échappent pas au despotisme de la mode et le snobisme, lorsqu'il s'en empare, fait beaucoup pour leur vente et leur renommée.

Le principe actif de l'Eubine est le chlorhydrate de codéine (dihidroxycodéinone ou oxycodone), que l'on range communément sous la bannière des grandes substances morphiniques mais qui est en réalité un alcaloïde total et direct de l'opium où un savant berlinois le découvrit en 1812. Ce détail est important, ne servirait-il qu'à souligner l'autonomie de la codéine ainsi que la richesse stupéfiante de l'Eubine (ou Eucodal) dont certains prétendent que son effet toxique est cinq fois plus fort que celui de la morphine traditionnelle [1].

Quoi qu'il en soit, muni d'une boîte d'aspect tout à fait anodin de dix suppositoires, j'allais retomber dans le piège, et, sous les enchaînements pervers du mal, n'en plus ressortir.

Il y a — j'en conviens — une honte physiologique à parler de ces détails méprisables, mais les praticiens qui sont confrontés chaque jour avec l'anatomie humaine, avec son orgueil et avec ses misères, comprendront que j'y vienne. Il n'y a pas de choses sales dans le corps de l'homme, la médecine générale frappée de dégoût démissionnerait sinon et les infirmières déserteraient le métier.

Vous vous introduisez dans les muscles sphincters une torpille de pâte durcie bourrée de poudre de codéine. La pâte se dissout immédiatement sous l'action de la chaleur intérieure produite par le boyau rectal, la région intestinale (avec sa flore) étant une de celles où règne un des climats les plus douillets. Répandue en ombrelle dans le côlon, la codéine fondue accède à l'étage supérieur, lequel est le cæcum où elle diffuse son effet selon l'image d'un parapluie qui s'ouvre ou d'une fusée de fête lâchant dans le ciel sa poignée d'étoiles. En moins d'une minute, prodigieusement, les gros intestins sont investis. Vous ressentez, forte et soudaine, la crampe de Richardson qui vous enserre le

---

1. Notamment Burroughs dans *Le Festin nu*.

plexus entre ses pinces de homard vorace ; puis une immense bouffée d'extase vous monte à la gorge et assiège votre cerveau. Une extase qui, en début de pratique, se prolonge au-delà de trois heures.

Le résultat de la médication de suppositoire codéinique est absolument analogue à celui de l'absorption par opiophagie, avec en plus une rapidité fulgurante et un plus durable établissement ; une légèreté nuageuse aussi qui contraste avec la lourdeur de l'opium ingurgité, lequel met de six à dix minutes (selon sa qualité) à se diffuser dans la poche stomacale. Quel dommage que Sir Thomas de Quincey, arrivé trop tôt dans un monde en composition, n'ait pu expérimenter le petit missile germanique à portée rectale. Il s'en fût fort bien trouvé, ma foi, d'autant qu'à tout prendre sa rigueur constipante était plus facilement négociable que la rétention fécale exercée par l'opium dégluti.

L'opiophage et le suppositoirien ont en commun ce goût, qui se contracte très vite, de l'accoutumance abdominale, laquelle ne s'assume jamais debout comme la prise nasale ou la piqûre. L'anus et la zone côlo-rectale sont d'une sensibilité frémissante non seulement aux opiacés mais à toutes les préparations de la pharmacie des barbituriques. Ce n'est point par manie vicieuse que les insomniaques s'envoient dans le canal excrémentiel des exocets de Nembutal. L'Eubine justement — et sa boîte rouge portait mention de ces trois propriétés — était un analgésique, un sédatif et un hypnotique puissant ; c'est-à-dire un réducteur de la douleur, un modérateur des sensations augmentées et un agent somnifère.

La souffrance s'étant évanouie, il vous restait, sur un fond d'extase atténuée, l'anéantissement d'un sommeil bénéfique. La douleur envolée, et l'action des principes actifs employés à la supprimer se transformant en principes actifs de la création du plaisir (ces énergies toxiques sont communicantes comme les vases de même nom), on en recevait tout le bénéfice au plexus sacré comme une bombe soufflante. Je me souviens d'avoir été, dans le wagon de troisième classe qui m'emmenait à Vierzon, littéralement soulevé jusqu'au filet à bagages ; et d'avoir navigué — immobile, sans un geste — sur toutes les étendues océanes de l'imagination.

Ici réside, du reste, le pouvoir émancipateur de la codéine, alcaloïde absolu, qui excite l'imaginaire alors qu'opiums et morphines au contraire enchaînent notre vie à l'immédiate réalité. La codéine stupéfie beaucoup en hallucinant un peu. Les petits voyageurs actuels avec leur billet aller simple pour L.S.D. Station n'auront point connu cet âge d'or de la stupéfiance hallucinogène avec ses somptueux imprévus d'itinéraire et ses péripéties mentales. Que Dieu soit loué de leur âge : ils n'y eussent point résisté. Dans cette Eubine française, jumelle tout à fait conforme de l'Eucodal sa voisine, se reconnaissait toute l'autorité de la chimie allemande des poisons. Elle avait été un court instant en concurrence commerciale avec la Sydenhamine, produit similaire à la poudre d'opium.

Celle-ci soignait la grippe. L'autre soulageait des tumeurs cancéreuses et métamorphosait en paradis l'enfer des molaires barrées.

XXI

Une vue aérienne du château d'Anjouin nous l'eût montré perdu parmi les prairies et les bosquets de l'Indre. C'était une propriété isolée sans cultures ni potager que Léon Pierre-Quint avait héritée de son père, le banquier Steindeker ; séjour d'agrément surtout habitable à la reverdie, coiffé en son centre d'un castelet tout blanc, de plain-pied avec le gravier du sol, où M. Hitchcock eût aimé, parmi cette campagne solitaire, machiner d'abominables crimes.

Plus je voyais L.P.-Q. plus j'attachais mon regard à son visage ; je ne laissais point d'en être saisi, d'autant que la lumière estivale conférait aux traits une vivacité d'expression nouvelle. Il y avait de tout dans cette gueule à dessiner : du pirate de haute mer, de l'agent d'une puissance étrangère, du satrape oriental, de l'atomiste pervers et du confesseur très indiscret. L'on comprenait que L.P.-Q. fît des envieux, et que Buñuel et Prévert aient voulu le pousser devant la caméra. Lui qui passait pour être d'une avarice harpagonienne avec ses auteurs avait à domicile la munificence du mécénat.

On déjeunait à pleine table d'un menu standard : un plantureux poulet de grain aux frites molles et dorées cuisiné par la gouvernante Hélène, laquelle préparait avec brio un dessert de poires du pays dégouttantes d'un sirop de chocolat fumant. Toute la maison d'édition était là, du chef de fabrication au dessinateur et au photographe d'écrivains. Ayant appris son métier du méticuleux Simon Kra (il avait publié *Lunes en papier,* le premier grand texte de Malraux, alors âgé de vingt-trois ans). L.P.-Q. revoyait tout par lui-même, tacitement, au secret presque et scrupuleux jusqu'à la virgule. Pratiquant l'économie de miettes des passereaux, c'était un saint pour ses auteurs tant il leur mâchait la besogne dans la bouche ; un saint qui payait mal, mais un saint conforté. Le repas du soir était familial et lacédémonien, L.P.-Q. administrant sa régie avec la pompe froide et le calcul tranchant d'un chef de cité antique.

Au déjeuner l'on faisait théâtre ; au dîner, recueillement ou bavardage intime.

L'attraction principale était fournie par les d'Astier de La Vigerie, Emmanuel et Louba, couple amoureux récemment uni et invité à plein séjour comme moi-même. Allez donc savoir pourquoi ! à peine lui fus-je présenté que je me figurai d'Astier, le baron rouge, en Valmont des *Liaisons dangereuses,* qui préfigure le lord Stephen d'*Histoire d'O*. Mi-gerfaut mi-condottière, longiligne et haut de plafond, cassé, les épaules basses avec une très belle chevelure qui semblait perruquée, d'Astier (Mané pour les siens) était en élégance l'anachronisme incarné. Il était en effet difficile d'imaginer tournure d'esprit plus moderne dans un corps aussi criant d'ancienneté. Une poussière de féodalité poudrait ses tempes grisonnes, un vieux relent baronnial de fond de province le poursuivait comme ces odeurs de tabernacle qui vous sautent au nez dans les églises qu'on abandonne. Ce progressiste signalé, gaullien éminent et marxiste affranchi, paraissait d'un autre temps dans ses souples flanelles d'Old Bond Street. Lorsqu'il obtint plus tard le prix Lénine de littérature, je me remémorai ces jours d'une coulée facile vécus ensemble à Anjouin.

D'Astier, ce politicien libre (je veux dire dégagé de toute appartenance à un parti), n'était pas un homme de dialogue, mais seulement de conversation. Il parlait comme il écrivait : avec une difficulté où chaque mot avait sa place et son sens.

L.P.-Q. évoquait son héroïne Merck avec un romantisme affadissant. Heureusement l'arithmétique était là pour insuffler de la consistance et redonner du nerf à son monologue essoufflé. L.P.-Q. s'était piqué pendant vingt-quatre ans à raison de quatre injections par jour, une toutes les six heures. Faites vous-même le calcul comme je le fis mentalement alors : $365 \times 4 = 1\,460 \times 24 = 35\,040$. Trente-cinq mille quarante piqûres d'héroïne. Et pas un abcès, ni une égratignure d'aiguille ni un bleu sur la cuisse. Une longue perpétuité d'extase ininterrompue et une fortune dépensée en deutsche marks.

Le personnage passionnant qui, sous un faux effacement de femme du monde, accrocha ma sensibilité relationnelle fut Louba d'Astier de La Vigerie. De fines attaches osseuses, des mains de fée, une taille de princesse à marier, un cou de cygne, un beau visage blanc de la Moscovie centrale que rosissait le bouquet des pommettes — un profil à faire prisonnier sans attendre et à enfermer en médaillon dans un boîtier de montre pour l'emporter partout avec soi —, Louba était à la fois la grâce fragile et la plus agissante féminité. Avec elle on entrait de plain-pied, et tout ensemble, dans le grand roman russe et dans la comédie américaine. On était dans Tolstoï et on était dans Lubitsch.

Louba Krassine a connu, sans en excepter un, tous les chefs bolcheviques du premier gouvernement révolutionnaire : les vingt commissaires du peuple de la glorieuse photo dont il ne restait plus un seul, hormis Staline, à la veille de la guerre, Staline en ayant purgé le Kremlin et s'étant ingénié par une vaste entreprise de terreur nationale à les exterminer jusque dans les esprits. Alors que je demandais à Malraux, oisif à la fin de sa vie, pourquoi il n'écrirait pas l'autopsie d'un événement considérable, il me fit cette boutade : « L'Histoire a deux grandes histoires à conter : la révolution de 89 et la révolution d'Octobre. Le reste ne vaut même pas le papier qu'on emploierait à en faire des cocottes. »

Il est bien vrai que l'épopée des destructions d'empires nous passionne davantage que le récit des constructions d'Etats. Dans le cas de Louba Krassine, les traits et les gestes des géants qui en dix jours mirent à terre le tsarisme sont restés en elle comme ces tableaux que la lumière trace sur la rétine. C'est à croire que l'enfance est le seul âge de la vie où la mémoire soit absolue. On les suit, ces morts en sursis, comme la chrysalide mobile de sa pensée, comme si la vie intérieure primaire de la petite fille s'organisait autour de leur souvenir ; mais si traumatisme il y a, il est positif et il émeut.

Il est troublant de voir le cerveau d'une enfant nouer et conduire cette redoute sacrée. Il le fait en dépit de tout ordre, logique ou cohérence ; ce qui prouverait, ne le saurions-nous déjà, que la mémoire est une puissance qui n'en fait qu'à sa tête, sur laquelle nous ne pouvons prétendre à quelque moment qui soit exercer aucun contrôle ni influence, et dont notre affectivité — ou les limites de notre cœur — dépend absolument.

Ah ! que j'aimais ces fins d'après-midi des lendemains du 15 août où, marchant en bordure des prairies de l'Indre (moi surveillant l'herbe jaune d'où la vipère du Berry pouvait surgir pour mordre ses gracieuses chevilles, et cette vipère-là, chacun le sait, n'expie point le crime de son venin), que j'aimais ces couchers de soleil de Valencay[1] où Louba d'Astier de La Vigerie retrouvant ses cinq ans, ses sept ans, ses neuf ans... et, remontant par là même aux sources de la perceptibilité du souvenir sensible, me racontait les hommes de la révolution, lesquels devenaient très vite au fil de son récit les hommes de sa révolution.

Saurons-nous jamais pourquoi ? peut-être parce qu'il fit partie de la dernière charrette funèbre, la plus sanglante : celle de 1938, et que le bruit de sa réhabilitation courait déjà (n'a-t-on pas dit qu'il était l'unique objet du remords de Staline, si tant est que Staline pût avoir du remords) — saurons-nous jamais pourquoi Nicolaï Boukharine ouvrait la marche de ces sublimes fantômes ? « Il faisait, dit-elle, de grands gestes maladroits et imprécis comme en font les grands oiseaux empêtrés dans leurs ailes. Chaque fois qu'il venait à la maison, il répétait à mon père avec une rage frénétique de conviction : " Ce que le monde attend de nous, camarade Krassine, c'est que nous soyons de nouveaux civilisateurs. " Nicolaï Boukharine était nerveux, théâtral, dostoïevskien. Il s'emportait, montait sur ses chevaux d'or, se grandissait, puis, son discours vomi, il diminuait de taille et s'affaissait sur le canapé. Quelque temps après la révolution, Moscou manquait d'éditions musicales. On n'imprimait plus faute de papier et les copistes avaient autre chose à faire. Un jour de réunion du Soviet suprême, Boukharine doit présenter un rapport sur les complexes pétroliers du Caucase. Comme il n'a rien préparé mais qu'il a réfléchi toute la nuit à son sujet — c'était un insomniaque, même tout jeune il ne dormait pas —, il brouillonne quelques notes avant l'ouverture de la séance, toujours fébrile et absorbé. La séance s'ouvre. Boukharine agite de grandes feuilles sur lesquelles il a jeté son plan. Lorsqu'il commençait à parler on n'arrêtait plus son flot. Zinoviev qui est alors aux plus hautes instances de l'Etat avec Kamenev et Staline finit par l'interrompre : « Mais qu'as-tu dans les mains, nom de Dieu ! qu'est-ce que tu tripotes ainsi ? » Il avait entre les mains la partition de la *Sonate en fa majeur,* opus 73, de Schubert. Tous les membres du gouvernement ont éclaté de rire. Boukharine agaçait Trotski comme si les qualités intellectuelles de Nicolaï avaient porté ombrage à celles, tout de même supérieures, de Léon Davidovitch. Boukharine ayant été à New York pendant son exil, il en avait ramené l'édition complète des poésies de Walt

---

1. Chef-lieu de canton de l'Indre où Anjouin se situe.

Withmann. Il me traduisait de petits extraits de *Feuilles d'herbe* puis me les faisait répéter. " Je vais t'apprendre l'anglais, petite Krassine ", disait-il. Il était dostoïevskien.

» Tomski, que mon père appréciait beaucoup — " Tu vois, Krassine, moi je suis désintéressé comme un vrai révolutionnaire et je n'aimerai jamais une femme autant que la révolution ", répétait-il — Tomski aimait à faire sauter à la poêle de petites cailles qu'on lui ramenait de la Russie centrale, l'hiver, le ventre criblé de plombs par des braconniers. Radek était un forcené des tarots. Zinoviev avait des manies de moine. Sitôt après le dîner, il s'enfermait dans sa chambre en emportant sous son bras les principaux journaux du monde entier, dont les revues financières, qu'il lisait de la première à la dernière ligne, jusqu'à 4 heures du matin quelquefois. Pendant son effarante lecture, sa compagne même n'avait pas le droit de le déranger. Le lendemain, en quelques phrases éclairs, il faisait sa revue de presse à Staline ; c'était un grand talent de politique extérieure que Zinoviev. Kamenev, qui avait de l'esprit sous ses dehors taciturnes, accusait Zinoviev de jouer en Bourse dans les pays capitalistes, fictivement. Lorsque de grosses divergences de vues et une haine personnelle très forte l'ont opposé à Staline, Trotski s'est replié sur lui-même, cherchant refuge dans sa vie de famille. Il boudait, il restait des semaines entières sans aller au Kremlin, écrivant jour et nuit dans sa datcha, ou pestant après des secrétaires qui déployaient une bonne volonté surhumaine pour prendre sa dictée. Léon Davidovitch était un génie de fréquentation difficile. Mon père l'a revu peu avant son exil à Alma-Ata. Tout le monde l'espionnait, disait-il, la cuisinière, le domestique, le jardinier. Le Guépéou suivait son fils à la trace des semelles. La surveillance policière est un horrible poison mental. Léon Davidovitch était le plus grand orateur du monde et de tous les temps. Nous l'avons entendu au temps de sa splendeur s'adressant, à la Maison du peuple, aux veuves des officiers et des martyrs de l'Armée rouge. Pendant toute l'heure qu'a duré ce magnifique chant funèbre, nous n'avons pas cessé de sangloter, ma sœur et moi.

» Excepté pour lancer quelques flèches d'humour noir, Kamenev parlait peu ou pas. On l'avait surpris plusieurs fois à jouer aux échecs avec lui-même, à deux mains et en mouvements simultanés, debout devant l'échiquier. Ces colloques de dédoublement inquiétaient ses amis. Mon père disait alors : " Nicolas Salmanovitch vérifie ses superstitions. " Etc. »

Le grand bal des fantômes déroulait ses ornements et ses entrelacs. Nul ne manquait à l'appel de ces festivités mortuaires. Tous étaient là et tous répondaient présent par leurs bouches de squelettes. Tous : Ordzonikitzé, le compagnon le plus proche de Dougatchvili[1] par le pays natal, la Géorgie ; Prejobanksi qui, pour faire rire Louba, se déchaussait, frappait ses bottes enneigées et en appuyait les talons contre ses joues gonflées à la manière d'un clown qui a la bouche pleine d'eau bouillante ; Rikov[2], le futur président du soviet de Leningrad, que Krassine surnommait le prince-maille tant il avait la petite monnaie avare et n'offrait jamais un thé à la buvette du parti ; Kirov, qui buvait la vodka flambée à la tasse et, sans se brûler, ses flammes bleues avec. Tous, et les hauts dignitaires de l'armée dont le cadet Toukatchewski qui était prisonnier dans une forteresse de la Prusse-Orientale avec un certain lieutenant de Gaulle et qui, remis en selle par la révolution, disposait, déjà maréchal commandant à Moscou, de quatre professeurs en permanence pour lui apprendre la science de l'épée.

Elle avait pris connaissance de la terreur stalinienne et de la vague déferlante des purges quand, visitant le pavillon de l'U.R.S.S. à l'Exposition internationale de 1937, elle y avait vu disparaître d'un jour à l'autre les portraits géants de ces maréchaux de moins de quarante ans (Blücker par exemple) dont l'armée, la nation, le peuple et l'Etat se montraient si fiers tous ensemble. La folie sanguinaire du dictateur ne s'explique pas seulement par la paranoïa de peur nocturne dans laquelle il vivait, redoutant d'être assassiné pendant son sommeil qu'il avait paradoxal et léger, mais aussi et surtout par la psychose de renversement de ce régime de fer qu'il avait mis (bête de somme travaillant jusqu'à vingt heures par jour) vingt sanglantes années à forger. Aujourd'hui que l'inéludable débat sur Joseph Staline est totalement dépassionné, aujourd'hui que notre mémoire objective a pris le pas sur notre mémoire passionnelle et que nous considérons comme le grand fait acquis de l'histoire du siècle l'odieuse nécessité de sa tyrannie, la question que je posai alors à Mme Emmanuel d'Astier est toujours actuelle :

---

1. Le vrai nom de Staline.
2. Ami personnel de Staline, il fut assassiné en 1935, ce qui déclencha la première terrifiante purge.

L'héroïne

— Y a-t-il eu complot lors des trois vagues de procès de Moscou ?

— Officiellement, oui. Officieusement, non. Mais probablement, oui. Que ces anciens révolutionnaires aient conspiré contre le confiscateur de leur révolution, c'est à peu près certain. Qu'il y ait eu complicité collusoire entre eux et des puissances étrangères — l'Allemagne hitlérienne pour la nommer —, il est absolument certain que non ; dans le cas contraire, le pacte germano-soviétique n'aurait pas été signé comme une fleur. En conclusion, complot pour priver Staline de son malfaisant pouvoir : oui ; trahison : non. Mais Staline a réussi son épuration intérieure et, surtout, gagné sa grande guerre patriotique.

— Et vous, quelle image avez-vous conservée de lui ? C'est Staline qui m'intéressait, l'on s'en doutera. Il était le seul survivant (il se survivait à lui-même, eût-on pu dire) avec Molotov, son beau-frère Lazare Kaganovitch, un carré d'as de maréchaux qui avaient frisé le tribunal du peuple d'un cheveu, tous héros de l'Union soviétique, comme il se devait, et la troïka des vassaux fidèles : Beria — Malenkov — Mikoyan. J'étais très friand, en tant que jeune communiste émancipé, d'avoir des nouvelles (des nouvelles fraîches, en direct de Moscou) du génial père des peuples ; d'autant que l'opinion populaire française voulait qu'il se fût fort bien entendu avec de Gaulle en novembre 1944 ; « presque aussi bien qu'avec Pierre Laval en 1935 ; n'exagérons rien : un peu moins bien cependant », modulait M. Vincent Auriol avec un art consommé. Qu'on se replace dans le contexte de l'époque, en août 1945, à deux mois des élections législatives : la vraie fête nationale du suffrage universel puisque nos épouses, nos sœurs, nos maîtresses, nos mères, nos mères-grand, nos aïeules, tout l'éternel féminin de France allait courir à l'isoloir ! On ne parlait que de Staline ; serait-il venu à Paris qu'on se fût écrasé pour le voir. O ! pauvres squelettes des procès de Moscou, comme vous êtes vite sortis de nos infidèles mémoires ! Je voulais tout savoir du bourreau replet qui les avait privés de sommeil, moi.

— Etait-il grognon ? m'enquis-je.

— Pas vraiment. Bourru, oui ; grognon, non. L'homme a évolué, vous savez, au fur et à mesure de sa montée vers le pouvoir absolu. Il m'enlevait dans ses bras et il me faisait sauter sur ses genoux. Il m'a bien fait rire avec son œil de pope et son œil d'ogre qui convergeaient bizarrement sur moi. Staline savait très bien faire les gros yeux aux enfants. L'homme n'a eu ni enfance ni jeunesse. Le terrorisme tout de suite au sortir du séminaire, le filet policier qui se resserrait autour de lui, les arrestations, le bagne : Staline, comme tous les hommes de 1917, n'a pas connu l'amour dans son âge d'urgence ; mais seulement après, bien après. Ce qui a le plus frappé mon père, en lui, est qu'il était un homme absolument dépourvu de besoins personnels. Lénine, Trotski, Boukharine avaient de gros appétits intellectuels ; lui n'en avait aucun. On a raconté qu'il laissait toute une année ses chèques s'amasser dans son tiroir, omettant de les signer pour les faire déposer à la banque du Kremlin : c'est authentique. En vérité, c'était un paysan avec des goûts de célibataire endurci. Chez nous il se régalait d'œufs de cane et d'un gâteau de maïs moulu qui est un des plats typiques de la Géorgie. Nommé commissaire aux nationalités par Vladimir Ilitch alors que Trotski prenait en main le ministère des Affaires étrangères, il portait toujours, la belle saison revenue, la vareuse de toile blanche du moissonneur.

Obsédante hiérarchie de gouvernement tout de même où une trentaine de dirigeants bottés de cuir usé, vêtus de gros drap poilu et régnant sur des cabinets réduits, se portaient — avec un empressement d'enfer — au-devant de l'Histoire pour enrôler deux cents millions de sujets dans une épopée irréversible et réaliser la plus grande mutation humaine, industrielle, militaire et sociale qu'aient connue nos vingt siècles réunis. En tout cas ce cirque de Moscou était bien sympathique à regarder vivre, surtout vu de la coulisse avec Louba, la petite infante de la révolution.

Ainsi allait si joliment la vie au château d'Anjouin qu'on s'y serait cru pour un peu dans un panier de fleurs champêtres. Moi qui tenais l'oisiveté en horreur, je ne me souviens pas avoir jamais fait aussi peu de choses sur une si longue distance de temps : si peu que rien. Levé avec le haut du jour, et celui-ci raccourcissant, je voyais tomber la nuit avec un ravissement sans égal ; car de minuit à midi, du jour astronomique au jour civil, je lui confiais ma vie toxique.

Je commençais à ressentir comme une accusation du corps la pesanteur du poison codéinique. Une flemme lourde s'immisçait en moi. Quelquefois même à table, une paresse végétante me fermait brutalement les yeux. La nature aveugle l'a voulu ainsi ; frémissant au poison opiacé comme la feuille d'herbe au dernier souffle du vent qui expire, j'ai un tempérament d'une excessive toxicophilie.

L'héroïne

Après le repas, dans la grande sieste du jour, tandis que la population du château se retirait derrière ses jalousies, j'entraînais au ballon Gilles Planquet, le fils du fermier voisin, qui gardait les buts de Valençay. La torpeur du Berry s'abattant sur la plaine et toute la campagne étant au sommeil, nous en profitions pour aller surprendre la poule faisane dans ses fourrés et la tirer à la carabine ; jeux d'enfants qui aiment les armes en haïssant l'armée. Un samedi que les faisandeaux assoupis s'éparpillaient sous la mitraille et que la mère, atteinte au cou, s'abattait dans un frisson de plumes, je fus frappé du syndrome de Mannering. Un coup à l'estomac, puis une boule noueuse en figure de nœud de vipères, une faiblesse, une bouffée de transpiration, un vertige et une soudaine envie de vomir. Tous les symptômes (l'énumération en est exemplaire) de l'état de besoin. J'avais la veille au soir vidé la seconde de mes deux boîtes d'Eubine. Eveillé sans effort, l'œil frais, j'avais déjeuné d'une assiette pleine, sans constater d'anomalie fonctionnelle, normal de corps et d'esprit, me disant : la journée se fondra dans son moule et demain dimanche étant un autre jour, j'éliminerai jusqu'à toute trace morale de la drogue. Ces raisonnements étayés sur des embryons d'espérance sont les pires ; il faut s'en garder. Où la drogue a passé, en si petite quantité que ce soit, elle signe sa lettre de passage ; elle laisse sa marque, ses prédations, ses dégâts. Il n'y a point d'impunité en ce domaine ; tout expérimentateur est un jour ou l'autre puni de son expérience.

Depuis bientôt treize mois que je jouais avec la drogue à ce jeu de l'amour fou et de la séparation héroïque, suivie des plus grands élans de résignation et des plus courageuses abstinences (dont je passais une certaine partie à la rumination du souvenir) j'étais devenu, à l'évidence, d'une fragilité extrême ; je n'offrais pratiquement plus de résistance au toxique. Le mur d'une immunité se lézarde très vite. Soit que sa nature est plus forte que la nôtre, soit qu'il échappe à notre monde sensible et pénétrable, le poison opiacé aura toujours raison de la volonté humaine. Nous ne sommes pas de taille à lutter contre lui. Alors, préservons-nous par tous les moyens d'y toucher, élevons des barricades, érigeons des fortifications contre lui ; ou que la société retranche de ses rangs tout individu qui en est menacé.

Mon repas dégueulé, je me tenais la panse devant ce garçon de mon âge, sympathique et florissant, qui revenait d'Allemagne avec un teint glorieux et avec qui j'avais une entente d'activité et de dialogue idyllique. Les terriens sont en vérité la seule race que j'aime. Outre le caractère stupide du malaise, il y avait cet aspect pénible de ma défaillance dont je faisais endurer la vue à quelqu'un avec qui j'éprouvais du plaisir à être.

— Ce n'est rien, dis-je. Ces gens des villes engloutissent leur nourriture, ils ne mastiquent point comme nous. Dans ces conditions comment veux-tu digérer ? La politesse t'oblige pourtant à suivre leur allure.

Sous ce mensonge de connivence se cachait et se développait soudain une fantastique volonté d'audace dont l'exacte portée m'échappait du reste, car je ne pensais pas sur le moment qu'elle pût me mener si loin. Fût-ce en transgressant la loi, cette force irréfléchie, aveugle, muette et sourde, me forçait à me procurer dans les plus brefs délais et à n'importe quel prix, le produit dont la privation, en me faisant mal et en m'apportant le malheur, me diminuait absolument.

On remarque dans tout acte de délinquance une volonté de s'affirmer dans la plus grande impatience. L'urgence à commettre le délit est la motivation suprême de la délinquance toxique ; la douleur ne supportant pas l'attente, l'urgence emporte votre volonté, elle arme votre bras, et plus rien ni personne ne lui résiste ; en vertu de quoi aucune raison ne la fera fléchir. Le processus d'une délinquance inspirée par le manque est irréversible, la douleur — l'insoutenable douleur — faisant perdre à l'intoxiqué son sens moral, sa conscience de société et, pour tout dire, l'entier contrôle de soi-même. Alors que ce n'est pas toujours le cas dans le crime, dans le délit de drogue tout s'ajoute et tout s'aggrave. Un destin de toxicomane ne se modifie pas ; nul ne l'infléchit ; il s'accomplit, inéluctable. L'homme dont toute la vie est axée sur la recherche du plaisir et l'obtention du bonheur, cet homme ayant rencontré le plaisir suprême et trouvé le bonheur absolu, pourquoi voudrait-il s'en évader, se délivrer de ces chaînes sublimes ?

Je pouvais ce jour-là maîtriser mon malaise, ne pas céder à l'exaspération du besoin, résister à cette frénésie de l'état d'urgence. Je n'en fis rien. L'on commence ainsi dans des emportements du système nerveux et l'on finit au désespoir dans une prison centrale. On éprouve, il faut dire, un sentiment d'orgueil si fallacieux à se faire le serment à soi-même d'aller jusqu'au bout qu'on ressentirait la plus absurde des hontes à ne pas tenir sa promesse. On devient ainsi délinquant par bravade et par magnanimité. J'en aurai, me défiai-je. Par des moyens légaux ou illégaux, j'en aurai. Je serai soulagé avant que la nuit ne tombe.

— Gilles, si tu nous poussais jusqu'à Châteauroux à motocyclette ? suggérai-je. Tu me permettrais ainsi de louer ma place pour mon retour à Toulouse. (L'intoxiqué ment avec la volupté physique du comédien de métier changeant de personnage.

— C'est faisable, fit-il. D'autant que j'irais volontiers voir les filles. Avec tous ces Américains qui rappliquent à la base aérienne, il en est arrivé de nouvelles ; et pas de n'importe où : de Boulogne-Billancourt. De vraies professionnelles, tu vois. (De toutes nos catégories sociales, la jeune paysannerie, dans l'anarchie de la paix en fête, s'est le plus sexuellement affranchie.)

Ce voyage dont je n'avais aucune appréhension particulière fut un enfer. Tout le trajet durant, la diarrhée me tordit les boyaux ; manquant m'oublier sur la selle, j'appuyai de toutes mes forces sur la poitrine de Gilles Planquet que je tenais à bras-le-corps, et faisant instance, je le priai de s'arrêter devant la première pharmacie du faubourg. L'officine était déserte en ces heures d'écrasement solaire. Les coudes sur sa caisse, le potard rêvassait les yeux mi-clos. En me voyant à un mètre, il sursauta. Pour ce coup d'essai, je devais avoir l'assurance de l'assassin impuni qui revient au crime :

— S'il vous plaît, avez-vous de l'Eubine à deux centigrammes ? demandai-je sans préciser s'il s'agissait de suppositoires ou d'ampoules. Le privant à l'avance de toute réaction, je sortis de mon portefeuille une somme inconsidérée dont ma main l'obligea à se saisir. Pâle et troublé, le regard battu de l'honnête homme qui se compromet pour la première fois, il me tendit une poche de papier blanc qui cachait une boîte de dimensions anormales. Et pour cause, il s'agissait d'une boîte de dix ampoules injectables.

— Je pourrai revenir ? supposai-je, avec l'assurance tranquille du gagneur qui a réussi son coup.

— Oh, non, monsieur, que je ne vous revoie plus.

Tandis que Gilles Planquet vaquait à ses fantaisies de bas noirs et de chairs molles, j'acquis une seringue Pravaz. Louant une chambre à l'hôtel de Nesles, je fis mon injection posté devant l'armoire à glace. J'y fus d'une autorité et d'une adresse praticiennes renversantes. Etait-ce moi qui agissais ainsi sous le féodal et fabuleux empire de la drogue ou était-ce un autre qui accomplissait le geste à ma place et en nom nom ? J'étais un autre. Déjà une personnalité aussi nouvelle qu'aventureuse se substituait à ma personnalité propre. Quand je fus rentré le nez dans les étoiles, Léon Pierre-Quint me trouva une inquiétude fiévreuse aux yeux ; et les pupilles comme des têtes d'épingles irisées. C'est pourquoi peut-être, de toutes les figures d'images qui sont attachées à l'usage de la drogue, l'expression drogué jusqu'aux yeux est une des plus signifiantes.

XXII

Donc j'avais fait le saut. J'étais passé des méthodes dites d'arrangement (prises nasale, orale ou rectale, où l'on compose avec la drogue) à la grande méthode de servitude et d'assujettissement : l'injection hypodermique. J'avais accompli le bond en avant dans la fatalité tout seul, sans avoir eu même à recourir à un intermédiaire entre la seringue et moi. D'ordinaire les puceaux de l'aiguille hésitent entre supputations et conjectures avant de piquer, confiant souvent la face postérieure de leur anatomie à des hommes qualifiés. Moi je me ferrais les fesses avec la maestria technique du chef infirmier, et une grande fierté d'exécution. Vraiment.

Codéine, morphine, héroïne : la drogue injectée se diffuse dans le corps comme un serpent liquide à mille têtes avides, une hydre universelle saisie d'une faim dévorante et décidée à transformer sa proie périssable en cadavre approchant. Empire du pavot, maîtresse des plus grands trésors opiomaniques du monde, c'est dans cette résolution d'esprit qu'a agi la Chine de Mao avec les Européens de Hong Kong, les Français d'Indochine et les Américains au Viet-Nam : perfide, le Grand Timonier, corrupteur de l'Occident capitaliste.

La drogue injectable tire son prodigieux effet de fascination physiologique et mentale du pouvoir qu'elle a, semble-t-il (et que la piqûre soit sous-cutanée ou intramusculaire, la sensation de plaisir étant cependant plus profonde avec celle-ci), de s'infiltrer à la fois par les milliards de pores qui forment le tissu épidermique. Il s'agit d'une vaste aspiration de la peau gourmande et gloutonne. Si un mot veut dire quelque chose dans le langage branché des toxicomanes d'aujourd'hui, c'est bien le mot flash. Nous sommes envahis de partout à la fois par ces hordes innombrables de têtes chercheuses, qui par le bassin qui par le ventre, dans une formidable émulation, gagnent les deux centres nerveux essentiels du plexus solaire et du plexus sacré.

Les réactions du jeune homme vierge aux solutions d'alcaloïdes injectables sont diverses. Ce n'est pas de l'opium liquide brut que vous envoyez dans les muscles ou les veines (comme le faisaient pendant la guerre du Viêt-nam les piqueurs de métier aux malheureux G.I.'s, proies faciles, rentrant d'opération), mais des substances morphiniques traitées selon les principes de la chimie pharmaceutique la plus avancée. Comme chaque intoxiqué en état de privation a son syndrome de douleur spécifique, chaque drogué en état de charge a ses symptômes de plaisir particuliers. (Je déteste d'ailleurs le mot drogué qui vient pas inadvertance sous ma plume; il y a des toxicomanes, c'est-à-dire les sujets qui sont esclaves d'un toxique; et les autres, autant dire les amateurs.)

Quand l'homme jouit de la préférence entre plusieurs produits il peut choisir librement son toxique, selon ses inclinations et ses épanchements; et ainsi s'assujettir à celui dont il retirera le plus grand profit d'extase. J'ai su personnellement tout de suite que l'Eubine (oxycodone) me conviendrait merveilleusement : par sa légèreté fluidique, ses allègements dans la persistance, sa subtilité de retrait quand l'effet s'en va.

La codéine met de la douceur dans sa dureté frappante. Ce n'est point le coup de massue sur la nuque, au niveau des nerfs cervicaux, de la morphine allemande, ni le crochet au foie de l'héroïne pure. C'est la même imprégnation des vaisseaux sanguins et le même afflux en réseaux compliqués vers le torrent circulatoire. Le morphinomane, l'héroïnomane alourdissent leur sang de drogue mais l'analyse hématologique ne révèle rien de cette corruption corrodante; de même le plus savant inspecteur de l'urine de l'homme ne rencontrera aucune trace de toxique dans l'urée, son principe immédiat. Comme quoi les alcaloïdes opiacés n'ont pas fini de poser à la médecine des poisons problèmes, colles et devinettes.

Lorsque le peintre Christian Bérard mourut en 1948, dans des circonstances d'overdose imprécises, M. le juge d'instruction Ferdinand Golletty ordonna de pratiquer séance tenante une autopsie des viscères. Les deux plus fins limiers de nos laboratoires de toxicologie furent commis. Jamais efforts ne furent plus vains. Rien de suspect, rien de douteux : ils ne trouvèrent absolument rien. C'était pourtant un des secrets de polichinelle du Tout-Paris

L'héroïne 195

que Bébé Bérard, héroïnomane confirmé, recevait sa drogue chimiquement pure d'Angleterre, expédiée par courrier aérien dans des bonbons acidulés.

Nous sommes ici dans le domaine de la magie blanche. L'héroïne est une sorcière. Avec elle, le pire est toujours sûr.

Les derniers jours à Anjouin furent ronds et pleins de la rondeur et de la plénitude de la codéine. Plus les événements vont se précipiter plus il me semblera, avançant dans le temps, que ce furent là les seuls vacances que j'aie jamais prises.

Dans le Paris-Port-Bou, l'express du retour, je fus pris d'une panique inconcevable : cette espèce de claustrophobie ferroviaire que nos guérisseurs du Sud-Ouest nomment la maladie du wagon.

Habité par un démon du mouvement, vous ne tenez plus en place. Vous exigez des autres voyageurs que les vitres de votre compartiment soient baissées. Vous traversez le train en marche, transchahuté sur les soufflets. Vous allez des w.-c. à la portière et de la portière aux w.-c. Le vertige du saut sur le ballast vous attire comme une fascination maléfique et les rapides nocturnes que l'on croise dans un fracas d'enfer vous broient les tempes. Les gares ne vous guérissent pas de cette déroute ; l'angoisse insoutenable recommence sitôt la motrice repartie.

J'allais dans le futur connaître à nouveau cet odieux mal de mer de l'âme en deux circonstances précises et différemment accentuées : en état d'approche de manque (ce qui fut mon cas cette nuit-là) et en état de satiété. Je le redoutai tellement et j'en fus tellement affecté par la suite qu'il devait être un des éléments déterminants de ma tardive mais définitive guérison.

Un branle de fièvre et d'agitation régnait chez les Jumièges, rue des Arts. Après sept ans de bonne et loyale absence, Gertrude Feder-Knapp, la fiancée alsacienne de Gontran, venait de réapparaître. Nous ne savons que vaguement, d'ordinaire, comment la folie s'introduit dans les familles. Nous savons pertinemment, en revanche, combien il est difficile de l'en déloger lorsqu'elle y entre.

Pintade fluette toute tachée de rousseur qui devenait écarlate à la moindre contrariété, frisottée au-dessus des oreilles, ses bouclettes collées aux tempes comme pour dissimuler les séquelles d'un internement concentrationnaire détestable, la bouche ornée d'un petit bourgeon sous-nasal, Mlle Feder-Knapp était la nièce, orpheline, d'un médecin de l'Est septentrional qui ayant débuté au pied des Vosges avait fini à Strasbourg dans les beaux quartiers. Ayant été lui-même en poste dans le grand chef-lieu du Bas-Rhin, Jumièges s'y était signalé avant-guerre par de hauts faits qui tous avaient à voir avec son mignon péché : la drogue. L'histoire que voici avait fait notamment le tour de France des fumeries.

En 1938, Gontran doit recevoir à Strasbourg, expédié en paquet recommandé de Marseille, un kilo d'opium du Yunnan. Le colis tardant à lui être livré, il s'impatiente lorsqu'il reçoit un coup de téléphone du directeur départemental des P.T.T. le priant de passer expressément à son bureau. « Monsieur Jumièges, lui dit l'homme, vous venez de faire l'objet d'une abjecte plaisanterie. Il nous est arrivé adressé à votre nom dans un empaquetage déficient une importante quantité de caca particulièrement puante mais fort bien conservée et pesant tout son poids. — Et qu'en avez-vous fait ? interroge Jumièges, tout guignonant. — Je l'ai jetée au vide-ordures », répond l'autre. Un coup de poignard dans le cœur de notre ami ne lui eût pas causé plus cruel désastre.

La drogue que Gertrude Feder-Knapp ramenait à Gontran, le contenu de deux valises pleines, n'émettait aucune mauvaise odeur. Elle consistait en un nombre accumulé d'échantillons de toxiques laissés au Dr Knapp, en un demi-siècle d'exercice, par les voyageurs médicaux, les Allemands ayant succédé aux Français dès le lendemain de l'annexion de l'Alsace-Lorraine par le gouvernement des nazis. Il y avait là plusieurs sortes de morphines lourdes, accrocheuses, dérangeantes ; le sensible et merveilleux Eucodal, plus sec et plus concentré dans son originalité germanique que sous sa licence française ; et une préparation d'une très forte puissance en même temps que d'un très haut raffinement : le Pantopon.

Produit phare de la multinationale des laboratoires Hoffmann-La Roche, le Pantopon (« alcaloïdes totaux de l'opium », spécifiait la notice) se présentait par boîtes de six ampoules dosées à deux centigrammes pour un centimètre cube, la formule devant être lue de la manière suivante : 1 cm^3 de Pantopon Roche = 2 cg de morphine + 1 cg de pantopon ; ce qui signifiait qu'aux 2 cg de chlorydrate de morphine initiaux, les chimistes de Bâle avaient ajouté 1 cg d'opium d'une qualité de force et de pureté difficilement surpassable. Les plus terribles souffrances humaines ne résistaient pas à une injection de cette solution survoltée. La douleur réduite ne reparaissait plus pendant vingt-quatre heures tandis que douze à quatorze heures d'un sommeil pacifique et réparateur étaient assurées au patient. Si votre corps ne souffrait pas d'une autre affection que de l'avidité de recevoir ces fameuses substances opiacées vous décolliez hardiment. Le seul reproche que l'on pût adresser à ce chef-d'œuvre des laboratoires helvétiques était sa couleur bistrée et la composition légèrement huileuse de la solution. A l'inverse du fluidique Eucodal, le Pantopon se résorbait plus lentement dans l'épaisseur de la peau et il laissait quelque trace sur le verre de la seringue hypodermique. La montée en degrés du flux toxique est perceptible aux réactions du corps. Il ne fit bientôt aucun doute au mien que le Pantopon, supermorphine améliorée et adoucie d'une quantité d'opium liquide y tenant le rôle d'un agent civilisateur (oui, tempérant), était ce que l'on faisait à la fois de plus ravageant dans l'effet immédiat et de plus profond dans la sensation établie. Une toxicomanie consiste en la rencontre, dans un corps donné, d'un homme et d'un toxique ; mais ce toxique, à partir du moment où il a pour base les alcaloïdes injectables, peut prendre des formes de séduction, de pénétration, de corruption et de sujétion de l'individu différentes selon la chimie interne de ce dernier, compte tenu de cette certitude fondamentale : à savoir que la soumission de l'homme à son poison favori sera totale, irréversible et quelquefois mortelle, aussi résistant que soit son organisme et quelque temps qui soit nécessaire à son esclavage puis à sa dégradation puis à sa déchéance.

Décidées au scrutin proportionnel, les élections du 21 octobre 1945 envoyèrent à l'Assemblée nationale trois cent seize députés socialistes et communistes (avec leurs apparentés) — la plus éloquente majorité de gauche acquise en France jusqu'ici. Parti pour Cazals pour y accomplir mon devoir civique, je revins à Toulouse sans avoir voté. Ayant commis quelque supplément de folie dans les w.-c. du train pendant mon voyage, je me trouvai sous-dosé ; et mon jeune corps impatient, irascible, irrité ne supportait rien qui fût en dessous de son plafond d'équilibre. Ma première carte d'électeur en poche, j'étais déjà à quatre piqûres de Pantopon par jour, soit une toutes les six heures, ce qui est la dose des moribonds ou des cancéreux lucides qui luttent pour leur survie. Je savais que désormais je ne passerais plus l'épreuve physique du manque ; qu'à la moindre distance que je devrais effectuer sans toxique je succomberais. J'étais dans l'irréversibilité du fatal, et d'ores et déjà engagé dans le sombre processus de la délinquance.

L'assassinat de M. Clément, le directeur régional de la radio, fut un vilain coup de bâton que le destin m'assenait sur la tête. Je perdis le protecteur qui veillait sur moi du sommet de la pyramide. Crime crapuleux, crime politique, vengeance de résistance ou règlement de compte de collaboration, la police locale ne parvint jamais à débrouiller cette énigme.

Et tandis que le monde épris de liberté regardait le beau soleil d'automne avec confiance, je m'enfonçais, enfant possédé, dans les ténèbres de la damnation.

Dans la délectation morbide du glissement, la corruption enjôleuse de la pente poussant à la roue, l'on se fait à l'esclavage. D'autant mieux qu'on n'en reçoit que des bienfaits, ce qui était mon cas. Ma vie se passait entre quatre sauvetages tendus qui lui imposaient leur division et que la drogue posait là comme les plus infranchissables montagnes de la terre : mes quatre injections quotidiennes. L'on pourrait aller ainsi un an ou deux, me disais-je. L'on ne va guère, hélas ! au-delà d'un mois.

Le toxicomane trouve au début de sa pratique de la drogue une telle intensité dans le plaisir qui se révèle que sous cet empire conquérant il n'a qu'une obsession : en renouveler tout à loisir la fréquence.

Aussi généreuse que soit la nature avec les enfants gâtés, aucun organisme humain n'a été conçu pour de si larges prouesses. Même les corps des plus puissants animaux s'effondrent. On l'a vu avec les tigres de certains cirques de grande circulation d'avant-guerre. Les fauves intoxiqués deviennent fous tant ils en redemandent. Alors il faut les abattre ; faute de quoi ils croqueraient la colonne vertébrale du dompteur et des garçons nourriciers.

La brigade de répression des stupéfiants n'existant pas à Toulouse en cette aube incertaine de la toxicomanie, je suis tombé le 26 mai 1946 entre les mains de la brigade municipale de la voirie : la territoriale, dirions-nous aujourd'hui. Je suis tombé après six mois de haute délinquance, ce qui constituera pour le présent comme pour l'avenir un record difficile à égaler.

Gertrude Feder-Knapp s'en étant retournée dans son insipide Alsace natale, et tous les trésors d'ampoules vidés jusqu'au dernier millimètre cube, nous nous étions précipités sur l'héroïne marseillaise. Entre la rigueur du laboratoire pharmaceutique officiel agréé par l'Etat et les approximations fort habiles du laboratoire clandestin contrôlé par le gang de la diffusion, la différence de qualité des produits est réelle. Le corps, rompu aux dures exigences des approches, des paliers et des plafonds toxiques, se fait cependant assez vite à ces différences de niveau dans le plaisir. L'organisme compose et le cerveau l'y invite derechef. Néanmoins le laboratoire clandestin prendra toujours le pas sur la légalité chimique pour l'éclatante raison que l'emploi de la poudre est discrétionnaire — on en use selon la vitalité de ses besoins — alors que celui des ampoules, fortement contingenté, est soumis à la tatillonne législation des sept jours[1]. Et puis pourquoi, mon Dieu, regarderait-on à la dépense dès lors qu'on a l'argent pour acquérir, c'est-à-dire pour accéder à la possession de l'extase ? Nous n'achetons point la volupté de l'amour à long terme : elle nous vient toute seule si nous aimons et sommes aimés. L'extase de la drogue qui ne nous vient d'aucun être au monde, mais d'une plante maudite — la vraie, la seule fleur du mal : le pavot —, s'achète, se dispense très cher, se vend ; et vous mourez si vous n'y faites point commerce. De tous les univers qui prêtent au sophisme et portent à l'illusoire, celui de la drogue est véritablement le pire.

Marseille avait complètement changé d'âme. Je ne m'y arrêtais plus, le mistral gelant ma semelle. L'argent étant venu très vite à nous manquer, Jumièges, usant de ses relations, avait obtenu des ordonnances de complaisance de certains médecins fort honora-

---

1. Les doses, la loi est formelle, sont attribuées pour sept jours à raison d'une, deux ou trois ampoules par vingt-quatre heures ; le cas de figure revenant le plus souvent dans les prescriptions étant « une ampoule matin et soir ».

blement connus sur la place et d'une clientèle au-dessus de tout soupçon. Mais nous les soumettions l'un et l'autre à une telle pression téléphonique (et n'hésitant pas quant à moi à faire le siège de leurs cabinets) qu'ils ne pouvaient pas nous délivrer des prescriptions à tour de bras.

Voici l'erreur — la première erreur — qui m'amena devant la justice.

Je téléphonai à l'imprimeur du conseil de l'Ordre des pharmaciens et des médecins, M. Bèchemaure.

— Bonjour, monsieur, pardonnez-moi de vous déranger, fis-je, je suis le neveu du docteur Cavalié. Ecoutez, il me fait signe, devant prendre son premier client de l'après-midi, de vous dicter sa commande : le docteur Cavalié vous prie de lui imprimer en format 15 × 20, et sur votre plus beau papier actuel, mille surfaces d'ordonnances à en-tête.

— Justement, enchaîna le commerçant-imprimeur, reprenant de volée, j'aurai quatre variantes de nouvelles couleurs à vous proposer dans les caractères apparents, d'un vernis très brillant comme il se doit : noir jais ; bleu d'outremer, un lapis-lazuli très azuré, très franc ; bleu de Prusse, un cyanure de fer augmenté, et qui en jette ; enfin, violet foncé, pourpre noir : le comble de l'élégance dans la discrétion.

— Parfait, M. Bèchemaure ! Nous tentons un essai sur les quatre tons, à égalité de partage : quatre rames de deux cent cinquante feuilles chacune.

— Très bien, jeune homme. Je vous fais livrer cela dans les quatre jours.

— Ne vous donnez pas cette peine, monsieur. Je ferai un saut jusqu'à chez vous.

Dans ce genre de licence, la réussite escomptée est forcément directement proportionnelle au risque encouru. Si vous pensez qu'une telle entreprise peut vous conduire au banc d'infamie, vous n'agissez pas, talonné que vous êtes par une frousse paralysante. J'avais pris le parti de l'action résolue.

Dans sa réorganisation après les bouleversements hérités de la guerre, le conseil national de l'Ordre des pharmaciens donnait en son rapport nouvellement paru une apothèque pour mille habitants des zones urbaines. En janvier 1946, Toulouse et sa banlieue indiquaient donc, répertoriées sur l'annuaire, trois cent quinze officines dotées d'une armoire aux poisons dont on pouvait sortir légalement (je veux dire sans effraction, sur simple présentation d'une ordonnance scrupuleusement rédigée établie pour une durée de sept jours consommables) sept ou quatorze, et pourquoi pas vingt et une ampoules de stupéfiants par semaine. (Ç'aurait bien été le diable qu'à l'époque une pharmacienne ou un vendeur vous demandassent votre carte d'identité et qu'ils en fissent — comme ce fut bientôt le cas dans la suite — la condition *sine qua non* de la délivrance de votre toxique.) Il suffisait donc d'observer un roulement dans les officines, les rues, les quartiers, voire les faubourgs, d'espacer vos visites selon un rythme toutefois régulier de telle sorte que photographié par l'œil du délivrant vous soyez cependant reconnu comme le fidèle à qui l'on délivre et non identifié comme l'aventurier quémandeur qui vient chercher une fois en passant la dose hypnotique qui endormira la douleur méchante dont l'un des siens ou le voisin hémiplégique sont frappés. Les liens d'une confiance, à ce degré de danger, ne se nouent pas en un jour.

Je disposais, à raison de trois ordonnances à remplir[1] et à percevoir par jour, dans trois cent quinze pharmacies différentes que je visitais à tour de rôle, d'un espace d'activités à peu près égal à une année, ce qui m'assurait une marge d'approvisionnement sécuritaire jamais probablement atteinte de mémoire de toxicomane faussaire ; et ces extases ne coûtaient absolument rien, hormis l'obsession passagère de la descente de police et de l'incarcération mortifiante, le prix pharmaceutique de six ampoules de Pantopon Roche n'excédant pas celui d'une absinthe au marché noir. On ne devrait jamais poser le gros orteil du pied sur l'élévateur mécanique des chiffres ; la raison blessée y commet des erreurs de calcul effrayantes qui, une fois tombée l'excitation de la recherche de la drogue, vous glacent par l'évidence de leur vérité. Comment concevoir en effet que je pusse me procurer des mois durant — libre comme le vent et incognito — des quantités émergentes d'ampoules sans compter sur le passage du surveillant départemental des toxiques, lequel, désigné par le ministère de la Santé publique, a accès au fichier central de la répression des stupéfiants où il transmet ses informations ?

Tout toxicomane est un marginal aliéné. A vivre serré dans la marge et à y respirer l'air raréfié de la dépendance absolue, il oublie la réalité du monde qui l'entoure au profit d'une réalité qui

---

1. Exemple d'ordonnance à la rédaction parfaite : Chlorydrate de morphine, deux centigrammes pour une ampoule numéro 14, deux ampoules par jour, dose pour sept jours.

l'isole et dans laquelle il s'asphyxie. Il n'est pas égotiste, l'égotisme — ce culte exagéré de soi-même — entraînant la générosité de l'amour : voyez Stendhal. Il est en revanche d'un égoïsme forcené qui l'exclut de la société de civilisation d'où il se proscrit lui-même. Avare d'un geste, d'une caresse de la main, d'un baiser, il est incapable de la moindre offrande, du moindre merci. Rien d'étonnant à ce qu'il finisse dans une solitude monstrueuse. Qu'ai-je donné en retour à Dominique Béranger qui m'a couvert de tout l'amour du monde et m'a soigné tel un frère amoureux ?

C'était le printemps. Infiltré dans les couloirs de la ville, le vent de germinal soufflait sur les massifs de fleurs. Prudent, technique, assuré, je prenais soin d'arriver dans les pharmacies du centre à 8 heures moins cinq, juste avant la fermeture et le baisser du rideau de métal.

Rue de Constantine où je venais sans aucune émotion tous les dix jours depuis un mois, M. Nahon — la quarantaine sonnée, la séborrhée huileuse apparaissant sur les grands espaces de calvitie de son crâne, la moue grondeuse — arracha des doigts de sa préparatrice l'ordonnance que je venais de lui tendre ; il me dit avec une espèce de dégoût bien ajusté : « Donnez-vous la peine de vous asseoir » ; puis, pénétrant dans son arrière-boutique, il composa le numéro de l'hôtel de police, rue Saint-Etienne.

Il attendait ma visite et il me livrait. J'atteignis la porte à reculons et m'enfuis à toutes jambes. Trois minutes plus tard, la 15 chevaux Citroën noire de la brigade territoriale arrivait dans un triple déploiement de force, de vitesse et de bruit, les quatre hommes qui en descendirent pensant me prendre en flagrant délit. Mais déjà j'étais à l'abri. Le quartier réservé de Toulouse, rue du Canal, se trouvait à quatre cents pas de course. Au troisième étage de *L'Enclos de Ninon,* bordel huppé, je me réfugiai dans le boudoir de Peggy, qui protégeait Miguel Ortega[1]. Peggy prévint Dominique de venir me rejoindre toutes affaires cessantes.

Trois jours plus tard, un samedi, j'étais arrêté à l'heure du laitier. On me mit au trou en compagnie d'un violeur d'enfants et d'un casseur de Monoprix. Je vomissais et faisais sous moi, tremblant et délabré, lorsque Jumièges, pimpant et chargé, vint

---

1. Exilé républicain espagnol, fils d'un intellectuel trotskiste, Ortega avait été la première passion d'amitié de Dominique.

sur la fin de l'après-midi me délivrer de ma basse fosse. Pour obtenir que je sois élargi, il avait téléphoné, je suppose, au cabinet de Pierre Bertaux, à la préfecture de région. Puis, sympathiquement, il s'était déplacé jusqu'à moi.

XXIII

En ce second trimestre de l'année 1946, Dominique Béranger, qui prenait chaque jour davantage, pour moi, l'importance vitale de l'oxygène et de la lumière, multiplia sur ma personne les tentatives de désintoxication primaire. Obtenant à force d'insistantes sollicitations des audiences des plus éminentes personnalités de la psychiatrie régionale (du Dr Ryzer, notamment, solide au poste, éternel, et de M. Laboucarié dont l'astre discret commençait à poindre), il me harcelait à la guérison. Je vivais sous deux dépendances en conjugaison orageuse : la drogue et Dominique.

Un après-midi d'été, il ramène dans ma chambre une panacée. La recette providentielle se présente sous la forme d'énormes suspensions de cinq centimètres cubes remplies jusqu'à la pointe d'un liquide brunâtre comme le miel des Andes et d'une épaisseur au moins égale. Il s'agit du Démorphène : une médication détoxicante qui a donné (avant-guerre) des résultats spectaculaires au centre de cures de l'hôpital Henri-Rousselle à Paris, principalement sur les cocaïnomanes nasaux et les morphinomanes injectés.

— Ta guérison sera une longue et difficile patience, dit-il. Il n'y a que les imbéciles pour croire qu'on peut guérir du premier coup et sans rechute, pour toujours. Tu n'as rien de plus urgent à entreprendre pour l'instant que de faire l'effort d'essayer d'apprendre à guérir. Je ne te force pas, je ne crée point des conditions qui t'obligent mais, au contraire, qui te laissent entièrement libre de ta décision. Comme il ne faut pas qu'en cas d'abandon décidé tu aies à souffrir, j'emporte avec moi une provision de drogue de secours : le strict minimum pour t'éviter des troubles. (C'était, procurée par Miguel Ortega, du Codubal, l'Eubine espagnole.) Si c'est oui, nous partons ce soir pour Montpezat ; et par la route, pour écarter la maladie du wagon. Si c'est non, je reviendrai, fais-moi confiance, à la charge ; car cet effort qui fera craquer tous tes membres — et dont tu sortiras de toute manière grandi à défaut d'en sortir vainqueur —, tu dois absolument l'entreprendre avant la vingt-cinquième année. On me l'a certifié et je le crois : passé cette limite, le corps n'est plus curable tant le sang est vicié, tant les cellules sont amoindries, et tant la volonté, surtout, est incapable d'une opinion de force. Les toxicomanes meurent jeunes, m'a répété le Dr Ryzer. Pas les opiomanes avec leur parcimonie d'économat : ils vivent encore nonagénaires, vieilles lampes dont Dieu trop occupé oublie de souffler la flamme — mais les autres, les gens de ta sorte : les déments de la seringue. Si vous tenez à conserver votre ami en vie près de vous, m'a intimé Ryzer, en recommandation suppliante, convainquez-le bien de choisir sans retard entre la drogue et votre amitié. Dans une société civilisée comme la nôtre, et qui va forcément vers un durcissement graduel après les embellies anarchiques de la Libération, l'alcoolique n'a aucune chance à disputer, aucune place à prendre. A plus forte raison le toxicomane : il y est d'ores et déjà interdit de séjour. Etc. Puis, me remettant brusquement le marché en main, mais avec une douceur prude : Alors, c'est oui ou c'est non ?

— C'est oui, répondis-je.

— Je n'en attendais pas moins de toi.

— Permets-moi cependant de m'offrir la privauté d'une dose de luxe.

Il y avait ce qu'il fallait, en ce moment et en ce lieu ; et davantage même que le nécessaire : le superflu. Poussant toujours plus avant dans l'audace dès qu'il s'agissait de l'approvisionnement, Jumièges avait combiné avec Orlando Novacita un système de correspondance officielle, distribué par express, entre Marseille et Toulouse. Portant la mention clos par nécessité et l'en-tête de la Banque de France (rien que ça) les enveloppes cartonnées contenaient généralement dix grammes d'héroïne courante et parvenaient par porteur cycliste à Jumièges, au nez et à la barbe de son directeur, lorsqu'il arrivait à son bureau, rue de Rémusat, pour l'ouverture des caisses. C'est dire que le pli mis au Vintimille-Bordeaux du soir nous trouvait au matin à la réception de son voyage au bout de la nuit. Alimentés en vingt-quatre heures, nous faisions l'économie du train, de la fatigue insomniaque, et, quant à moi, de l'anxiété policière, encore que je ne fusse point surveillé. Il suffisait d'expédier avec une régularité de plus en plus assidue ces mandats télégraphiques que le pachydermique Orlando, obséquieusement disposé, transformait en doses de poison qu'il allait poster, sifflotant un air, à l'hôtel Colbert [1]. Les toxicomanes ont le sens de la ressource ; il est rare que des contraintes viennent à bout de leur entêtement.

L'on observera que la proposition de Dominique Béranger ne venait pas en solution de catastrophe, en fin de sachet, mais au contraire dans une oasis d'opulence, l'envoi d'Orlando (vingt grammes) nous étant parvenu du matin. Ma décision de m'embarquer aveuglément avec lui procédait donc, de ma part, d'une volonté de double effort ; effort pour m'arracher, en un premier temps, à la luxure héroïnique ; et effort pour rompre, en un second temps, avec la totale pratique stupéfactive. Sans vouloir prendre ce peu de vanité à mon compte, c'était une décision d'une témérité colossale qui relevait de la gageure héroïque impossible à tenir. La proposition de Dominique, en effet, s'avérait à l'examen d'une inconscience de farfelu. Elle consistait en une cure sauvage conduite en milieu libre et sous une surveillance « médicale » sommaire, le clinicien Béranger devant m'administrer un tonicardiaque (solucamphre) en cas de dérapage essoufflé du cœur. Nous étions en pleine chevalerie moyenâgeuse naïve. Mais ayant fait serment à Dominique, j'étais prisonnier sur parole de notre commune entreprise. Absolument autodéterminé à partir de dix-huit ans, titulaire de ses permis de conduire et d'un brevet de pilote d'aéro-club, ses études entièrement payées par les clubs de football (il venait d'être, à la déclaration de guerre, sélectionné comme international junior), Dominique montrait tellement de talents qu'ils dissimulaient l'essence même de son génie. Avec ses affirmations d'indépendance féroce, ses dons de peintre, son entregent de farfadet, ses coups de cœur et ses fougasses de fils prodigue, il était en son temps un garçon tout à fait de ce siècle : un enragé de 68 et un affranchi de 86. On n'en faisait cependant pas le tour comme des chevaux de bois d'un manège, Dominique présentant toute la complexité des sensibilités vibrantes et passionnelles. Il n'avait enfin aucune conscience exacte de la justesse de ses qualités de beauté. Né d'une mère italienne, j'ai dit qu'il possédait la grâce d'une médaille florentine ; et si son visage l'apparentait au dessin de Raphaël (hommes et femmes se retournaient sur lui dans la rue après l'avoir croisé), c'était dans le

---

1. La grande poste centale.

sens des cartons de tapisseries des Actes des apôtres : la physionomie tout entière respirait le charme grave d'une épure tombée des cieux. De ma vie je n'avais vu des yeux d'un vert d'émeraude insondables comme les siens.

A présent, vassal inféodé à Sa Seigneurie la drogue, je ne pouvais que suivre Dominique. Et je suivais.

La première fois qu'un intoxiqué est privé de son toxique et qu'il est réellement persuadé d'avoir la volonté suffisante pour se conduire au terme de la privation, il croit qu'il va mourir tant sa souffrance est cruelle.

Cette souffrance n'est comparable à aucune autre en ce sens qu'elle concerne tout l'être, qu'elle vous vient de tous les endroits du corps à la fois et qu'elle ne tarde pas à vous convaincre — tant elle vous pèse au cœur et aux reins — qu'elle est une abominable injustice et que vous ne la méritez nullement. Alors, plutôt que de vous laisser mourir dans l'impénitence finale, l'idée que le salut est à portée de votre main, contenu dans une ampoule transparente d'un centimètre cube, s'insère sous votre crâne et y fait son sentier.

L'individu qui s'invente une maladie et un malheur — le toxicomane — n'a aucunement le droit de s'invoquer face à d'autres hommes, les cancéreux par exemple, qui reçoivent leur malheur et leur mal d'un autre pouvoir que d'eux-mêmes. Cette souffrance, aussi cruelle et inhumaine qu'elle soit, nous l'avons voulue ; nous en sommes responsables ; alors expions-la dans une mort criminelle. Il se trouve que mes quatre plus grands amis s'étant éteints ruinés par le cancer, et dans des conditions de douleur souvent intolérables, je tairai les supplices du désintoxiqué que je fus face au martyre des cancéreux qu'ils ont été.

Que l'on sache toutefois combien j'ai enduré le pire dans un corps absolument inexpérimenté de la véritable souffrance mais soumis à toutes les impatiences révoltées de la jeunesse qui souffre.

L'héroïne

Le drame de l'habitué qui se déshabitue seul dans un entourage familial, aussi chaud fût-il (donc sans le considérable enveloppement de la protection clinique ou hospitalière), est presque tout entier compris dans les troubles fonctionnels. Il s'agit là de tous les cataclysmes incongrus inhérents aux brusques dérèglements de l'économie vivante : vomissements incoercibles de bile, coliques d'estomac, flux diarrhéique, relâchements de l'urètre, pertes de sang... C'est la dysenterie et c'est le choléra asiatique. La fin du monde, l'an mille.

Méthodiquement contrôlé, notre règne organique obéit à une carapace disciplinaire dont on n'enfreint pas impunément les lois. L'intrusion à haute dose dans le corps d'un poison violent comme l'héroïne non seulement ralentit nos fonctions mais les empêche ; frappé d'obstruction, l'organisme demande grâce. L'expulsion soudaine du corps de cette même héroïne et le désempoisonnement qui s'ensuit donnent lieu à d'invraisemblables conflits internes. L'intoxiqué doit en acquitter tout le prix sans qu'aucun tarif réductif de sa peine ne lui soit jamais appliqué. Ici, la dette de l'extase est pratiquement *inassumable;* tragédien et martyre, l'homme de drogue ne peut plus assumer.

Le Démorphène n'apportant pas la pondération aux débâcles du fonctionnement, la preuve de son insuffisance thérapeutique s'affirma tout de suite à mes yeux en larmes. Au reste, la fabrication du produit — qu'on achetait en vente libre dans les pharmacies — était au ralenti dans ses laboratoires. Déjà menacé d'interruption car abandonné du corps soignant psychiatrique, il était retiré du commerce deux ans plus tard. Le médicament (traitement des intoxications morphiniques et de leurs troubles, indiquait le prospectus) se présentait, je l'ai dit, sous la forme d'ampoules immenses dont les éléments résolutifs laissaient beaucoup à désirer. Etant donné sa consistance d'huile à moteur, l'absorption intramusculaire du produit faisait rencontrer au piqueur des difficultés presque insurmontables. Infiltrant au goutte-à-goutte à la tête d'aiguille, l'injection le mobilisait pendant d'interminables minutes. Il y fallait toute l'adresse de main et toute la force de bras de Dominique, lequel avait été, un court temps, infirmier aux chantiers de jeunesse. Ces moments réellement pénibles pour lui, et qui se succédaient toutes les six heures, correspondaient pour moi à une délivrance attendue, la torture particulière de l'injection arrachant à mon corps la torture générale du manque et l'en privant heureusement pour ainsi dire.

J'étais en somme et en quelque sorte le théâtre bizarre d'un détournement de supplice. L'on n'éprouve en ces moments-là, dois-je dire, aucune sensation de volupté masochiste. La perversion n'est point de mise en zone de haute souffrance.

La chambre où l'on me traitait, et que nous partagions avec Dominique depuis huit ans que nous nous connaissions, évoquait un des campements d'infirmerie d'une armée qui recule et où l'on soigne un chef vaincu. J'occupais le grand lit médiéval de chêne ; Dominique, le lit de camp blotti tout contre. Les crampes aux mollets, les articulations tendues par une rigidité tétanique, le fer sur la nuque, tout le corps agité de spasmes, je ne pouvais fermer l'œil de la nuit. Rien n'y faisant, Dominique triplait et quadruplait les doses de somnifère Roche ; ce qui m'incitait aussitôt à lui quémander le dégueuloir. Descendue à trente-huit à l'aubette, ma température remontait à trente-neuf degrés huit au soleil couchant. Ces fièvres d'état grippal prononcé sont les pires : vous souhaiteriez d'être plus abruti, certes, et certainement moins lucide. Syndrome pour syndrome, Mannering s'alliait avec Richardson pour me livrer à une espèce d'agonie somnolente, convulsive, crispée. Nous venions d'entrer, avec les torpeurs de la privation, dans la phase cruciale et tragique de la cure sauvage. Imperturbable comme s'il tenait absolument à remporter la victoire de mon sevrage à la manière d'un haut fait d'armes personnel, Dominique nettoyait au gant de toilette humide la bave de mes vomissements et à l'éponge de bébé mes matières alvines.

Nous en étions à ce stade de « cette noble et touchante intimité qui met tout en commun[1] » lorsque faisant irruption dans la chambre obscure où le soleil interdit n'entrait jamais, Basile Béranger demanda à son fils lequel était le plus malade ou le plus fou de ses deux garçons : le soigné ou le soignant, l'incurable ou le guérisseur ?

L'on se fait à l'idée de la mort mais la mort ne vient pas, le corps entre vingt et vingt-cinq ans lui opposant des énergies de résistance insoupçonnables, insoupçonnées. Sachant que vous n'en auriez pas le courage, l'idée du suicide vous effleure certes mais ne vous caresse pas. Alors il faut vivre ; il faut vivre en agonie. « C'est toujours atrocement douloureux, avait dit Ryzer à Dominique, mais ce n'est jamais dramatique. Si ce genre de cure sordide laisse

---

1. Mme de Staël, définissant l'amitié. *(N.d.A.)*

des traces sensibles dans la mémoire du patient, ce sera tant mieux. Les remords torturants, après tout, sont le commencement de la sagesse. Notre grand confrère allemand Kraepelin traitait les drogués dans des cellules monastiques. » Comme quoi le talent psychothérapeutique est quelquefois inséparable de la volonté punitive.

Le quatrième jour, vers la centième heure de sevrage, j'en eus assez d'être puni. La cure sauvage avait débuté le mardi à l'aube levante, soit douze heures environ après ma dernière et somptueuse injection toulousaine. Le samedi, je frissonnais sur mon lit de transpiration, un torrent glaçant au creux de l'échine, lorsque j'eus pour la première fois, en entendant le chardonneret dans le pampre, le pressentiment promoteur d'une aurore nouvelle. S'agissait-il au vrai d'un rêve ou d'un cauchemar ? Un phénomène d'une incroyable portée était en train de se produire. J'assistais les yeux clos sans oser trop y croire au retour de mes érections. Sur mon sexe une sorte de belle fleur charnue, lointaine comme la rose pourpre des gouffres mais proche comme une bouche de femme pourtant, s'agitait, allait et venait, s'ouvrant et se refermant, montant et descendant... Ce n'était pas la première fois — non, il était impossible qu'il en fût ainsi vu l'art et la passion qu'elle y mettait — que Marianne Béranger se livrait à de telles privautés d'amour sur l'appareil de plaisir d'un jeune homme. Lorsque je la reconnus, entrouvrant les yeux, j'avais déjà répandu en elle toute ma folie éjaculatoire.

Agenouillée auprès de ma couche, le visage enfoui dans mon ventre, Marianne, la sœur cadette de Dominique, irrassasiable, m'embrassait avidement.

Nous étions fous l'un de l'autre, Marianne et moi ; fous sans le savoir, depuis des années. J'entrai dans une sorte d'âge d'or. J'y étais comme dans une vaste cathédrale de bonheur physique et sans penser que le toit, les arcs-boutants et les voûtes pouvaient à chaque instant s'effondrer sur nous.

La drogue était expugnable du corps humain. Il suffisait de cent heures, soit quatre jours, de sevrage brutal. Les psychiatres allemands Kraepelin et Bonohefer l'avaient vérifié avec leurs nombreux malades : le cinquième jour de la privation était un autre pour l'organisme exténué ; on y reconnaissait chez le patient le frémissement de l'espérance. Nous avions, plusieurs mois auparavant, connu Dominique et moi ce frémissement du renouveau. Ce souvenir pourtant tout vivace était quasiment mort en moi, oublié. Mon ami le réanima.

Ni lui ni moi ne savions encore (mais nous allions l'apprendre à nos dépens) qu'une désaccoutumance libre, consentie chez soi, ne présente aucune chance d'aboutir chez un être jeune. Car si le corps robuste et bien formé ne défaille pas, l'âme cède.

Les médecins américains qui, avant que ne s'ouvrît le procès de Nuremberg, obligèrent le maréchal Goering à se déshabituer se succédèrent quarante jours durant à son chevet, dans sa cellule.

Toxicomane depuis 1917, le pilote de chasse Hermann Goering ne s'était plus fait sevrer depuis 1932, soit un an avant l'accession au pouvoir de son compagnon Adolf Hitler. Le jour de son interpellation, fin avril 1945, il était porteur de trois cent quatre-vingts ampoules de chlorhydrate de morphine à deux centigrammes et il disposait d'une réserve (cachée) de cinq cents boîtes. Savamment dégradée, faite de paliers successifs, sa cure — la plus longue de l'histoire de la médecine de tous les temps — ne donna lieu de la part de l'ancien chef des forces aériennes du IIIe Reich qu'à des mouvements de mauvaise humeur. Ayant maigri de vingt-six kilos, le corps épuré de toute l'eau distillée des piqûres, il avait rajeuni de trente ans. Mais l'effort qu'il consent à fournir à cinquante, l'homme n'en est point capable à vingt ans.

Ce cri qui s'arrête dans la gorge et qui vous ferme la bouche, interdit d'air, il porte le nom d'amour. Si j'en révélais le secret, j'arracherais mon livre aux mains des lecteurs tant je m'en porterais jaloux par la suite. Encore aujourd'hui, quarante ans après, je m'agenouille et je m'efface devant elle. L'on rencontrait en Marianne Béranger, à seize ans révolus, tous les désirs que la nature met dans un corps et toutes les ambitions que la vie place dans une âme. Elle n'était point précoce mais affirmée ; il est des raisins verts qui mûrissent tout de suite : il leur suffit d'une inclination particulière d'un rayon du soleil couchant. Le lendemain ils sont comestibles.

Marianne Béranger trompait en ce sens que, la croyant une enfant accidentée, elle était d'ores et déjà une femme chargée, à seize ans, d'expériences amoureuses ; et non pas avec des godelureaux de son âge comme le prétendait la rumeur rurale mais avec des hommes mariés avertis, ce dont aucune population n'était informée. Il suffisait d'un tour de piste au bal pour voir la concurrence, nombreuse, s'allumer dans les yeux décillés. Sur ce sexe déjà gonflé comme un bouton de rose, le lesbianisme lycéen avait promené ses ravages. Fermé désormais aux manœuvres dormantes, il faisait songer, ce sexe, à un volcan à plusieurs cratères dont le moindre remuement eût fait jaillir la lave. Eclatant tout d'un coup, il n'avait même pas connu la contrainte pubertaire. Au reste, Marianne Béranger en parlait comme de sa bouche et le lavait à l'eau fraîche accroupie sur la grande pierre lisse et bleue du lavoir, tellement sensuelle que l'amant le plus prestigieux n'eût point suffi à sa combustion.

Autant que j'en dise, ce que je ne traduirai pas c'est mon émotion. Vous avez devant vous, à vingt ans passés d'assez peu, tout l'amour du monde : la beauté des formes, la luxure de la chair, et la liberté sans limite des pénétrations. Vous désirez et vous êtes désiré bien au-delà des preuves de désir que vous pouvez produire. Vous possédez le monde puisque ressentant l'envie vous obtenez l'extase. Et comme vous avez affaire à un être d'une extrême jeunesse qui se plaît tant avec vous qu'il veut qu'il en soit ainsi pour toujours, et que vos communions naturelles deviennent naturellement un mariage physique éternel, la plus élémentaire courtoisie de réponse consiste en une disponibilité pleine et entière. Marianne Béranger, très vite, fit de moi tout ce qu'elle voulait. A tous ses baisers, caresses, gestes et entreprises, j'étais rendu d'avance. Partant pour la traversée, j'étais présent à l'arrivée dans l'île, et du voyage de retour à l'embarcadère initial. Encore une fois, je pourrais raconter tous nos tours du monde ; ce que je ne saurais traduire, c'est la qualité ineffable de mon émotion.

La magie profonde de l'amour est qu'incessamment il se réinvente ; qu'une femme en abolit une autre en recréant la femme en même temps. Le génie de Marianne Béranger en tant qu'amante était peut-être de violer mes virginités pour les amener de viol en viol, de répétition en répétition, à une répétition générale, laquelle précédait une grande première de gala. Je ne savais pas ; me contentant de subir, je n'ai jamais su. Si l'érotisme est l'imagination de l'amour, alors Marianne Béranger avait de l'érotisme à revendre ; mais le mot choque appliqué à une lycéenne de seize ans qui vient d'échouer à son premier bachot. Aussi opterai-je plutôt pour un fabuleux tempérament paysan épanoui dans un climat libertaire, l'émigration italienne ayant apporté dans notre province agricole des maléfices et des enchantements.

Nous croyons que l'amour est la forme la plus haute du plaisir et de la jouissance qui soit au monde jusqu'au jour où nous rencontrons — soit par une volonté de curiosité soit par une contagion des hasards — la seule forme d'extase et de volupté qui lui soit véritablement supérieure : la tyrannie toxique. Les deux forces — l'amour et la drogue — sont tellement incompatibles que dès leur mise en présence, elles ne chercheront plus qu'à s'exclure. Il n'y a point de place pour les deux dans le cœur et le sexe de l'homme.

Marianne Béranger n'exigeant rien d'autre de moi que la soumission amoureuse, elle me laissait au réveil du matin — sous le contrôle de son frère — prendre une dose de codéine espagnole, tant et si bien que c'était Dominique qui me ferrait les fesses. Cette unique piqûre de la journée constituait une thérapie de forme exceptionnelle. Pour l'amour de Marianne, je m'en tenais à sa rigueur contraignante. Les résultats de cette discipline de choc se firent aussitôt remarquer. Je n'étais plus comme naguère un toxicomane fixé mais un esclave affranchi ayant recours à un salutaire quotidien. O jours de bonheur des hommes, que ne durez-vous au-delà du temps qui vous est imparti par Dieu !

Marianne et Dominique avaient le feu de l'Italie maternelle dans les veines. Le frère cependant avait sur la sœur l'avantage considérable de la charité. Alors que la fille nourrissait avec avidité son égoïsme juvénile, le garçon aidait les garçons dans la peine ; ce n'était pas pour rien que le surveillant général des jésuites de Saint-Joseph l'avait surnommé le voyou de Dieu. En 1937 il avait sauvé de la misère et de la famine un petit réfugié espagnol dépenaillé et menacé du typhus : Miguel Ortega. Terroristes ou footballeurs, à voir ensemble inséparablement Miguel et Dominique on eût dit deux frères latins. Il était à Montpezat, Miguel. Dominique l'avait fait venir pour m'aider.

Que se passait-il dans le noyau neuronal de ma lycéenne, siège de ses pensées ? Si tant était qu'il fonctionnât, qu'elle en eût des pensées. Se débordant sans relâche, elle n'avait d'activités que d'amour. Un moment je la soupçonnai même de me pousser à l'épuisement pour m'abandonner ensuite, amant inutilisable, scorpion mort. Ce n'était point une belle parleuse : cette fille de la plaine du Pô, berceau de sa famille maternelle, ne desserrait les lèvres que pour me couvrir de baisers. Ou pour entrer en pâmoison. J'ai conservé d'elle de troublantes photographies mentales : son corps tendu comme un arc, des talons à la tête en figure convexe, haletante, crispée, ses yeux d'émeraude démesurément écarquillés dans le soleil, les cuisses ouvertes, le ventre battant... jusqu'à la volupté que je lui procurais par les soins de ma bouche.

Notre intimité sexuelle profonde, la religion physique révélée qu'elle avait de moi, cette folie d'amour qui la menait enfin agissaient sur Marianne Béranger comme autant d'éléments d'appréciation rassurante. « Il prend sa piqûre au petit déjeuner, disait-elle de moi à son père, comme tu bois ton litre de vin au repas de midi. Ce n'est même pas une médecine ; on dirait qu'il se vaccine contre les chagrins de la journée. » Elle avait fort bien compris, la bonne petite diablesse, combien la drogue — ainsi prise en quantité unique et modeste — était indispensable à ma combustion vive. Sous la tension du désir, et sous sa surveillance, je m'en tenais à cette stricte dose nécessiteuse. Une affirmation thérapeutique commune veut que les petites doses fassent les plus grands effets. Cela est vrai, mais dans le renouvellement de l'exigence : le corps échauffé voudrait aussitôt doubler la piqûre.

Le combat de la volonté contre la corruption lénitive et délétère de la drogue continuait, mais les velléités, cette fois, étaient du côté du toxique, non du mien.

La vérité était que, fauve rampant et maîtrisé, je vivais la griffe rentrée sous le fouet de Marianne. La vérité était que je me plaisais au-delà de tout dans l'esclavage de cette dompteuse de seize ans qui apprenait sur moi ses futures dominations de maîtresse adulte. Je subissais sa psychologie réchauffante et je recevais les blessures de son châtiment comme la nécessaire conséquence d'une pédagogie du bonheur. Tant et si bien que j'en arrivais quelquefois à me demander si j'avais aimé une femme, une fille avant elle.

La jalousie m'était venue comme la morsure d'un vipereau qu'on agace avec un bâton d'osier pour qu'il s'y enroule et qui, vous attaquant, vous fait un bleu à l'articulation du pouce. Il n'y paraît pas, vous ne sentez rien jusqu'à ce que les coups de lancette du faible venin ne commencent leur travail de lancination. Il en va ainsi de la jalousie. Son venin vous fait souffrir alors même que vous ne vous êtes point aperçu du bleu de la morsure.

L'infante de Montpezat avait sur sa famille un ascendant prodigieux. Avec un gouvernement de beaucoup de gestes et de peu de paroles, elle régentait à la ferme, à la cuisine, au repassage et bien évidemment elle me faisait la leçon au lit. Couple de plein air, de grenier à foin, de cabane de berger ou de langue de sable au milieu de la rivière, nous étions des amants sans couche à l'intérieur de la maison. Marianne Béranger — mais c'était à nos risques et périls — me rejoignait parfois dans le lit de son frère, le temps d'une courte sieste de son père, d'un assoupissement plutôt. Elle avait une manière de me déshabiller qui me plongeait dans les affolements. Enlevant l'ardillon de ma ceinture à son trou, elle en prenait à pleine main la boucle et, la lanière de cuir arrachée à ses pattes d'étoffe, elle en frappait crânement mes mollets et mes fesses jusqu'à ce que je sois déculotté. Dans sa hâte à se mettre nue, elle jetait à la tête du lit ses espadrilles. Enfin lorsque j'étais allongé, en attente d'elle et en état de peur panique, elle venait vers moi à quatre pattes, panthère hâlée aux yeux d'émeraude, traversant en diagonale le grand lit médiéval. Alors, des orteils aux yeux, elle me léchait sur toute l'étendue du corps. Nous nous aimions animalement, comme des bêtes des bois. J'avais beau chercher, sous la fureur de la possession, où se trouvait le vice en elle ; elle n'était que regorgeante de sensualité.

La drogue, donc, n'abolissait pas ma personnalité; elle ne se substituait pas, seconde nature, à ma première. L'amour y maintenant sa juste mesure, nous aurions pu ainsi, naviguant à l'économie et à la prudence, rouler un temps infini sur la mer. D'autant que j'étais décidé à tenter l'effort de faire sauter cette injection matinale.

Aprement défendu par toutes sortes d'attitudes à donner le change, et installé non pas dans le mensonge mais dans le silence, ce bonheur à domicile aurait pu submerger toute autre créature que Marianne. Elle y avait pied, le régentant debout.

Comme je lui mâchais chaque après-midi la révision de son programme, elle obtint de Basile Béranger que je restasse à Montpezat jusqu'à la veille de son baccalauréat (puisqu'elle était admise à se représenter à la session d'automne). Après quoi, les vendanges finies, ce dynaste terrien me conduirait chez le Dr Jean Frétet, à Agen. Ce jeune médecin-chef de l'asile départemental du Lot-et-Garonne m'accueillerait dans son service libre et ne ferait qu'une bouchée de mon cas.

Justement non. Car le spectre du manque se précisait et j'étais incapable de lui tenir tête. Prenant en charge mon désespoir, et son échec, Dominique alerta Ortega, lieutenant fidèle.

Du hold-up bancaire au sabotage des voies ferrées, du pillage des pharmacies avec effraction aux vols de voitures, une internationale du fait divers s'était formée à travers la haute délinquance patriotique. Miguel Ortega en faisait partie, qui avait avec Dominique des complicités d'usuriers, d'alchimistes, de revendeurs d'armes, de tueurs. Miguel s'absenta vingt-quatre heures et revint avec de petites boîtes circulaires en aluminium blanc, mince et fragile, au couvercle frappé d'un cercle rouge portant la mention « poison, ne pas dépasser la dose prescrite ». Chacune de ces boîtes contenait trente comprimés de chlorydrate d'héroïne Vicario dosés à un centigramme, et dont la posologie (quatre comprimés par jour) s'adressait aux tuberculeux incurables atteints d'une toux violente et incorrigible. L'héroïne était d'une pureté chimique telle qu'elle fondait à l'eau froide dans une cuillère à café. On injectait comme s'il s'était agi du contenu d'une ampoule. Deux comprimés équivalaient en dosage à deux centigrammes d'Eubine, de Pantapon ou de chlorydrate de morphine, mais c'était de l'héroïne des laboratoires Vicario : un stupéfiant à la puissance 5. Rien au-dessus donc. Rien de commun ni de comparable. Le sommet de la hiérarchie.

Ma lycéenne fut reçue à son bachot avec une jolie mention. La famille m'en fit fête. La bachelière m'en remercia à sa manière personnelle : innocemment, sans vouloir me blesser à dessein, avec le foudroyant pouvoir d'aveu de ses seize ans en fleur. Pour le week-end de la Toussaint, en effet, Marianne invita à Montpezat son amie de toujours, Barbara Deplagne. Alors, trois nuits durant, et malgré la régulation désengageante de la drogue, je connus le long supplice de plusieurs centaines de minutes blanches à conjecturer sur la jalousie. Les filles sont des actrices admirables ; seize ans est vraiment l'âge pour elles du paradoxe des comédiennes. A voir ces deux bouches qui toute la nuit s'étaient succédé dans le plaisir, à les voir minauder, petites jacasses gourmandes, devant un bol de chocolat, je crus que le cœur allait me manquer ou se rompre. En vérité j'avais été détourné par une mineure qui m'abandonnait maintenant tout entier à l'action scélérate de la jalousie née d'une liaison très particulière. Pas plus qu'on ne désunit une entente de garçons on n'arrache au bonheur un couple de filles qui s'aiment. Mon cœur ne m'appartenait plus désormais. Il serait à qui voudrait bien le prendre. Et l'héroïne, la grande dame blanche commissionnaire de la mort, était sur les rangs.

Je ne voulais plus la revoir, et elle était au rendez-vous de tous mes songes. Je la détestais, je la maudissais, je la haïssais ; et lorsque je marchais seul, au long des tristes rues citadines automnales, je me disais, les poings serrés dans mes poches : c'est son lourd visage brun et charnu, fleuri de ses lèvres voraces — les yeux ne comptant pas, les yeux regardant le ciel —, que je vois dans les flaques d'eau. Il est des femmes aériennes ; Marianne Béranger, elle, tirait tout son rayonnement sensuel de la pesanteur. Elle avait à seize ans ce poids fabuleux des amantes qui ne courent pas au bidet après le solo éjaculatoire et qui prennent le temps de jouer, comme ça, parce que ça les repose, avec la terrifiante biologie. Adulte, maîtresse adulte, elle devait l'être

L'héroïne 219

déjà dans le fœtus matriarcal. On se demande à quoi servent les savants puisque tout est déjà écrit, imprimé, broché, empaqueté d'avance.

Je la voyais même avec des yeux d'aveugle : des yeux d'écorce, de pierre, de bois de pupitre. Et pour ne plus la voir, afin qu'elle soit tuée — morte définitive —, je la noyais dans les doses redoublées d'héroïne que je m'injectais dans ma peau dure de bûcheron. Cela ne servait strictement à rien : la noyée remontait en surface, ondine lourde, opulente, aux chairs languissantes et en attente de volupté.

« Je ne peux pas, comprends-tu, plaquer Barbara Deplagne comme tu insistes impoliment, m'expliquait ma bachelière. Si je me séparais d'elle, elle me quitterait pour de bon. Oui, elle se jetterait de la tour centrale du pont Valentré ; et, se laissant couler dans le Lot, on retrouverait son cadavre au pied de quelque barrage en édification. Ce n'est pas pour rien qu'à la comptabilité du suicide, les ponts de Cahors dépassent très largement en têtes de morts les ponts de Venise. » Etc. Les arguments de nos amantes sont des oiseaux marins qui vous giflent en s'envolant et dont vous n'apercevez même pas, l'instant d'après, l'ombre des ailes sur la plage. Comment se fait-il, me lamentai-je, que les liens qui unissent deux personnes du même sexe soient tellement plus forts que les liens qui unissent deux personnes du sexe opposé ? La gloire du bel âge, même si l'amour lui est inexplicable dans ses faiblesses, du moins cette gloire est-elle d'inspirer l'amour dans toute sa force et son énergie.

Je mettais tout en œuvre imaginative pour me venger de la trahison saphique de Marianne Béranger ; et, tout d'abord, je me voyais roulé dans les flots de la sodomie homosexuelle avec le séraphique, le merveilleux Dominique, son frère. Ici nous avions huit ans de retard. Jamais un souvenir n'avait tiré aussi fort une conscience en arrière ; mais c'était l'honneur moral du voyou de

Dieu, sans doute, de n'avoir pas voulu, mon aîné de deux ans, profiter de mon trouble et le porter à l'exploit. Détourné par une mineure, j'étais seul abandonné devant la femme, cette mère de l'homme. Et ce n'était point là le pire, ce pire étant que Marianne Béranger aurait pour mes seuls yeux seize ans toute sa vie.

Le mouvement, plus que l'immobilité, engendre en nous des pensées importantes ; des procès-verbaux de lucidité sinon. Il suffit quelquefois d'un départ pour vous mettre l'âme en effervescence ; sans Marianne, je ne me savais plus exaltable, et pourtant je me sentais exalté.

Dans l'express nocturne qui m'emmenait à Paris où j'allais signer le service de presse d'un livre qui ne m'intéressait absolument plus tant il s'était vite et pour toujours détaché de moi, j'eus le sentiment immédiat d'une dysharmonie profonde entre ce que j'étais et ce que je faisais, entre l'essence calme de mon être et l'action intempestive que je lui imposais. C'est grave : il s'agit là d'une schizophrénie contrôlée où le cerveau se délecte. La pratique de la drogue est amoindrissante ; nul homme ne s'y grandit jamais.

La maladie du wagon m'accapara sitôt après Montauban ; plus nous nous rapprochions de la zone d'amour de Montpezat, campagne pourrissante tuée par l'incessante pluie d'automne, plus l'angoisse ferroviaire se mit à me tenailler des entrailles au cœur. Quand l'express s'engagea sur le viaduc de Septfonds, lequel se trouve à quelques relais de palombières de la ferme des Béranger, je bondis de ma place de coin pour tirer la sonnette d'alarme, bien décidé à arrêter le train pour que je pusse reprendre ma respiration, descendre et courir cogner au portail de Basile. Cependant, je me ravisai au moment d'accomplir le geste et, m'engageant dans le couloir des troisièmes classes toujours bondé le dimanche soir, je me laissai porter par le flot des voyageurs descendant à Cahors, tant et si bien que, dans ce flux d'épaules courbées par le poids des valises, j'atteignis quasiment sans m'en

L'héroïne

rendre compte la cabine étouffante des w.-c. Refermant la porte derrière moi et tirant la targette d'acier en condamnant l'ouverture, je résolus de me piquer pour faire échec à la folie qui montait en moi. Irrésistible, elle s'appuyait sur une véritable panique d'épouvante.

Je me promenais en permanence en ayant sur moi un petit flacon de verre aveugle contenant (à deux centigrammes pour un centimètre cube) la solution d'héroïne pure et, sous la forme d'un tube métallique, mon nécessaire à piqûre. Je portais même, fort bien établi, un faux certificat médical me donnant droit à user du choc insulinique en cas d'apparition du syndrome du diabète. Cette fois-là, pour faire plus vite et n'avoir pas à me déculotter, et pensant surtout par ce traitement de force déloger l'angoisse ferroviaire de mon cœur qu'elle enserrait de ses pinces de crabe préhistorique, je piquai, à l'aide d'une courte et fine aiguille, et en prenant soin de fermer hardiment mon poing gauche, je piquai, d'une intrusion imperceptible, dans la confluence bleue des veines du poignet, y répandant le liquide en une injection très douce, très lente, très instillée. Par sa diffusion instantanée dans le torrent circulatoire, et compte tenu du fait que pour remonter le cours du sang jusqu'à la pompe cardiaque à atteindre il y avait environ un mètre trente-cinq de distance à parcourir — et que la morsure d'un tel venin est foudroyante —, je n'eus guère à compter au-delà de cinq pour en recevoir les effets.

Ce fut un fracas intérieur assourdissant ; quelque chose comme le tonnerre, sans éclair, d'une grande consternation délicieuse, stupéfiante, émerveillée. Centre vital de l'homme, le cœur investi, balayé, foudroyé se rapetisse, croit-on, en allant rouler, caillou sanglant, sous l'aisselle voisine. En réalité, par un phénomène d'illusion dilatatoire, il grossit, outre de caoutchouc gonflée de sang, grossit, grossit... jusqu'à l'explosion imminente, laquelle ne se produit pas. Vous vous sentez infiniment fier la première fois, cela va sans dire, d'être le théâtre d'une révolution si prodigieuse. Les joues empourprées d'un prince de l'Eglise, les tempes cisaillées, la gorge opprimée devant la suffocation du souffle, vous vous accrochez au plat-bord du lavabo métallique, les yeux clignotant sur de lourdes poches mauves... puis, ces symptômes d'allergie secondaire disparaissant aussi vite qu'ils se sont annoncés, vous vous asseyez sur le siège des cabinets, la tête dans les mains ou les bras croisés, condamné à attendre ainsi que l'extase s'en aille, la sanglade passée, car son flash impérieux ne dure que le temps d'une explosion magnétique.

Injectée avec des produits toxiques d'une haute qualité, la piqûre intraveineuse est un luxe : un arc-en-ciel, une embellie magique dont l'effet est si vif en même temps que si fugace qu'on a le sentiment qu'il s'en va tout aussitôt emporté par un court-circuit. Ce baume de paradis artificiel, ce coup de fouet aéré de balsame et de menthe sèche ne vous laisse pas plus de bonheur que le temps que vous passez à en remercier Dieu par une courte prière. Je suis devenu héroïnomane intraveineux dans la folie du mal du wagon, un dimanche soir tout gluant, tout poisseux du mois de novembre, dans ce maudit train nocturne Perpignan-Paris.

Sous son vêtement de pluie boueuse, la locomotive redémarra. Si les trains pouvaient publier leurs Mémoires, leur prose de confidences serait plus édifiante que celle des chambres d'hôtel ou des cabines de bateau ; car ils ont accès, eux, à notre solitude pathétique qu'ils emprisonnent et emportent dans leur mouvement. L'amant ferroviaire est seul, en transit amoureux ou en rupture de couple ; ou il s'excite en griserie à l'idée de rejoindre la compagne de sa vie, ou il se désespère d'avoir perdu l'âme sœur ; mais on apprend par le rail, beaucoup plus que par la route, l'air ou l'eau. De plus, bien mal servi en ce domaine, je souffrais quant à moi du cancer claustrophobique ; et cette affection ne s'opère point.

A peine l'express, regagnant seize cents mètres plus loin sa pleine vitesse de course et se trouvant à la hauteur du lycée Clément-Marot, boulevard Gambetta, je fus pris, l'esprit en feu, d'une de ces visions sexuelles que nous appellerions aujourd'hui fantasme, mais qui sont en vérité une projection à la fois si fulgurante et si précise de nos obsessions qu'il vaut mieux leur donner le nom de cauchemar de réalité.

Au-dessus de la porte d'entrée, sur le mur peint couleur vert olive, la pendule du grand dortoir des bachelières marque 10 h 36.

Se glissant dans le box en longue chemise blanche de trousseau, le box où dort Marianne, Barbara Deplagne — avec des gestes d'une solennité tout à fait impudique : gestes de prêtresse de gynécée et gestes de faiseuse d'anges — a rabattu depuis ses aisselles jusqu'à ses chevilles la grosse couverture de laine bleu-noir et le drap protégeant de ses desseins amoureux le corps de son amante. Ainsi elle découvre Marianne, longue et lourde, les hanches pleines, la gorge plissée sous le menton bas ; Marianne avec sa magnifique respiration pectorale, ses seins que l'on devine à travers la chemise de nuit énormes comme de beaux fruits échoués ; et ses bras dodus dans la chair brune et hâlée desquels, cet été, mes lèvres ont tant de fois sans se lasser inscrit leurs marques. Je les connais, ces chemises de nuit de percale rincées aux boules bleues du lavoir, cousues par la grand-mère Fortunati et ornées autour du col et des aisselles d'un flot de dentelle de Plaisance. Rien que pour elles, j'eusse épousé, glissant sur sa virginité perdue, Marianne sur-le-champ. Relevant au-dessus de ses belles cuisses dures les pans de percale dentelés, le vice industrieux de Barbara Deplagne écarte la fourrure noire et drue ; puis, appliquant ses deux plus longs doigts de part et d'autre sur la peau de l'aine, elle dégage le clitoris dont elle relève le capuchon et incise la chair de l'ongle, puis elle la mordillonne. Quelle technique de perfection au millimètre pour aller ainsi droit au but dans l'obscurité en opérant sur la chose la plus délicate du monde : un sexe de lycéenne émancipée. Le membre d'un homme eût-il pénétré Marianne que dégoûté par cette répugnance en furie j'eusse fermé les yeux et oublié la scène. Mais là, tant le spectacle était esthétique, je fus obligé de boire le vin du vice lesbianique jusqu'à la lie. Sous l'incision du canif de l'ongle, Marianne s'était réveillée, l'autre la finissant avec sa bouche, elle mourut dans les plus beaux transports.

Moi aussi je mourais. Je mourais d'incontinence émotionnelle et jalouse ; et, pour m'empêcher de me laisser glisser dans la mort, je me piquai intraveineusement (sans aucune difficulté, sans même avoir à enlever mon bracelet-montre) aux confluences du poignet une seconde fois. Où trouverez-vous le rapport, dites-moi, ou le point de rencontre entre un train qui poursuit sa course aveugle dans la nuit et un amant aveuglé par le cauchemar fascinant que lui font vivre (en invitation secrète et participante, peut-être) deux adolescentes tout à fait adultes qui, bisexuelles avant la lettre, jouent à la passation des pouvoirs, tour à tour dominantes et dominées, et se jetant tour à tour au visage (tous les cas de figure vont suivre) leurs orgasmes simultanés?

J'étais amoureux fou de la sœur du garçon que j'aimais le plus au monde, et sans l'amour duquel je serais mort cent fois depuis. Mais lui, le voyou de Dieu, la terreur des séminaires, ne s'en doutait pas, tant il y a en l'être humain des icebergs d'innocence qui ne fondent jamais.

Cette nuit-là, je me piquai à tour de bras aux sillons géographiques des veines, lesquelles se rebiffent, se gonflent, se plissent, se boursouflent, puis soudain se retendent afin de bien nous démontrer qu'elles ne sont point faites pour de tels traitements, que ça n'est point là leur destin d'origine. Heureusement pour l'homme, le corps humain se défend. Tout ce qui peut être réduit en lui — et en premier lieu la fonction sexuelle et le pouvoir d'entreprise du cerveau — l'est par la drogue homicide, perverse et scélérate.

Mais, après avoir tout vaincu, tout réduit, tout détruit, tout tué en nous, il arrive que, au sein du cimetière de ruines que nous sommes, un vivant se lève les yeux ouverts, le front haut, la démarche au courage, et fort de sa santé contre sa perversion, fort de sa volonté d'éclaircissement du bien face aux ténébreux enchaînements du mal... il arrive qu'un vivant se lève et quelles que soient sa taille et la couleur de ses yeux, engage le combat et le remporte; et si la victoire n'est point durable, du moins nous a-t-elle donné le goût de la revanche et de la lutte.

Cette nuit-là, nuit d'enfer, contre les cauchemars de persistance que m'inspirait la chair de sa sœur, le cœur de Dominique Béranger opposait le rêve de l'amitié. Mais, amant aveuglé que j'étais, je ne savais pas tout à fait encore que c'était lui mon salut.

Mont Blanc, Himalaya, Matterhorn? Je gravissais le sommet d'un massif neigeux, suant d'ahan toutes mes larmes transpirables, les reins si trempés que ma chemise dégouttait d'eau, près de m'effondrer d'un dernier pas à l'autre, mais heureux et souriant tout de même puisque je touchais au suprême but.

L'héroïne était là, immense tapis immaculé de neige éternelle recouvrant les glaciers, les crevasses, les pics ; et si puissante en son volume qu'elle bouchait aux rayons du soleil leur champ d'éclairement. Je m'agenouillai dans sa molle douceur, cueillant de ma main gauche une franche poignée que je tenais dans son creux avec une admiration suffocante. De ma main droite, j'actionnai le piston de ma seringue pour en vérifier le bon fonctionnement, puis j'aspirai pour pomper la lumineuse, l'éblouissante héroïne pure qui dans le creux de l'autre main commençait à fondre. Terrible désillusion du rêve dont aucun oniromancien ne fournira jamais une explication : il n'y avait plus rien à pomper sur les lignes de ma main, le merveilleux givre héroïnique s'étant vaporisé dans l'azur des cimes où le soleil resplendissant montait tout à loisir.

L'on se demande comment la charpente mentale d'un jeune homme parvient à supporter sans préjudice pour sa raison l'horrible dénouement de pareils cauchemars. Le songe avorté est une des plus pénibles tragédies qu'ait à affronter le toxicomane en fin de relais provisionnel. Car il revient, ce funeste songe, sous la forme d'une damnation mémoriée. Le cerveau perverti fidèlement et généreusement le sécrète et le replace sur votre axe orbital de rencontre. Vous n'y coupez pas, vous n'y coupez plus.

Ordinairement, après une si cruelle épouvante, le système nerveux tendu décompresse et vous sombrez dans une courte torpeur sous-marine, scaphandrier dérouté, ballotté par les grands fonds.

Il était 5 heures du matin, seulement 5 heures, lorsque je me réveillai dans cette chambre de l'*Hôtel des Colonies* que j'affectionnais pour ses dimensions intimes et son mobilier hétéroclite et décadent où le lit normand du pays de Caux cohabitait avec les fauteuils en rotin de Malaisie, où l'on s'essuyait les pieds en sortant de la douche sur une peau de caméléopard. 5 heures du matin seulement, et j'avais une de ces érections effrayantes qui avec le retour du flux sanguin dans le pénis sonnent définitivement la grande alerte du manque. Le sexe congestionné, aussi gonflé qu'une sangsue qui va rendre gorge après son travail de succion, le sexe hardiment bandé se révèle intouchable ; ligoté, des spasmes strangulatoires interdisant sa respiration.

O Marianne Béranger ! me dis-je tout sanglotant, moi qui ne pleurais jamais ; ô Marianne ! quelle mortelle responsabilité n'as-tu pas endossée en me trahissant par ta bouche et par ton sexe avec cette Barbara Deplagne que je tuerais tout de suite si j'étais assuré de l'impunité. O Marianne ! tes seize ans ne sont pas une excuse. Tu répondras de tout le mal que tu m'as fait de toute ta maturité précoce devant le tribunal des mineurs que présidera Dieu. Si ça se trouvait, à 5 h 10 du matin, leurs ventres se décollaient difficilement, mouillés par toutes sortes de sécrétions, chiennes et louves, louves et chiennes qui se trompaient de sexe allègrement. Si ça se trouvait, ces petites souillures polluantes de sperme qui n'ose pas dire son nom, ces profanations glandulaires dessineraient sur leurs peaux, une fois séchées, l'esquisse du damier cellulaire que font les essaims d'abeilles dans le ventre des ormeaux. Ravissante esquisse, n'est-ce pas ? Cela durait depuis les premières semaines de leur internat commun ; on était passé par la grâce profonde des grands baisers sexuels, des grandes caresses bucco-génitales, du dortoir des petites frimousses au grand dortoir des bachelières, comme ça ! Comme la langue de Barbara Deplagne sur les bourrelets vulvaires de Marianne. Le pire des calvaires de jalousie m'était infligé par cette vision horrible, laquelle, je l'ai dit, était esthétique, excitante, avec un grand contenu de volupté voyeuriste.

A cet âge, en phase de pareil malheur, l'on se tuerait cent fois si l'on avait de quoi se tuer. L'énergie de suicide ne vous manque point, c'est l'arme qui vous fait défaut. Un solide paysan du Lot périgourdin se jetant sous le métro ne fait pas un mort crédible. Chacun son suicide ; on doit savoir en choisir le mode et l'emploi. Je n'avais même plus de quoi m'empoisonner dans mon flacon de verre aveuglé. Je fis ma dernière injection d'héroïne intraveineuse à la saignée du bras, sans garrot. Je piquai dur, les yeux fermés, face à l'armoire à glace, le cœur animé d'une volonté extraordinaire d'autodestruction.

XXIV

Roger Worms, dit Stéphane, avait vingt-sept ans lorsque nous nous sommes rencontrés en ces froides journées poisseuses, sous ces ciels de plomb, de brouillard et de boue qui font de Paris une des villes du monde les plus hostiles aux jeunes gens. Stéphane était jeune d'âge à mes yeux, donc, et il l'était plus encore de réputation ; dans le cabinet des figures quinquagénaires que mon insolence fréquentait, il faisait figure d'impertinence. Mais il ne s'imposait pas, il en imposait.

De toute cette génération de mauvais soldats qui furent conscrits en 1939, et qui trempèrent leur épée dans les torrents sulfureux de la Résistance, Roger Worms avait, à vingt-sept ans, une légende personnelle, une réelle puissance d'attraction. Il possédait, lorsque je l'ai connu, cet état de grâce radioactif qui poussait à l'énergie de courage les corps fatigués et entraînait à la conviction les âmes indécises. De ses ressorts tendus sur toutes sortes d'intérêts, de foyers, de mobiles, on était à la fois partie prenante et prisonnier ; avec lui, il fallait suivre ou disparaître. Plus politicien que penseur, il eût fait un meneur d'hommes admirable ; il a préféré les ambassades de l'intelligence. C'est peut-être là son deuxième honneur.

Le 24 août 1944, à déjeuner, Cocteau raconte à Jean Marais : « Je m'engage sur le Pont-Neuf, côté rive gauche, et suis dépassé par Roger Stéphane, la foudre galopante en bras de chemise blanche et petits souliers. Le pont traversé, je vois sortir des grilles de la Samaritaine un sévère enfant de Mars, trois galons dorés cousus sur les poignets de sa vareuse. C'est Thomas l'imposteur, me dis-je. Pas du tout, c'était le capitaine Roger, des Forces françaises de l'intérieur. » Cocteau a été le grand humoriste de l'occupation de Paris et de sa délivrance. Cependant, sous cette flèche au curare tendre et sous la poussière d'or des galons de Stéphane, que de distributions de faux papiers, de transports d'armes de poing sous cartables, de passages clandestins de lignes, de frayeurs policières, de mises à mort reportées ! Que de jours de prison aussi pour ce fils de grand bourgeois devenu, par la force épique des événements, le petit semainier de l'héroïsme populaire. Roger avait un roman tout fait, tout vécu, tout écrit dans sa tête : l'épopée de sa résistance, telle que d'Astier me l'a contée à Anjouin[1]. Il ne lui restait plus qu'à la jeter sur le papier blanc ; ce à quoi il s'est refusé, pénétré sans doute de ce double sentiment de la discordance des époques et de la distorsion du temps qui nous décourage de produire notre passé faute de ne point trouver dans l'avenir une suffisance de consommateurs ; comme quoi la littérature, cette putain des trottoirs, a parfois la pudicité d'une châtelaine vierge.

Un soir, après le dîner chez Léon Pierre-Quint, square de l'Alboni, Stéphane fait l'encombrant héritage d'un toxicomane irréfléchi, violent, immaîtrisable, qui — sous l'emprise du manque qu'il ne supporte plus — commence à desceller les pavés et à les envoyer dans la devanture des apothèques. Fondée par la drogue, ma double personnalité se fragmente déjà, séparée par la ravine de la privation qui se creuse. Mes premiers rapports avec Stéphane n'ont pas reposé sur d'aimables propos d'affinités amicales ou intellectuelles (trop effrontément anticlassique pour lui, il achoppait avec un franc rebut à ce que j'écrivais), mais sur une connivence tacite entre le délinquant irresponsable et l'homme de responsabilité, entre le dénicheur de poison et l'honorable médaillé. C'est cela qui méritait en premier d'être dit de Stéphane : la noblesse calme de son accueil, la sérénité de son maintien devant le prévenu qui fait trembler toute votre intendance.

A vingt-sept ans, Roger avait un palmarès ineffaçable et d'une orientation, déjà, de gauchiste gaullien : chargé de mission au ministère de l'Intérieur, animateur de la revue *La Nef* avec Mme Edgar Faure, il affichait — tout en affectant un dédain consommé de la représentation officielle — les certificats de célébrité publique. C'est ce garçon bien ramassé, les traits remuants, l'humeur caustique, que j'appelais au désespoir du jour, d'une

---

1. Voir : *Chaque homme est lié au monde*, de Roger Stéphane, préface d'Emmanuel d'Astier (Sagittaire), et *Fin de jeunesse*.

L'héroïne

voix blanche et cassée : « Roger, je suis en panne ; il m'en faut, aidez-moi. »

D'un sentiment passager et sans lendemain, il avait voulu, de son aveu, tâter des stupéfiants. Le spectacle de certains intoxiqués lui arracha pour toujours la pensée de ce malheur. Il est bien vrai — l'expression est de lui — que j'ai joué auprès de Stéphane le rôle de l'ilote ivre ; bien vrai que je fus à ses yeux l'esclave de Sparte réduit au dernier état de la déchéance et de l'abjection par la drogue homicide, hormis que mes semblables ne me montraient point du doigt et ne m'abandonnaient point à la société des ivrognes.

J'avais mon physique affaibli par l'abus de la drogue et mon moral atteint par les excès d'une jalousie qui me tyrannisait de toute sa passion. Pour me guérir, il eût donc fallu que je commisse un double tyrannicide : sur la drogue qui m'apportait lentement la mort et sur l'amour qui me tuait de ses deux lycéennes chaudes.

Je n'étais pas de taille à gagner ces victoires.

Je ne pratique plus l'intraveineuse, luxe trop onéreux d'un effet trop fuyant. Je m'adonne de nouveau à l'intramusculaire dont le résultat fixant demeure davantage. Témoin balbutiant, Dominique Béranger assiste dans l'impuissance et la stupeur à cette levée de boucliers de l'adversité fatale.

Jamais au monde un garçon ne se sera autant dévoué que lui à la cause désespérée d'un autre garçon. Jamais sur la terre un garçon n'en aura si peu récompensé un autre de tant d'efforts désespérés. Face à notre dieu de vérité, nous comprenions enfin, Dominique et moi, comme une bénédiction montée du fond des enfers, que l'amour entre deux jeunes hommes — celui qu'on nomme pédérastie — est aussi un planeur qui évolue au-dessus des sexes et qui confond l'homosexualité. Je voulais néanmoins tout donner à Dominique ; or, je ne me souviens pas lui avoir remis un baiser de mes lèvres.

Je suis tombé pour la deuxième fois aux mains de la police le

7 février 1947, sur de fausses prescriptions d'héroïne Vicario (comprimés contre la toux, boîte de trente comprimés dosés à un centigramme).

Dérobées au docteur Boutenègre, les ordonnances (professionnellement rédigées) furent suspectes à un pharmacien qui en repéra, sous la vision grossie de la loupe, le B un rien irrégulier de la signature. Boutenègre n'avait point le charisme éclectique de son confrère Cavalié. Maniant la vindicte et l'opprobre, il déclara aux inspecteurs qu'ils seraient révoqués s'ils démontraient à mon endroit la moindre indulgence, et qu'il se brûlerait la cervelle devant le tribunal de la sixième chambre correctionnelle si celle-ci ne me condamnait pas à cinq ans de réclusion ferme (rien que ça) à purger à la sombre centrale de Muret-sur-Garonne. Médecin personnel sous Vichy des chefs fascistes de région, c'était un verbiageur dangereux que ce Boutenègre : un caractériel de la querelle publique. Un forcené du châtiment avec ça, la sentence dans son esprit devant devancer le jugement du crime pour le mieux punir.

Il se dépensa tant et si bien en esclandres, scandales et tapages, alertant la préfecture et la mairie, les micros et le marbre, que je perdis en moins d'une heure de temps mes miscellanées radiophoniques et mes chroniques de journaux, mes conférences de ciné-club et mes cours de musique de jazz à l'université communiste du soir. En cinquante minutes, vous dis-je, ma réputation fut ruinée et enterré mon honneur. Quand la force d'un Béranger vous étreint, vous soulève et vous porte à bout de bras, d'un honneur terni ou perdu vous vous accommodez sans mal ; mais de la douleur qui vous fait esclave et martyr !...

Le conseil de l'Ordre des médecins et le conseil de l'Ordre des pharmaciens portant plainte contre moi avec une concomitance accélérée, le processus judiciaire s'enclencha subito. Tout près de cette sordide prison Saint-Michel où Malraux avait prêté sa plume à un maquereau carcopinesque, je fus convoqué par un juge d'instruction en début de carrière, M. Molinié, qui devait s'illustrer trente ans plus tard au palais de justice de Paris dans le procès qu'il mena tambour battant contre le scientisme de secte du Dr Hubbard. M. Molinié, magistrat de glace, interdit à Dominique l'accès de son cabinet. « Vous n'êtes pas son avocat, que je sache ! dit-il. Alors vous attendez dans le couloir ; nos bancs sont faits pour cette clientèle d'accompagnement dont vous faites partie. » Le visage de berger de Raphaël devint celui d'un enfant du crime.

M. le juge Molinié désigna un expert psychiatre pour m'examiner « des fondations à la toiture ». Par une de ces passes de bonne main que nous attribuerons au Seigneur, nous tombâmes sur le Pr Perret qui enseignait à la faculté et qui représentait ce que l'on faisait de mieux dans les sciences mentales contemporaines à Toulouse. De plus, et par bonheur, Dominique, qui avait été admis à assister à mon interrogatoire, lui inspira confiance et clémence. M. Perret avait deux fils, étudiants comme nous, qui lui souriaient en photo dans un cadre.

Comme j'étais mineur lors de ma découverte des stupéfiants, il nous laissa entendre qu'il demanderait en conclusion de son rapport d'expertise que me soit accordées toutes les circonstances atténuantes prévues par la loi ; en d'autres termes, la responsabilité limitée, ce qui signifiait le non-lieu. Il mettait toutefois une condition expresse à ce que me soit donnée cette absolution : mon entrée immédiate dans une clinique des maladies nerveuses afin que j'y subisse une cure o-bli-ga-toi-re de désintoxication.

Notre vie devint dès lors une course atterrée contre la montre, course qui se déroulait sur deux circuits opposés ; la première pour me procurer ma nécessiteuse suffisance toxique, ma dose de survie ; la seconde pour être hospitalisé vite vite, et sous un minimum de douleur.

Chauve avec des cornes de cheveux à pellicules dressées sur ses oreilles, la lèvre explosible tant il parlait précipitamment, l'air d'un Méphisto espionnant les âmes nocturnes au chandelier, le Dr Laboucarié était dans les années quarante un personnage de bande dessinée des années quatre-vingt. Dominique lui remettant la lettre du professeur, il décachette et lit péremptoire.

— Je vois ce que c'est, dit-il. Est-ce vous le malade ?
— Non, répond mon ami ; c'est lui.
— Eh bien, jeune homme, je vous enferme.

— Vous l'enfermez ! Comment vous l'enfermez ? s'insurge Dominique. On ne vient pas de son plein gré dans une clinique privée pour y être placé sous mandat de dépôt.

— Je vous enferme dans une cellule à barreaux, jeune homme. Les pieds du lit sont encastrés dans le ciment armé du sol. On vous passe la nourriture par un soupirail. Vous avez des latrines avec eau courante à trois mètres. Ni doses de rémission ni narcotiques. La cure nue, à la prussienne : il n'y a que cela et rien d'autre — absolument rien d'autre — pour guérir les pistolets qui se piquent à l'héroïne. Gare à vous si vous bougez, jeune homme. Mon établissement dispose de vingt-quatre camisoles de force.

— Fichons le camp, me lança Dominique. (Puis, dans une révérence blême :) Mes respects, docteur Fou.

Sise allées de Garonne, au bord du fleuve jaunâtre et boueux, la maison de santé des frères Rempart, auxquels m'avait adressé le Pr Perret, était une vieille propriété de famille que rien ne différenciait d'un hôpital psychiatrique départemental, hormis que son administration et son fonctionnement, privés, ne relevaient pas de l'Assistance publique. Placé sous la loi scélérate de 1838 qui élève l'internement arbitraire au rang d'une nécessité sociale, ce vaste établissement à bâtiments et pavillons multiples, abritant quelque huit cents lits sous leurs toits à gouttières, évoquait à la fois les prisons du Second Empire et le lazaret sordide du Moyen Age.

Il ne méritait pas plus, remarquez, d'être démoli que nos casernes à poux. Ce qui m'intriguait, cependant, dans sa pierre rustique, c'était le pouvoir d'éloignement qu'elle semblait contenir et transmettre.

Je m'explique. Sur ses fondations à l'ancienne, la maison des frères Rempart jouait comme au lasso avec la distance. Ses talents isolants se révélaient d'une virtuosité audacieuse. Ainsi l'on se serait cru à un millier de kilomètres à l'autre bout du pays, sous de sales ciels miniers du Nord ou de Lorraine ; or, l'on se trouvait dans le faubourg fluvial de Toulouse, côté sud, à huit minutes du centre ville, les plats chauds que m'apportait Dominique, en gamelles, n'ayant même pas le temps de refroidir. L'on avait toujours aux oreilles, remarquez, le gai ferraillement des tramways sur le pont Aristide-Maillol, lequel enjambe la Garonne en saut de carpe, la voûte au ras du flot.

Dans le ventre de la constrution, entre les hauts murs, zigzaguait un dédale de cours intérieures. Dans ces courettes familières, où les premiers lilas du Midi jaillissaient des tas de charbon, j'ai joué au ping-pong avec des lépreux gantés de cuir noir jusqu'aux biceps. J'y ai été facilement défait, toujours au tennis de table, par un jeune nazi superbe sur le crâne duquel les maquisards de l'Ariège avaient commis d'horribles méfaits ; il ne lui restait plus rien, au gosse : ni prénom, ni nom de famille, ni numéro matricule, ni langage, ni souvenirs ; plus rien absolument, sauf son génie de la raquette. Comme il jouait à deux mains, il battait à plates coutures Dominique et Miguel Ortega qui opéraient en double contre lui. Nous l'appelions Martin, Martin Bormann, mais ces quatre jolies syllabes ne lui faisaient aucune espèce d'effet musical. Absolument aucun.

Pour le supplément d'anecdotes, remarquez, je lisais Aragon — les plus belles pages d'amour consacrées par Aurélien à Bérénice — à des satyres sous camisole. Pour des attouchements sur écolière, vous preniez vingt ans d'asile en ce temps-là ; quarante sur écolier.

C'est fou, remarquez, comme l'homme sensé s'habitue vite aux maisons de fous, aux petites maisons, disait-on autrefois. Nous étions sous abri clos chez les frères Rempart, en service fermé régime Bastille, si vous permettez la remarque. Optant pour le plein air, les petits mouchoirs d'azur flottant dans le gris pâle du ciel préprintanier — plutôt que pour les longs corridors à barreaux fixes —, j'étais devenu sous petit délai le promeneur officiel des cours, l'ami de la tricoteuse aux mains vides, du cracheur de feu édenté, de l'avaleur de cimeterre aux trois perforations intestinales et du jardinier mégalomane qui prenait les confettis de Biche, la fillette mongolienne, pour de gros mimosas floridiens. On observait déjà une importante implantation du rameau nord-africain parmi cette population de cerveaux dérangés. Les hôpitaux doivent être faits pour tous. Ils sont, comme la poésie, à clientèle multiraciale.

On pouvait y guérir. Mon cas était curable. Durant les seize jours sur lesquels s'étendit le sevrage progressif, je souffris moins douloureusement du syndrome de Mannering que du syndrome vaginal de Marianne honorée par Barbara. Pour une âme imaginative, la jalousie est un synodrome infernal, un circuit torturant d'où nul ne sort seul. Il y faut un nouvel amour se développant comme le précédent sous le signe de l'absolu. Sans lui, rien à faire. Psychothérapie et psychanalyse sont des archaïsmes modernes inefficients. Souffrir, souffrir, souffrir : rien ne vous distrait de l'obsession lancinante de la douleur de jalousie. Plus jaloux qu'amoureux, peut-être, je n'avais jamais autant souffert qu'ici. Deux hommes firent de cette cure de désaccoutumance en circuit hospitalier fermé une épreuve acceptable : le Dr Roger Rempart et Dominique.

Frais émoulu de la faculté, Roger Rempart en était alors à sa première année de psychiatrie directoriale gouvernante. Ne voulant pas entendre prononcer le mot d'héroïne, il me mit à l'Eubine, mélangée à des antispasmodiques, lesquels ont pour effet de noyer celui de la drogue dans leur action de redressement nerveux. Le tableau de l'invention médicamenteuse était d'une stérilité nulle à l'époque ; nos chercheurs de laboratoire ne songeaient même pas au bienvenu Largactyl. Le toxicomane désheuré est balancé entre deux calendriers horaires concurrents : celui du sommeil et celui de l'insomnie. L'intoxiqué en charge moyenne de toxique dort seize heures par jour environ ; d'où ce teint de bébé à l'économie que j'avais quelquefois en période d'opulence régulière. Privé d'un coup de sa substance régulatrice de vie, l'intoxiqué en rupture de toxique passe de seize heures de sommeil régulier quotidien à une série de torpeurs brusques, irrégulières et imprévisibles, qui constituent additionnées un total maximum de quatre heures de mauvais repos. Huit heures de sommeil, d'une seule traite si possible, sont indispensables au patient entré en stage de désaccoutumance. Alors que la somnolence brise les nerfs, le sommeil apporte réparation à tous les outrages subis par l'organisme. Sans ces huit heures de réparation journalière, toute combustion mentale convenable s'avère impossible le lendemain.

Le corps placé, en début de cure, sous existence végétative, puis sa mise en éveil se réalisant au fur et à mesure des doses déclinantes, il est essentiel que le psychiatre traitant lui procure cette démission physiologique de la vie animale et qu'il en établisse le calendrier. Grâce à Roger Rempart, je puis affirmer qu'insomniaque appesanti j'ai dormi, chaque nuit que Dieu a faite, de 9 heures du soir (le sommeil lent d'avant minuit est le plus profitable) à 4 heures du matin, le sommeil paradoxal débouchant en fin de plage sur les spasmes et les contractions. Cet entier assoupissement des sens se faisait tout d'un somme, sans même lever un cil pour aller pisser ; cet aspect unitaire d'un repos exécuté d'un bloc est d'une importance capitale ; le temps ainsi anéanti compte double quand à la fin, en bilan de cure, la cessation des activités se compare arithmétiquement avec leur reprise.

Nous dûmes cette magie de bienséance somnifère au Nargénol Clin injectable, produit légèrement morphinisé (cinq milligrammes par centimètre cube) dans la composition duquel la scopolamine, alcaloïde total de la mandragore, entrait solidement posée. Mais de toute évidence, nous sommes formels là-dessus, le toxicomane, s'il veut courir avec volonté la chance d'un redressement, doit entrer dans la maison de force hospitalière ; d'autant qu'aujourd'hui, tant par la qualité que par le nombre, les Rempart dominent les Laboucarié. A l'hôpital ou en clinique, les troubles de fonctionnement lui sont évités ; il échappe à la démence du sevrage solitaire et aux coups de folie qu'inspirent après la privation de drogue les abus désordonnés d'alcool.

Il reste à apprendre à mes lecteurs que le Dr Roger Rempart et le juge Molinié sont des amis d'adolescence, pour qu'ils sachent la dette de cœur que j'ai contractée à l'endroit du bon Pr Perret. Ils comprendront que lorsque cette grande âme a quitté la vie, chavirée par un scandale, j'ai fait le voyage aérien de Toulouse pour suivre sa sépulture avec une brassée de fleurs.

J'avais emmené à la maison de santé des allées de Garonne mon infirmier personnel, le voyou du Christ. Il campait sur un fauteuil dans ma chambre tapissée de papier à fleurs d'ornement. Cette passion de garçons en imposait aux hommes. Chacun se fût bien gardé d'en médire ou de s'en surprendre tant elle était vécue par tous comme un événement qui ne se commente pas. J'aurais dû simplement, quant à moi, m'occuper un peu moins du visage actuel de Dominique et me soucier davantage de sa future statue.

XXV

Avec force, quarante-huit heures après mon élargissement de la clinique, la drogue de nouveau me posa son collier d'étranglement ; j'y fus pris comme un gibier de course.

J'étais un enfant destiné que la drogue traquait, poursuivait, colletait, attendait au piège ou tirait au fusil. Si je n'avais pas été marqué au front par cette étoile blanche qui n'ose pas dire qu'elle est un astre de la mort, comment aurais-je pu, dans la majesté verdoyante de la plaine de Cajarc, loin de toute concession d'urbanité, comment aurais-je pu échoir aux mains d'une jeune et récente veuve frottée à l'empire des toxiques ? La plus robuste imagination se fût laissée prendre à cette prévision romanesque ; et pour cause, nous étions dans le domaine de l'inimaginable. Comme quoi la vie a souvent plus d'imagination que l'imagination elle-même, laquelle n'a plus qu'à lui rendre son tablier. Dans un village de la vallée du Lot, au bal du lundi de Pâques, j'avais rencontré Annick Mestrezat. Comment Annick, si peu fanée, si charnue, encore si plantureuse, en était-elle arrivée là si vite, assujettie déjà à de fortes doses de sûreté ?

L'indiscrète question me trottait la cervelle, mais je n'osais la formuler tout ému que j'étais d'être l'invité d'une pourvoyeuse opulente que j'aurais pu, en me poussant du col, appeler maman. En vingt-quatre heures de soins toxiques bons et loyaux administrés par ma protectrice, je m'étais transformé en archange domestique. Une vraie métamorphose, le grillon du foyer ! Je faisais courses, ménage, vaisselle. Je baignais et langeais le gosse, Hervé, retrouvant à travers lui l'âge insensible du maillot.

Le spectacle d'un homme qui se pique vous laisse absolument de granit ; vous détourneriez plutôt les yeux avec un dédain courtois. En revanche, une jeune veuve alourdie qui court à pas de babouches vers la trentaine (ces trente ans où elle puise sa physionomie éternelle, nous explique tonton Balzac), cette femme-là est admirable à contempler une seringue entre les doigts. Annick relevait sa jupe dont elle coinçait le volant entre les boutons-pression de sa hanche ; puis, baissant sa large jarretelle d'élastique noir (elle ne portait point de culotte, laquelle n'était pas en odeur de sainteté chez la femme quercynoise du demi-siècle), elle roulait le haut de son bas en le repliant vers son genou ; ensuite elle piquait vivement dans le gras, sans même se pincer la peau comme font les peureuses, à la chute de l'hémis-phère fessier. Parti des orteils, un courant d'électricité excitante m'envahissait alors le bassin à travers les jambes. Je défaillais de désir sensuel au point d'en oublier Marianne Béranger qui, la vilaine, devait bien se morfondre à Montpezat en dépit d'impor-tants secours masturbatoires.

L'Eubine française injectée (le médicament jouissait d'une popularité grossissante), Annick Mestrezat s'adossait au mur, y appuyait sa tête haut levée, fermait ses grands yeux de lavande cendreuse, puis, ses mains étroitement appliquées sur le pubis, elle se contractait les entrailles en poussant de discrets soupirs de jouissance extravaginale. C'était sa façon à elle de recevoir comme un flot de sperme fouettant le flux codéinique qui la submergeait. Alors qu'elle endort le pénis de l'homme, le condamnant aux plus honteuses langueurs d'impuissance, la drogue tourneboule les sens de la femme et agite sa sexualité. Certains guérisseurs côtiers des Florides américaines vont jusqu'à prétendre qu'elle agit sur leurs organes génitaux comme les marais sur la mer des Sargasses. Pourtant, tous les mécanismes fonctionnels s'arrêtent dans le ventre de la femme. La régulation menstruelle est stoppée *sponte sua,* de sa propre décision. J'étais abasourdi de penser que ma veuve d'amour n'avait plus ses règles depuis des mois et des mois ; ma consternation la fit sourire. Au reste, son long sillon génital ne dégageait aucune odeur nauséeuse. Alors !

Je n'avais pas le droit d'y introduire un autre membre que les doigts de la main. « Le mouvement nous fatiguerait, disait-elle ; l'immobilité est chez nous la loi suprême. » Nous étions les gisants horizontaux d'une chapelle aérienne ouverte au plein soleil de germinal. Le vent de la pousse des fleurs soufflait sur la fourrure ventrale d'Annick Mestrezat et en faisait frissonner les longs poils esquissant une courbe en leur sommet. J'étais sublimement heureux ; je flottais même au-dessus du bonheur, ma main passant de très longs moments entre les cuisses humides de ma veuve très caressable.

Sitôt son effet reçu et enregistré le dos au mur, juste avant de s'allonger sur le dos gisante, Annick procédait à mon injection. « Venez, mon chéri, que je vous plombe les fesses », disait-elle. Elle était d'une hygiène, oh! la la! Pire que les vieilles demoiselles microbiennes de la maison de santé Rempart. Etendu sur le ventre, déculotté, j'exposais sous ses yeux de cendre bleutée mon second visage, imberbe celui-ci. L'éther qu'elle répandait au frottement accéléré du gros tampon de coton hydrophile y décrivait les courbes concentriques d'un fluide glaçant. C'était comme un envoi de neige carbonique diabolique, durcissante, puis d'une grande force de rétraction. Ma veuve de paix piquait si hardiment que je ne sentais rien. Pour réduire mes velléités érectiles, ma bonne amie prosélyte, ennemie déclarée de tout mouvement copulatoire, corsait les doses, me seringuant pleine pompe, m'assommant sous la grosse massue de ses délices.

Je m'apercevais peu après de ces actes de criminalité bénévole au lent engourdissement de mon corps. Je me serais cru frappé du sommeil d'hiver des loutres, des loirs et des marmottes qui s'embarquent de longs mois pour Morphée dès les premiers brouillards. Cela dans la lumière printanière la plus vive où j'allais d'un pas de convalescent mal assuré, béat jusqu'aux yeux de félicité dormitive. Lorsque je m'étais tenu coi toute la sainte journée, robot prévenant et asexué en apparence, mais affecté en réalité de toutes les turbulences, de toutes les obsessions du désir, ma veuve me laissait lui glisser dans l'anus un petit obus d'Oxycodone.

Ces huit jours dérobés au bel avril, entre Pâques et Quasimodo, ont laissé dans ma mémoire des traits de folie insoutenables, paquets de mer brillante qui viennent réveiller maintenant la longue plage d'automne de l'âge, vide et désertée, où plus personne ne vient. Couple improvisé, non abouti malgré ma pression amoureuse tenace, mais couple impliqué forcément, nous avions les mœurs très particulières de tous les amants qui oscillent entre la réalité du désir et l'irréalité de la drogue. A tort ou à raison, peu me chaut! J'ai considéré cette semaine impie comme des vacances de Dieu:

Le lecteur aura certainement perçu le message : tout ce qui était littérature, football, musique de variétés à ambitions variables, cinéma raconteur d'histoires — sport et culture, en somme

—, tout cela faisait courir l'athlète que j'étais en mes saisons ardentes. A lire ce qui va suivre, il percevra certainement le degré de chute de mes enthousiasmes cérébraux.

André Breton, le bâtisseur de la basilique surréaliste, venait d'acquérir, grâce à des avances de droits d'auteur sur un contrat fort modeste, une maison dans le bourg de Saint-Cirq-Lapopie, à une foulée de jambes du groupe scolaire que dirigeait Jean Bachelier. (L'on comptait alors trois cent vingt résidences secondaires dans le Lot; on en compte aujourd'hui treize mille : presque l'équivalent en maisons de la population en âmes cadurciennes.) Nous étions tous les deux édités au Sagittaire, moi débutant inconnu et qui l'est resté; lui, titulaire affirmé d'une gloire insolite et hautaine dont nul autre n'a pareillement bénéficié dans les lettres françaises, point même Jean Genet. En temps normal, j'eusse cavalé vers Breton, jusqu'à en perdre le souffle et le rythme de mon cœur. D'autant plus que je n'avais pour mon arithmétique de marche que douze cents pas comptés à accomplir; qu'à traverser le pont du Lot liant Fleur-de-Faure à Saint-Cyr; qu'à monter de la rive plate fichée au niveau de la mer au village évoluant dans les airs saturés de nuages. Je n'honorais que fort peu souvent de cet effort l'auteur des *Pas perdus* et de *L'Amour fou*. Quand il me retenait à déjeuner à la pension du village, j'arrivais si bougrement en retard que le plat de saison de la patronne — le ragoût de veau aux pointes d'asperges — avait été englouti par les ouvriers empierreurs de la route. Quand je m'amenais pour le thé, il ronflait encore dans sa sieste de mandarin gras, suant des bajoues, prospère et calamistré. O prétentieux écrivains, fringants gladiateurs de plume ou matamores du stylo bille, si vous saviez combien vous comptez peu face à un jeune homme que sa dame de pique retient par la ceinture ou par le bracelet, vous jetteriez toute votre prose à la Seine et partiriez faire une cure d'humilité en milieu monacal. Il n'est qu'une culture impérieuse au monde : celle qui se nourrit du culte dont on honore l'être aimé.

Pour la culture de l'anecdote, s'il vous plaît, ce qui m'intéressait, sans malice bien sûr, c'était d'obtenir de Breton qu'il parlât d'Aragon, qu'il évoquât leur jeunesse littéraire exaltée. Oh! la la ! dès que je remettais derechef le nom de notre immense poète national sur le tapis, Breton, qui était de complexion apoplectique, s'emportait jusqu'à l'épanchement sanguin : « Sachez une fois pour toutes, me dit-il une fois — et ce fut la dernière —, sachez que si vous prononcez encore le nom bannissable d'Aragon je vous gifle car je me tiendrai pour offensé. » Puis, brandissant sa canne dont il avait trempé le bout ferré dans le goudron visqueux des Ponts et Chaussées cadourques : « Sachez enfin pour tout savoir, jeune con, que je chie d'ores et déjà sur le masque mortuaire d'Aragon Louis. » L'interrogeais-je sur M. François Mauriac qu'il me répondait, plus calmement toutefois : « Ecoutez, je n'ai jamais perdu une minute de ma précieuse vie à lire une ligne de ce religieux fossile. » Breton jugeait Proust « tout à fait pompadour » ; Céline « encore plus pompadour ». Etc. « Ce sont des macchabées à l'actif desquels nous ne pouvons verser, sans blague, l'affranchissement d'aucune Judée », disait-il de nos plus éminents contemporains. Le seul qui semblât l'avoir ému en son adolescence intellectuelle était Paul Valéry.

— Moi, l'agnostique, je priais sur ses vers, me révéla-t-il.

— Par exemple.

— L'exemple vient tout seul, voyons. Au texte de contrition : « Mon Dieu j'ai grand regret de t'avoir offensé », je substituais, voyons, l'alexandrin ineffable : « Assise la fileuse au bleu de la croisée », et sa suite enchâssée : « Où le jardin mélodieux se dodeline. » Etc.

Breton disait Valéry et Mallarmé à merveille ; on entrait en pâmoison devant cette voix de velours noir ; et il parlait de Lautréamont avec un sens orphique à vous gonfler le cœur. Mais il avait, lui, l'hypnotiseur surréaliste, une peur bleue de la gent reptilienne. Ainsi les inoffensifs serpents des coteaux de Saint-Cyr le terrifiaient. « Est-ce qu'elle est passée, au moins ? me demandait-il d'une couleuvrine. Puis-je ouvrir les yeux ? Dites-moi vite, s'il vous plaît. » Alors je lui disais oui.

L'obsession sexuelle, ce que nous appelons dans le Périgord Noir l'amour hanté, est un bâillement d'ennui de l'âme comparée à la redoutable obsession toxique. Aussi éprouvante fût-elle, la hantise de l'amour est un commerce familier ; le souvenir y côtoie ses habitudes ; le présent réinvente le passé ; l'on s'offre des projections de la mémoire d'une sensualité brûlante ; vous portez votre cœur en écharpe, mais vous n'êtes pas tué, que diable ! L'obsession toxique, elle, est une véritable névrose de l'obsession. Elle vous accompagne à tout instant dans l'insomnie et, fermez-vous un moment les yeux, menacé de torpeur, qu'elle continue d'imprégner votre cerveau malade. O pyramides de la douleur, que ne désertez-vous notre corps brisé !

Ma séparation d'avec Annick Mestrezat se déroula selon le cours le plus conforme à la parfaite orthodoxie du cœur. Il ne servait à rien de lui en témoigner de l'humeur, de la tristesse, de la déception ; j'ai toujours tenu en horreur les réactions rageuses du mâle dépité. Mieux valait alors lui sourire à travers l'arc-en-ciel de mes larmes.

LIVRE QUATRIÈME

La mort au jour le jour

> « *Ton amour taciturne et toujours menacé.* »
> Vigny, *La Maison du berger.*

> « *Le désespoir est la plus petite de nos erreurs.* »
> Lautréamont.

XXVI

Cahors est une ville espagnole : il y régnait à la mi-avril la chaleur de Séville en pleine semaine sainte. Quoi que je pusse faire, malade ou bien portant, j'étais toujours en état de crise devant Marianne Béranger. J'étais venu la surprendre au lycée Clément-Marot à la récréation de 16 h 30. Pour lui parler de ma détresse de manque.

« Tu descends le boulevard, me dit-elle, tu entres à la pharmacie du Théâtre et, t'adressant au commis, Adolphe Courterade, Dolphy pour les miens, tu lui expliques ce que tu as et ce que tu veux. Mon père a rendu de grands services à Dolphy. Alors Dolphy ne peut rien te refuser. Il te connaît un peu, du reste. »

Je sus ce soir-là, moi l'enfant destiné, définir le destin. Le destin c'est le hasard objectif.

Que la drogue prenne ma plume ou me le dicte, ou qu'elle m'oblige au contraire à me passer de son concours, ce quatrième livre est celui de Marianne. Dominé par Marianne, assujetti à Marianne, aveuglément asservi à sa loi, je subis entièrement sa dépendance totalitaire et je me plais comme personne sous l'empire de cette révélation durable et permanente. L'amour, du reste, n'est rien d'autre qu'un despotisme réciproque, obéi, éclairé. Esclave consenti d'une jeune maîtresse de dix-sept ans :

ainsi j'aurais dû commencer ce livre par cette page. On l'a vu cependant, Marianne ne le débute pas ; elle y vient prise en route, comme dans la vie ; à cette différence près que l'auto-stoppeur c'est moi, qu'elle est aux commandes et que je suis assis à sa droite, conduit et maîtrisé. Tout est contradiction dans la vérité amoureuse.

Pour autant que nous soyons maîtres de notre conscience lucide, nous ne le sommes pas de notre avenir. Sous une prospérité physique aussi vite perdue sous l'effet du manque que vite retrouvée sous l'effet de la drogue — cette seconde nature qui perçait maintenant sous la première —, j'étais un toxicomane difficilement décrochetable. Sur mon proche futur, n'en sachant rien, je me gardais d'augurer. Mais j'étais pénétré de la certitude que, si rédemption il y avait, cette rédemption viendrait de Marianne Béranger ; et d'elle seulement.

En vérité, deux catégories de drogués existent au monde : ceux qui capitulent devant les délices passifs de la solitude toxique et ceux qui, même s'illusionnant d'une improbable victoire, luttent désespérément. Fort heureusement, je faisais partie des seconds.

L'élément essentiel de ma solitude était que Dominique Béranger la dédaignait ou en feignait le dédain, alors que Marianne la meublait chaque jour de deux coups de téléphone agréablement affectueux et quelquefois provocateurs. Le sexe était sa vie. Elle apportait à sa passion de l'amour tout le sérieux du monde, tant et si bien qu'on ne trouvait aucune fantaisie dans ses débordements. Parfois même l'austérité rigide de l'érotisme les marquait. Force était de reconnaître que j'avais quant à moi déçu ses objectifs. Mais elle restait tout ouverte à l'espérance, sa machine cérébrale n'arrêtant pas de la circonvenir. Marianne m'attendait de nouveau. J'étais bien le seul projet masculin qui habitât sa tête.

Quelles que soient l'audace de nos temps actuels et l'immoralité de leur jeunesse, imaginerait-on une lycéenne d'aujourd'hui, en sa dix-septième année, harcelant un commis pharmacien et l'entraînant au délit de trafic avec cette conviction impérieuse : « Approvisionne mon ami, il meurt sinon. » Il ne me restait plus un franc à retirer sur mon livret de caisse d'épargne pour rémunérer Dolphy de ses envois réguliers d'Eubine. Or, comme jeune marié il se montait en ménage, je dévastais l'armoire à linge de ma chambre, lui sacrifiant ainsi mon trousseau de famille.

Fin mai, Mme Adolphe Courterade, enceinte à pleins bords et les premières douleurs de la délivrance étant apparues, doit subir une délicate césarienne à la clinique d'obstétrique de l'hôpital Purpan. L'enfant meurt, la chirurgie sauve la mère. Non prévenu de ses terribles événements et ne trouvant pas Dolphy dans ses œuvres à la pharmacie du Théâtre, je fus donc amené à prendre en catastrophe le train pour Toulouse où il ne me restait plus qu'un saint à qui me vouer : Dominique. Par une paresseuse routine, j'avais conservé ma chambre d'étudiant, rue des Arts, où aucun des six papiers collés de Matisse, engloutis dans mon budget de drogue, n'était, hélas! resté aux murs. Dans cette pièce qui évoquait à présent une cellule de séminariste frappé des décisions d'un conseil de discipline et où j'avais fait fructifier de mon imagination féconde tant de songes de football et de poésie, dans ce cube vide et nu où plus une bonne n'eût voulu dormir, le commissaire Piquemal et deux de ses hommes vinrent me mettre les fers aux mains, le lundi 4 juin 1947, à 8 heures sonnantes.

La veille au soir, quelques instants avant la fermeture, je m'étais présenté à la pharmacie de service de la côte Pavée. Demandant du Nargénol, lequel était délivré dans certaines officines sans prescription, je n'avais usé d'aucun faux. Mais l'apothicaire, m'examinant au monocle, s'était aussitôt exclamé : « C'est donc vous le garçon aux fausses ordonnances. Le conseil de l'ordre nous a communiqué votre signalement. » Puis, se précipitant sur le téléphone, il avait voulu composer le numéro d'alerte du poste de police de son quartier. Le pharmacien Rustiche (mais qu'en savais-je, moi?) était un grand cardiaque fort émotionnable ; saisi d'effarement par mon apparition tout à fait pacifique, je l'avais vu s'effondrer, piquant du nez sur l'appareil, en émettant un bruit de gargouille en fin d'orage. M. Rustiche était mort. Sans même essayer de m'emparer de ses clés pour fouiller dans son armoire aux toxiques, j'avais déguerpi, ingambe comme je l'étais, — et du train que l'on pense. M'ayant vu depuis le balconnet de son pavillon, un voisin avait livré ma vêture aux enquêteurs : pantalon de gabardine bleu, blouson de toile mastic, chemise rouge ; ces mêmes effets que le commissaire Piquemal, me confondant, avait retrouvés en vrac sur une chaise. Bien qu'innocent de tout méfait mais soupçonné d'homicide par imprudence avec délit de fuite (ce serait là le chef d'inculpation), j'étais bon pour la sinistre prison Saint-Michel. Le Dr Boutenègre pouvait se réjouir. Cette fois je n'y couperais point.

A l'hôtel de police, rue Saint-Etienne, je n'avais pu répondre à l'interrogatoire d'identité judiciaire tant j'étais mal en point, vomissant ma bile dans un magazine et ne faisant qu'un chemin de ma chaise aux w.-c. Même Piquemal était ému par ma misère physiologique. « S'il continue à se vider ainsi, dit-il à ses hommes, il faudra appeler un médecin. » Puis, s'adressant à moi presque en aparté : « Tu veux un café, petit ? — Merci, répondis-je ; je ne supporte rien, pas même un verre d'eau. — Quel médicament te faut-il ? reprit l'homme. Je ne peux pas te laisser crever comme un chien. — Je ne suis pas intoxiqué, mentis-je. Vous pouvez voir mes cuisses. C'est le choc de mon injuste arrestation qui m'a provoqué ces troubles ; ils sont plus nerveux que fonctionnels. »

Tragiquement défait maintenant chaque fois que j'étais frappé du manque, je constituais un spectacle désolant. D'autant que les policiers fournissaient de sympathiques renseignements sur ma personne. Mais pour la Sûreté nationale toulousaine un toxicomane, en ces années d'après-guerre, était un zombie, un délinquant d'une autre planète. On attendait, soi-disant, l'arrivée du juge à son cabinet pour prendre des instructions sur mon compte. Cette police n'avait aucune pratique des affaires de stupéfiants ; on n'en traitait qu'à Paris, Marseille et Nice. N'osant me mettre au trou, Piquemal, en qui j'éveillais un sentiment de pitié paternelle, me garda dans son bureau jusqu'à l'heure du déjeuner. « Veux-tu que je te ramène un sandwich, petit ? me dit-il en s'en allant avant de me confier à un agent en uniforme. — Surtout pas, répondis-je ; je le dégueulerais aussitôt. »

A midi quarante, me visitant derrière les barreaux de la cage aux fauves où j'étais en garde à vue, Miguel Ortega m'apporta des comprimés d'héroïne Vicario écrasés sous le rouleau compresseur d'un verre à demi et parfaitement préparés pour la reniflade. Tandis qu'il parlait football avec l'agent, un Guadeloupéen aux yeux bleus — ce qui est rarissime —, la vie brûlante et familière se réintroduisait immédiatement en moi par les fosses nasales. Il y avait quelque chose de fascinant dans le caractère d'instantanéité de l'effet de cette héroïne pharmaceutique réduite en poudre dont on ressentait fort bien dans la gorge le goût âcre, piquant, corrosif et frais. La prise, en ligne droite, courait directement au cerveau qu'elle imprégnait au bond comme pour obtenir une dilatation emphatique de l'encéphale. L'on ressentait une effervescence joyeuse de l'esprit en général et comme une effusion démangeante de la pensée. On était remis d'aplomb en trente secondes ; comme quoi l'action des stupéfiants échappera toujours aux explications du rationnel ; elle tient du mystère divin et relève de la magie démoniaque.

A 15 heures, lorsque les policiers revinrent, l'un d'eux prit sous dictée dactylographique le long procès-verbal de mon récit minuté et minutieux. A 17 heures, j'étais confronté dans le bureau de M. le juge d'instruction Molinié avec la veuve du pharmacien Rustiche. « Mes enfants et moi ne portons pas plainte, dit-elle. Mon mari Arsène Rustiche avait un bon kilo de suif autour du cœur. On ne l'entendait même plus battre derrière tout ce saindoux, son cœur. On l'avait réformé aux deux guerres à cause de lui. »

« Je ne comprends pas, observa le comissaire Piquemal avant de me libérer. A midi tu étais à l'article de la mort et tout l'après-midi tu pètes les flammes. De plus, tu as rajeuni de dix ans. — Il a bien fallu que je me défende », répliquai-je. On voyait bien que Piquemal et ses hommes étaient entièrement étrangers au monde de la drogue. Même les médecins s'y laissent prendre. Pour diagnostiquer une toxicomanie, certains experts auprès des tribunaux n'ont qu'un recours : le syndrome de la privation. Le thébaïque[1], par exemple, est parfaitement indiscernable du reste des hommes. Hormis pour qui connaît ce détail crucial : la lourdeur de ses paupières.

Tout homme a un train dans sa destinée géographique. Le mien était le Bordeaux-Vintimille. Je l'empruntai jusqu'à Toulon pour me rendre ensuite à Hyères chez les Jumièges. Dominique Béranger paya mon billet. Comment se faisait-il qu'aimant tant ce garçon et lui devant tout, je fusse si gauche, si silencieux, si inexprimé devant lui ? Ces questions sur les êtres qui nous sont chers nous nous les posons, hélas ! souvent trop tard. Dominique se taisait. Nous nous taisions tous les deux. Surpris par le train qui

---

1. L'opiomane. *(N.d.E.)*

démarrait, je l'embrassai sur la bouche, saisi de l'appréhension de ne plus le revoir. L'express prenant de la vitesse, il bondit sur le quai, manquant se rompre l'échine. Jusqu'à l'aube naissante je crevai, pantelant, de la maladie du wagon.

XXVII

Coupé de ma grande source de battements de cœur (Montpezat), je ressentis à Hyères le pouvoir isolant de la Méditerranée par rapport au continent. Autant que j'eusse pu me le cacher, autant que j'eusse voulu repousser de moi cette vérité dérangeante, Gontran de Jumièges ne m'aimait pas d'amitié mais de passion d'amour. Nous avons tous les droits, certes, sur qui nous aime, mais nous ferions mieux certaines fois de songer à nos devoirs de retour.

Chez lui, c'était la solitude entourée. D'autres en ont d'autres, moi j'ai le don des gens ; ce don du bar, de la table et du salon, j'y excelle lorsque je suis heureux. Le bonheur, hélas ! est une denrée qui n'est point transportable dans le Bordeaux-Vintimille ou les courriers aériens. Si nous pouvions être heureux dans la pensée de l'amour absent, nous n'aurions aucun mal à vivre.

Le dénuement de la solitude est affligeant parce qu'il pousse au désœuvrement de la pensée. A ceux qui ne voient ni clair ni vrai en eux et qui ont besoin d'une autoréflexion, la solitude est une urgence prioritaire ; mais à ceux qui ont la lucidité sans concession du désespoir, ce qui était mon cas, elle est d'une compagnie absolument sans secours. J'avais la grandiose liberté d'écrire avec des plages blondes de temps infini qui s'ouvraient devant moi, respirables et familières ; mais l'entreprise m'apparaissait à présent d'une vanité si creuse, dépourvue au demeurant de vertu et d'objet, que je ne décapuchonnais plus mon stylo.

Construite dans le style néo-colonial africain du Nord, Hyères était à l'époque une sorte de sous-préfecture algérienne fière de ses hauts palmiers. La banque, avec son jardin à l'orientale et ses mandariniers sous serre, était on ne peut plus typique de cette architecture constantinoise du temps de Bugeaud. Il n'y a rien à tirer de la majesté d'un palmier qui ne porte pas de dattes ; il est bien vu chez les oiseaux de la métropole de fuir cet arbre du désert et des ruines. Le hyérois autochtone portait le casque anticanicule et allait en costume de toile blanche repassé du matin. On se serait cru, remarquez, dans une carte postale envoyée de Biskra à l'âge d'or de la conquête.

S'accordant au décor ambiant comme il est écrit dans les rapports d'explorateurs, l'opium faisait « chic et bien » dans cette Algérie varoise de vin rosé, d'éventails pur Chine et de ventilateurs insectivores où l'été se faisait passer pour immortel. Il m'avait fallu deux grosses semaines pour me réadapter à un Yunnan dur, vert, corsé, d'une cinglante teneur morphinique, intoxiquant à rager. Très vite, le sentiment océanique redécouvert et cette unité psychologique que procure l'opium retrouvée, j'avais repris du poids, de la mine et recouvré le sommeil. Trente minutes d'autocar d'Hyères à Toulon puis une heure de train entre les gares de Toulon-Amirauté et de Marseille-Saint-Charles : nous étions au paradis de toutes les commodités toxiques.

En vieux complices maintenant voisins, Hautelice et Novacita appelaient Jumièges pour lui signaler chaque fois que la marchandise dépendant d'une cargaison clandestine arrivait aux petites eaux du port de la Joliette, des opiums exceptionnels. Dans la plupart des cas il ne s'agissait pas d'une affaire de géographie — tous les opiums de la grande Chine centrale et du sud se valent —, mais d'un traitement de régie (la régie de Sa Majesté britannique installée à Hong Kong par exemple, port de toutes les sélections, de tous les filtrages et acheminements) particulièrement scientifique et approprié ; il en sortait la base morphinique de toute la pharmacie hypnotique occidentale. On me mandait de me déplacer pour goûter à ces sucs pavotiques hautement raffinés et forts. Tastedrogue, j'en tâtais par la bouche (au comestible) et par la fumée (au combustible).

Le marché marseillais du poison noir (qui fournit la morphine base aux laboratoires clandestins d'héroïne) était tenu par une dynastie corse de cinq frères dignes à la fois de Prosper Mérimée et de James Hadley Chase. Ils possédaient des bars avec piano de nuit, des restaurants à terrasses, des dancings privés en villas dans les faubourgs résidentiels touchant au bord de mer et, disait-on, des concessions aux Amériques. D'un patriotisme irréprochable, ils étaient comme il se devait issus de la résistance métropolitaine dite de l'intérieur ; ce qui signifiait en d'autres termes que leur rigoureux courage ne s'était pas exporté pour se vendre aux facilités de Londres ou d'Alger ; ils avaient dignement combattu l'occupant sur place, risquant dans cette lutte leur liberté, leur fortune et jusqu'à leur vie même, fournissant au terrorisme de jeunes tueurs importés de l'île d'amour et formés dans leur camp d'entraînement où ils s'exerçaient à tirer sur des robots mobiles figurant des officiers de la Wehrmacht ou des caïds de la Gestapo. Ils étaient — ces cinq frères corses — ce qu'on pouvait alors appeler à Marseille d'intouchables cerveaux. Munificente aux résistants, l'impunité de l'après-guerre avait multiplié les appétits d'un milieu affamé de puissance et dont les cinq cerveaux, murmurait-on, avaient pris la tête. Comment le chef du gang familial me rencontrant aux tabourets, verre en main, et me traitant de pair à compagnon, en fut-il amené à me demander mon avis sur un lot de mélasse cantonaise transitant dans le grand port phocéen ? Les secrets de la drogue sont plus impénétrables encore que les desseins du Seigneur. Mais, on le voit, une brillante carrière de taste-pavot international se dessinait à l'horizon pour moi.

L'incroyable était que je gardasse intacte ma virginité de palais, d'alvéole pulmonaire et d'odorat, alors même que l'héroïne n'a pas sa pareille pour altérer nos fonctions et nos sens. Il faut, je crois, verser ces prodiges d'acuité sensorielle au seul crédit de ma jeunesse. Porté par ma toxicophilie frémissante, j'étais un avide de tout l'arsenal des sensations procurées par la drogue. Ces sensations puissantes et soutenues s'exerçaient au détriment des autres, plus faibles, qu'elles écartaient ou supprimaient simplement. Lorsque j'étais privé, la loi des contrastes jouant, ces sensations plus faibles revenaient au galop amenées par le choc en retour d'une nature éprouvée. Cela faisait, en somme, un équilibre mouvant et inachevé. Nous n'en finirions pas de nous extasier sur les mille et un miracles qu'organise le corps dans son économie vivante.

La faille dans ce système biologique et cérébral au fonctionnement presque parfait grâce à l'opium, la moins dégradante des calamités toxiques, la faille était que les grandes sensations, à force d'être éprouvées, puis redemandées avidement et avidement réexigées, finissent par tuer les grands sentiments. Et l'homme aux sentiments morts est un cadavre ambulant qui marche, mange, boit et respire, tout nourri de vie morte qu'il est.

Mon grand sentiment pour Marianne n'était point mort. La demoiselle de Montpezat n'avait rien tué en moi. Animatrice de mes brasiers, elle y faisait tout vivre de sa chaleur, de ses brûlures. Les enfants Béranger (je crois l'avoir fait penser) étaient un frère et une sœur de mai 1968 ou mieux, en toute équivalence d'époque, une sœur et un frère de l'été 1986.

Fort de ses économies méritantes, Dominique était parti au volant d'une vieille Studebaker de l'U.S. Army à la recherche de son identité maternelle. La vallée piémontaise du Pô, la Lombardie du Sud, si belle avec ses bocages lacustres, Plaisance, Parme, Bologne, la Vénétie : les Fortunati n'étaient point dénombrables tant ils avaient engendré par-ci par-là ; il s'en était même établi au pied du volcan sicilien de l'Etna et dans le site admirable de l'antique Taormina, moderne Sodome. Pour sûr qu'il eût voulu m'emmener, Dominique, distraire ma mélancolie parmi ces ruines.

Alors que mon destin les occupait tous les deux, une saisissante énergie de silence obligeait, l'un en face de l'autre, les enfants Béranger à se taire sur moi. S'aimant de jalousie familiale intérieure comme ils s'aimaient, c'est à croire s'ils ne se sont pas désunis dans leur rivalité, qu'une force supérieure s'opposait à leur désunion.

Marianne Béranger arriva à Toulon, au matin du 1er août, dans une torche d'aurore. Deux permissionnaires de la marine, portant ses bagages, l'escortaient sur le quai. J'en souris : l'amour victorieux avait une fois pour toutes exorcisé la jalousie chiffonnière. Marianne portait une jupe de lin blanc fixée par une fermeture Eclair sur la hanche et une chemise polo vert salamandre empruntée à Dominique. Comme elle répugnait à se chausser à la belle saison, elle avait aux pieds des sandales de corde blanches qu'elle laçait jusqu'aux mollets en façon de fantassin spartiate. Ses boucles d'oreilles sanglantes à trois carats jetaient sous ses cheveux noirs un éclat de péché. Elle paraissait vingt ans de corps — tant on sentait toute sa chimie en expansion sous la peau hâlée —, mais son âge franc de visage : seize ans et huit mois. O mon Dieu ! vous qui donnez la beauté au monde, ne la retirez plus des mains de ceux auxquels vous avez permis de la prendre ! Il y avait tellement d'émotion en moi que j'en fus privé de l'usage de la parole. La vie planisphérique, universelle — toute la vie —, devint une carte géographique muette où rien n'était écrit, où rien n'était à dire. Il ne me restait plus pour m'exprimer que le muet langage des yeux.

Les deux jeunes recrues de la marine nationale posèrent les valises dans le hall de l'*Hôtel des Equipages*. Ils échangèrent avec Marianne des coordonnées insistantes, leur zèle m'amusa, ma jalousie étant morte, et bien morte encore une fois. Il est un moment fabuleusement beau, dans la vie de tout homme amoureux qui s'est beaucoup battu pour son amour : c'est quand il sait qu'il n'a plus ni concurrent, ni adversaire. L'azur alors lui descend sous les pieds, tapis céleste. Je ne pus dire aux cols bleus ni au revoir ni merci ; j'étais frappé de phtisie laryngée, d'inarticulation du langage ; ma caisse à sons ne résonnait plus.

Je remplis nos fiches de police devant le concierge ahuri. J'avais l'autorité de ceux qui voient, qui entendent, sentent et touchent mais qui ne parlent point ; et je me disais qu'au chapitre des infirmités et des disgrâces du Créateur, c'était bien là la moindre des misères. Je n'aurais jamais cru que l'on pût si aisément se passer de sa propre voix. Le concierge irrité ne voulait pas me remettre la clé de notre chambre, prétextant que, libérée seulement depuis un quart d'heure par un couple de touristes anglais, les draps n'en étaient pas encore changés. « Ça presse, comprenez-vous, griffonnai-je sur un bloc de comptoir. Mariés depuis hier 11 heures, nous sommes dans les trains depuis. Madame, forcément, voudrait faire connaissance avec son époux. — Eh bien alors ! si Madame est vierge vous ne pouvez effectivement pas attendre ! », s'exclama le bonhomme en déposant dans ma main le sésame de cuivre.

Je me souviens de la respiration sans mesure de Marianne Béranger dans l'ascenseur. Elle suffoquait. Se regardant à la dérobée dans la glace, elle ne disait mot. Je me souviens de la moquette bleu de roi de la chambre, le 22, au troisième étage ; et, par la vue qu'on en avait depuis la fenêtre ouverte, des chamérops humbles[1] dans leurs pots de ciment sur le trottoir. Dans le lit défait, on remarquait, à la hauteur des aisselles, quelques longs poils féminins virgulés jusqu'à la boucle. Marianne Béranger souffla vivement dessus; ils s'envolèrent dans l'air déjà vibrant de chaleur azurée. Toute la gaieté de la ville montait vers nous depuis la rade par vagues brèves et bruyantes. Toulon, à cause de ses mouvements de la marine de guerre sans doute, est une ville absolument en joie; on n'y sent pas la nostalgie des âges comme à Nice ou à Marseille.

Marianne Béranger retendit le drap, durcit du poing le traversin, regonfla les oreillers écrasés par les nuques anglaises et se déshabilla en commençant par jeter au plafond, à son impatiente manière, ses sandales lacédémoniennes. Une fois nue, elle fit une chose que je n'ai jamais vu depuis faire à aucune autre femme de quelque âge que ce fût; et comme ce geste créait en moi un flux d'excitation, elle le renouvela tant et plus dans la suite. Le dos appuyé au lavabo de porcelaine ancienne de la chambre, elle se hissa sur le plat de ses mains puis, écartant ses cuisses dans sa traction, elle urina devant moi dans la cuvette sans autre forme d'embarras, dégageant sa vessie jusqu'à l'ultime goutte. Ensuite elle se coucha sur le dos dans un flot de lumière solaire en laissant toute leur liberté à ses seins majestueux dont le poids et la courbe m'impressionnaient tant; puis, tendant d'un brusque coup de reins son ventre dur et gonflé, les bras à l'abandon sur le drap, les yeux et les mains ouverts, elle releva ses jambes en s'appuyant sur ses talons et écarta ses cuisses avec violence comme pour une pénétration.

Ce n'était pas la première fois que je m'interrogeais ainsi sur elle. Comment se fait-il, me dis-je, qu'une fille aussi jeune soit aussi cérébrale d'instinct et de réflexion en amour? Comment se fait-il, me dis-je, qu'elle accorde autant d'énergie mentale à la préparation d'un acte amoureux qui par ailleurs la comble? Déjà, sans que je l'eusse même touchée, sans que son bassin se fût agité sous le soulèvement de ses reins mobiles, Marianne Béranger, entrant en extase sans m'y attendre, commençait à gémir et à mordillonner son pouce. Agenouillé dans l'attitude typique de l'amant qui aime à la passion, j'approchai mon visage de la longue

---
1. Les palmiers nains. *(N.d.E.)*

cicatrice vulvaire rose dont le renflement convexe épousait toute la courbe du pubis.

« Nous sommes désormais l'un à l'autre pour toujours », me dit-elle, avec un orgueil lucide et débordé.

Je savais avec toute la force battante de mon sang convaincu que j'allais incessamment guérir de la drogue et tout aussitôt mourir d'amour. C'est ainsi que dans le chant des sirènes des arsenaux j'entrepris avec ma bouche d'amener Marianne Béranger là où exactement je voulais qu'elle allât.

En preuve de vérité qu'elle était bien ma jeune épousée, Marianne Béranger portait autour de son annulaire, élevé droit comme un arbre pour le rendre bien visible en société, une bague anodine en cuivre de Crémone chipée à Silvana Fortunati, sa mère-grand.

— Papa m'a dit que je pouvais tirer des billets à vue sur son compte bancaire, ou quelque chose comme ça, fit-elle, lorsque nous fûmes sortis du lit; et qu'il rembourserait à M. de Jumièges. Alors, vois-tu, le ciel se penche sur nous. Puis, soudain, secouant sa langueur de favorite de prince oriental : Oh! j'allais oublier : j'ai un cadeau pour toi. Je suis passé voir Dolphy Courterade avant de venir. Ce qu'il m'a remis est extrêmement fort. Il s'agit d'une héroïne allemande tout à fait pure et concentrée, fabriquée par la marque Merck, je crois, plusieurs années avant la guerre, et qui est un poison très, très, très violent. Dolphy m'a bien recommandé : « Une infinitésimale pincée sur la pointe de la lime à ongles, si peu que quelques grains de poussière, et cela lui suffira pour sa demi-journée. »

— Merck ou pas, cela m'est absolument égal, écrivis-je en surtitre de *La République du Var,* le quotidien socialiste de région. Je t'aime tellement que je tente dès à présent l'effort de m'arrêter. Il faut que j'y parvienne, tu m'aideras.

— Oh non! répliqua-t-elle, avec toute la déception catastrophique inhérente à son âge; une déception mâtinée de colère et marquée de courroux. Oh non! Nous avons un beau mois d'août devant nous et je ne veux aucunement le passer entre les deux sordides besognes de vider tes selles et tes vomissements. Sans compter, mon chéri, que je ne supporte pas de te voir souffrir. Oh non! Si tu te sèvres, n'espère pas en moi pour distraire tes insomnies. D'ailleurs, je viens d'en décider à l'instant, je préfère reprendre dès ce soir le Vintimille-Bordeaux. Tout est arrangé, bon Dieu, pour le lendemain des vendanges. Papa et Dominique, rendez-vous est pris, te conduiront chez le Dr Frétet qui te gardera le temps qu'il faudra — six mois, huit mois, un an : tout le temps qu'il faudra — dans le service ouvert de sa clinique. Alors, je t'en supplie, mon caressant amour, ma plaie béante, ma plume d'or quand tu m'écris (etc.), ne révolutionnons pas cet emploi du temps que nous avons eu tant de mal à établir, nous autres qui sommes ta vraie famille. Oh non ! Obéis-moi, mon vivant trésor, et je ferai à tes côtés tout ce qu'il faudra pour que tu t'en tiennes à des doses rationnelles de sagesse.

J'étais rendu, absolument sans défense devant elle, toutes mes immunités levées, tout parcouru du frisson des frénésies de l'amour. Il suffisait que Marianne Béranger posât sa bouche sur ma peau en quelque endroit du corps que ce fût pour que c'en soit fini de mes résistances. Ma volonté elle-même s'extasiait de ses capitulations successives. Le désir, avec sa magie épidermique et l'ardeur de sa fièvre, est un phénomène inexplicable. Même la drogue ne parvenait point à détourner de moi le désir fou qui m'attachait à elle. C'était le feu et c'était la glace ; j'étais inondé de l'autre et de l'un.

Marianne alla chercher la trousse de toilette en peau de porc où était rangé son nécessaire de coiffure. Elle en tira deux flacons contenant chacun vingt-cinq grammes de poudre immaculée. Toute étiquette en avait été soigneusement raclée au canif après badigeon du papier rouge à l'eau bouillante. L'on pouvait néanmoins lire, au cul du verre, en preuve infaillible d'authenticité, les mots *made in Germany* imprimés en arc de cercle. Cinquante grammes d'héroïne Merck représentaient au marché clandestin officiel de la drogue une valeur de plusieurs dizaines de milliers de francs. Les pharmaciens thésauriseurs de nos obscures provinces avaient amassé, beaucoup plus que ceux de Paris et des grandes villes, de véritables trésors de produits toxiques dans leurs armoires à poison ; et non point par un quelconque sentiment de l'immoral profit, mais craignant par conscience professionelle de manquer un jour de substances morphiniques pour leurs tisanes de queues de cerises ou leurs décoctions de chiendent pilé. Nos officines d'apothicaires étaient alors bourrées de maléfices.

J'ouvris le premier flacon, dont le bouchon était hermétiquement scellé au goulot par un filet de colle forte. Il rechigna longtemps à céder. Sortant mon couteau de ma poche, j'en fis venir la petite lame d'argent bleuté et le déposai sur la tablette de verre du lavabo. Tenant le flacon incliné d'une main, je fis glisser dans le creux de l'autre quelques mystérieuses parcelles de ce sel précieux, brillant, d'une pureté à toute épreuve, dont on dit qu'il évoque un cristal de neige pulvérisé. J'en pris peu et par deux fois j'aspirai sèchement avec autant d'autorité que de violence. L'héroïne introduite me bondit verticalement au cerveau, la deuxième prise succédant à la première six secondes environ après. Ce fut comme si l'une et l'autre fragmentaient le siège de ma personnalité sensible en deux divisions arrondies : le lobe droit et le lobe gauche. Reçus les coups de fouet du flagellant temporal, le corps accuse une fatigue dépressive : l'on ferme les yeux et l'on s'assied pour éviter le vertige ; puis tout l'organisme repart en avant, qui fait l'objet d'une phénoménale relance. Marianne Béranger me regardait agir avec le ravissement d'une princesse promue aux plus beaux partis et qui assiste circonspecte au lent enlisement du bouffon qui a distrait de sa compagnie les plus heureux mois de son adolescence en fleur. Tandis qu'il se posait âprement pour son frère, le problème de ma destruction par la drogue ne se posait véritablement pas pour Marianne Béranger ; ou bien, alors, elle refusait d'y croire. Je me ménageais pour elle, il faut le dire, avec une grande coquetterie, lui réservant toujours le meilleur de mon visage, les élans d'un bon physique et la force d'un corps qui en avait encore et résistait à la détérioration. Alors, m'ayant, me possédant tout entier de tous les ressorts de son égoïsme d'animal de haut luxe, elle ne pensait pas au lendemain, fort peu douée qu'elle était au reste pour la réflexion, la mélancolie et la conscience des hypothèses du futur. C'était une preneuse d'instants ; une dévoreuse de libertés sensuelles ; une cavale qui, la bride sur le cou, se révélait susceptible des plus dépendants abandons puis tout aussitôt après des plus captivantes reprises ; et qui, en vérité, n'avait de vraie vie que présente et dans tous les feux liés des sens et du corps. Qu'elles fussent brèves ou qu'elles se prolongeassent au-delà du temps strict imparti à la jouissance (pénétrée, elle ne vous accordait, effectuant l'essentiel du travail, qu'un minimum d'initiatives remuantes), ces séances vous laissaient sur le flanc, absolument dévasté. D'où lui venait ce prodigieux tempérament qui touchait à la nymphomanie exhaustive, c'est-à-dire au besoin vorace d'être possédée pour se grandir et s'agrandir ? Depuis l'âge de dix-sept ans que nous avions fait ensemble tous les bons bordels de la région, je n'avais jamais vu Dominique, le frère aimé, se déborder de façon si animale. Ce qui choquait après l'extase, et dans le besoin qu'on avait de la remercier pour tant d'abandon et de dons profus versés en échange, c'était l'absence de bonté du personnage. La demoiselle de Montpezat était vraiment une amoureuse sans merci. Elle ne remerciait pas davantage qu'elle ne se laissait remercier.

Sans pouvoir prononcer un traître mot, moi le fou d'amour muet, j'allais lui donner ce que bien peu de femmes n'ont reçu au grand jamais d'un homme. C'est une chance pour la sauvegarde de l'amour qu'elles soient dans ce cas un si petit nombre, car l'amour lui-même, qui est éternel, s'y ruinerait.

XXVIII

Nous marchions sur le grand espace horizontal qui relie la gare au centre-ville et que les homosexuels amateurs de matelots appellent les diagonales puisque les deux voies d'accès qui le traversent se croisent en leur milieu. Nous marchions en amoureux condamnés au silence, mais nous faisions assurément davantage penser aux marins qui nous lorgnaient avec gouaille à une sœur et à un frère incestueux plutôt qu'à un couple de jeunes mariés frais émoulus du lit de noces. Il y avait en permanence en Marianne Béranger une colossale affirmation de volonté libertaire ; hormis sa famille, elle ne respectait rien ; d'une indépendance féroce, elle avait le génie de faire dépendre les autres. Les bruits du monde, il est vrai, s'arrêtaient au susurrement de ses espadrilles et à ses contractions voluptueuses. C'était à peu près tout.

Quels appétits des cinq sens conjugués ! J'eusse passé toute ma vie muette à contempler vivre Marianne physiquement, dans son intendance biologique et sa physiologie animale, tant elle était la vie. A la Marquise de Sévigné, boulevard de Strasbourg, elle se bourrait de pâtisseries au chocolat et de glaces à l'orange lorsque, apercevant sur la façade du cinéma Rialto, de l'autre côté de la chaussée, une affiche qu'elle dut trouver attrayante, elle s'écria : « Allons voir ! » Intitulé *Epoque épique,* l'affiche désignait une de ces exécrables revues de tournées d'amateurs qui toutes se portaient sur la Côte d'Azur en ce temps-là et qui se donnaient en matinée et soirée, devant des salles vides ou des salles combles ; un genre très au point d'escroquerie au spectacle pour nigaud provincial désœuvré. Au rez-de-chaussée de la haute affiche, de grosses lettres jaunes déjà fluorescentes enflammaient un grand rajout de papier noir : en vedette et en exclusivité, le chanteur Surprise. Cette expression racoleuse de chanteur Surprise (avec un

S majuscule) enchanta positivement Marianne Béranger. Elle acheta deux billets à la caisse et demanda à l'ouvreuse de nous placer au premier rang des fauteuils, à moins de deux mètres de la scène : « Mon mari et moi, dit-elle, nous voulons en avoir pour tous nos yeux. » C'était l'entracte ; il faisait doux et frais dans le cinéma livré pour un temps aux extravagances du music-hall, la canicule portuaire de Toulon n'ayant pas eu droit d'entrer. Les trois coups retentirent. Un accordéon jazzistique fit entendre sa plainte syncopée. Un trombone allégea son gros ventre de cuivre. Le batteur promena ses balais métalliques sur la caisse claire ; puis l'instrument à vent inventé par Sax, le bon facteur belge, entraîna gaiement tout le quartetto.

Alors parut un grand escogriffe de ma taille aux muscles des jambes duquel il manquait mes quatorze années de pratique de football. Un flot surabondant de cheveux lui faisait sur le front balancier de pendule. Il avait le grand nez régulier des valets de comédie chers à Molière et de longs bras de quadrumane qui jouaient à boxer. Du col aux orteils, il était absolument vêtu de marron-brun ; jamais autant de joie n'était pourtant sortie d'une si triste couleur. Le chanteur Surprise incarnait le prototype mondial de l'homme en marron foncé. Marron sa chemise dont les boutons de manches étranglaient les poignets. Marron son pantalon de gabardine. Marron la ceinture d'élastique tressé qui le retenait à sa taille mince. Marron ses souliers de daim pointus. Marron son mouchoir ; il se mouchait et s'épongeait en marron ; et Marianne Béranger, avec ses seize ans et huit mois, en glapissait et en gloussait de satisfaction intense. Sans aucune orthodoxie de suite dans le déroulement des éléments de son programme, le fantaisiste avait entrepris la séduction de son maigre public par un numéro de claquettes. Il ne dansait pas en façon de Fred Astaire mais en imitation des Nicholas Brothers, sur des airs accidentés de Cole Porter et Gershwin. Perdant au milieu d'une volte en courbe très arrondie de patineur le fer épais de son talon droit et ne faisant plus de bruit que d'un pied, le chanteur Surprise éclata de rire et Marianne l'applaudit si fort qu'elle se fit mal. « Au fait, dit-il, je suis venu parmi vous pour chanter ; mon métier c'est la chanson. » Tout cela avec un air supérieur mais bon enfant qui sous-entendait : « On va voir ce que l'on va voir. » Remplaçant en bouche le saxophone du bon facteur belge, un harmonica raconta en introduction solitaire la nostalgie du bivouac nocturne et le feu de camp des cows-boys avant le sommeil. Dans cette voix qui venait de très très loin puisque, s'exprimant dans le Far West, elle nous était percevable sur les bords de la Méditerranée, Marianne Béranger — devineresse, pythonisse, les yeux écarquillés d'intérêt — sut voir tout de suite ce qui m'échappa tout d'abord : la préfiguration amusée, sans une once de prétention, d'un des plus grands destins voués au music-hall en ce XXe siècle qui déjà touchait à sa moitié. L'évocation d'une certaine Amérique, plus cotée d'ordinaire des garçons que des filles, par le grand escogriffe habillé tout marron emplit Marianne Béranger d'un bonheur indicible ; depuis l'âge de huit ans que je la connaissais je n'avais jamais vu ma femme-enfant aussi heureuse ; alors je n'allais pas la bouder, mais applaudir bien au contraire à sa psychologie divinatoire qui, à l'instar des anciens, allait précocement à la rencontre d'une époque au seul vu de l'homme qui l'annonçait ; il y avait dans ce jugement de voix, dans ce toucher d'admiration critique, dans cette approche totale d'un grand talent déjà recensé toute la finesse du sentiment artistique italien. C'était un spectacle beau à pleurer que de voir, belle à frémir, Marianne Béranger heureuse. Heureuse absolument. Le chanteur Surprise en marron interpréta du Norbert Glanzberg, ce pianiste juif qu'Edith Piaf avait traîné comme accompagnateur durant toute l'Occupation sous les masques d'emprunt les plus drolatiques, formidables véhicules d'humour noir, l'appelant tour à tour M. Laprade, M. Choste, M. Poudingue... et jusqu'à M. Source, Armand Source. Le récital ici prenait une dimension tout à fait personnelle : des compositeurs confirmés travaillaient à présent pour l'homme en marron qui nous proposait un peu plus tard, miroir parfait du mimétisme, une épreuve d'imitation des grands acteurs gangsters d'Hollywood : Cagney, George Raft, Bogart... et leur benjamin John Garfield. Depuis l'âge de sept ans que le cinéma parlait pour elle, Julius Garfunkel, *alias* John Garfield, était l'idole pleine de Marianne Béranger. Qu'il donnât, en garçon de cirque, à bouffer aux fauves comme dans *Zoo in Budapest* ou qu'il fût l'aspirant mitrailleur de mauvaise volonté se mettant à dos tout l'équipage comme dans *Air Force,* Marianne était embéguinée de Garfield. Du cours élémentaire au certificat d'études, de la sixième au baccalauréat, le jeune premier dramatique avait polarisé tous ses rêves de jeunesse ; elle le collectionnait en photos de *Cinémonde* sur ses cahiers de lycéenne ; elle l'accrochait sous verre à ses murs ; elle le faisait dessiner et portraiturer par son frère ; elle en professait le culte passionnel comme on le pratique à cet âge ingrat qui est aussi l'âge d'or du sexe aux brutaux éveils. Il était émouvant de penser, je trouvais, que nous ayons été devancés, nous les premiers amants pénétrants de Marianne, par un petit juif californien au sourire de *beach boy;* cela, dans la grande nuit lycéenne oppressante et mouillée des rêves d'amour cadourques. Aussi lorsque le chanteur Surprise figura la scène du repentir de l'*Ecole du crime,* les yeux de Marianne Béranger bouleversée d'émotion se répandirent en larmes radieuses. Il faut qu'un spectacle se termine, et ce chapitre. Le batteur prit place sur un tabouret dans le fond opaque de la scène face au clavier du vieux piano des familles d'un acajou rougeâtre et douteux livré à toutes les dépradations des insectes du bois. Le musicien dépliait à mains lentes les premières mesures d'un boston délicieux lorsque l'idole en marron, s'avançant et fixant ses yeux sur nous, principalement sur Marianne, dit d'une voix gravement mélodieuse où ne traînait même plus l'ombre d'un accent de Marseille :

— Je vois qu'il y a des amants dans la salle ; des amants heureux, je suppose. Alors pour vous, mademoiselle, voici *Mathilda.*

A ce titre célèbre jusqu'à l'éternité, les lecteurs des deux générations qui ont précédé celle-ci auront reconnu M. Yves Montand dans ce chanteur inconnu qui répétait ce jour-là, à Toulon, une des grandes pages de sa destinée fameuse. Au-dessus de la complicité qui avait fait Marianne communier avec lui, s'élevait un sentiment auquel je n'avais pas pensé dans mon étourderie amoureuse. C'était leur commune nature d'émigrants ; c'était la même force taciturne des familles de proscrits passant les frontières un baluchon sur le dos ; c'était, la guerre venue, le choc des deux patries brisées, étrangères, ennemies. Livi de Toscane ou Fortunati de la plaine du Pô, florentins ou placentins, ils étaient tous, fils d'opposants politiques à Mussolini, enfants de la même race italienne. La terre est un lieu chargé d'amour quand on aime ; mais quand l'amour s'en va elle devient aussitôt un désert aride où le sable et le roc n'autorisent pas l'eau fécondante.

— Veux-tu que nous allions voir ta vedette ? écrivis-je en bas de casse du journal.

— Oh non, mon chéri ! répondit Marianne Béranger. Je veux que nous rentrions à l'hôtel tous les deux et tout de suite. C'est ainsi qu'y allant d'un bon pas nous fûmes innocemment confrontés au problème qui devait ruiner notre amour dans l'année à venir.

Chaque fois que nous séjournions pour aussi peu de temps que ce fût dans une chambre d'hôtel pourvue d'une bonne pièce d'eau, nous ne manquions pas de nous laver l'un et l'autre, les deux dans la baignoire ou séparément, comme si nous découvrions, ajoutée à l'amusement de l'élément liquide, l'excitation amoureuse de l'hygiène sexuelle réciproquement pratiquée. Marianne se lavait donc, boudeuse, soutenant ses beaux seins de ses mains savonneuses lorsque je mimai le geste de prendre une prise comme si je lui en demandais l'autorisation.

— Je ne suis pas ta doctoresse, dit-elle. Si cette poudre te réussit, prends-en. Je m'en suis déjà expliqué, elle n'avait pas l'obsession de ma chute comme son frère, ni la hantise de la drogue en tant que crime contre l'esprit, malédiction des malédictions.

— Après tu t'habilles, écrivis-je, et nous allons dîner sur le port.

Je pris donc sa trousse à coiffure ; et, l'ouvrant, je m'aperçus que le second flacon, s'il était rigoureusement de même de forme et contenance, différait par la couleur jaune ambrée du verre. L'élevant jusqu'au tube électrique du lavabo, j'en inspectai soigneusement la poudre à travers le gros verre foncé. Elle était parsemée en quantité innombrable de minuscules bâtonnets pailletés comme autant de bactéries à compter par myriades. C'était comme aux froidures d'octobre, en pays hautement montagneux, la première gelée blanche sur les tapis de neige éternelles et le chevauchement des glaciers. C'était, cela faisait semblant d'être, ce que les sherpas du mont Everest appellent le givre de Dieu.

De ma vie je n'avais vu de mes yeux du chlorhydrate de cocaïne en poudre mais je sus que c'était lui ce givre étincelant produit par le génie des chimistes et que je disposais, si je décidais d'en user, de la quantité fabuleuse, à qualité inégalable au monde, de vingt-cinq grammes. J'étais nu, attendant que Marianne ait quitté la niche de la douche pour prendre sa place et m'y laver. Le démon, l'irrésistible démon de la curiosité s'emparant de moi avec la force dont on se doute, il était impossible que je ne cédasse point à la volupté de l'expérience. D'autant que je comptais secrètement sur le givre de Dieu pour me dégager de l'emprise du traumatisme émotionnel qui m'avait supprimé la parole. Il fallait créer un choc au cerveau, n'est-ce pas ? Une sorte de coma provoqué de contre-traitement. C'était sûrement là une chance unique.

Le bouchon suivit le mouvement d'arrachement de mes doigts

avec facilité. Les seins bombés, le ventre plat, ses hanches respirant la force d'une vendangeuse qui balance le raisin à pleins paniers dans la cuve, Marianne Béranger s'essuyait, ruisselante, indifférente à mon rapport avec la drogue. Posté devant la glace de toilette, face au lavabo, je prélevai à l'aide de la lime à ongles une infime parcelle de givre pailleté que j'inhalai par la narine droite.

La prise de cocaïne uninarinale me fit la sensation d'un envoi d'obus au canon dans les régions les plus élevées de mon individu. Rien de semblable cependant aux tirs de l'héroïne des groupes Merck ou Vicario ; hormis que, fleur du pavot de Chine ou feuille du cocayer de Colombie, nous avons affaire par le véhicule des alcaloïdes végétaux à une analogie d'acheminement chimique. Mais là s'arrête le point commun. Dans l'instant même qui suit l'inhalation, foudroyante, la différence entre les deux produits s'avère fondamentale. L'héroïne endort le sexe d'un bercement désintéressé. La cocaïne formidablement le réveille pour des noces infiniment soutenues. L'héroïne est hypnotique, appesantissante et somnifère. La cocaïne est sur le coup un puissant dilatateur de la fonction cervicale ; elle crée un vigoureux tumulte dans le siège de la pensée ; et elle prolonge après coup sa vaste révolution par une insomnie nocturne dont rien ne vient à bout, point même les débordements de l'amour.

Sexe hérissé sur le plus grand pavois, délire de la pensée imaginante à quoi il faut ajouter toute la panoplie de délires des péripéties insomniaques : le fait cocaïnomaniaque est un choc souverain, le plus haut et le plus fort dans la hiérarchie de la stupéfiance. Rien de comparable aux amphétamines qui dévorent le cerveau à petites dents à force de le maintenir allumé pour des réalités factices qui ont la vie fugace de l'illusion ; au contraire, des centres d'intérêt continus qui vous mobilisent en toute diversité ; au contraire, des ambitions exaltées, encore que souvent dévoyées du chemin qu'elles auraient cru suivre ; au contraire, un enthousiasme harassant et renouvelé. Voici pourquoi le mot cocaïne, à très court terme d'usage, devient contre toute attente synonyme d'épuisement, d'épuisement mélancolique et démesuré. Les ravages mentaux occasionnés par les alcaloïdes du cocayer sont aussi rapides qu'innombrables. La cocaïne n'est pas toxique, mais elle rend fou. Elle ne vous prive pas du flux érectile, mais elle vous enlève vos raisons d'aimer ; et la solitude de l'impuissance jointe à l'impuissance de la solitude font de vous un impuissant absolument seul.

L'héroïne

J'étais sous l'empire de la révélation la plus totale jamais rencontrée et la plus assujettissante à la fatalité du sort dans la mesure même où notre destin nous est fixé, inéluctable, par le terrible enchaînement des choses du mal. Une reniflade de poudre de chlorhydrate de cocaïne en appelle une autre dans les cinq minutes ; l'effet gonfle le cerveau, se dégonfle et s'en va ; mais la persistance du sexe tendu résiste dans le temps et demeure.

Encore mouillée des gouttes d'eau de sa pluie de douche, Marianne Béranger contemplait avec un mélange de peur et de fascination cette verge rouge, anormalement grosse au fond de mon ventre où le sang congestionné ne circulait plus. La bouche ouverte par la stupeur, elle se coucha sur le dos en travers du lit, ses fesses magnifiques au bord, le talon du pied gauche en appui sur la moquette, le pied droit relevé sur l'angle de la couche. Le visage incliné de profil et déjà en combustion de prélude à la volupté, elle mordillonnait l'oreiller et s'apprêtait à le mordre en exprimant ces bruits et sentiments divers qui vont du gémissement au râle, du feu brutal de la pénétration à l'agonie convulsive de l'orgasme et qui composent l'orageux tableau de ce miracle humain : la femme qui jouit.

— Viens dans mon ventre, murmura Marianne, avec une hâte intransigeante.

Sous l'effet du poison cocaïnique, je restai plus d'une heure en elle sans me détendre, alors que par cinq fois et en réclamant encore elle venait de connaître le plaisir ; le dramatique plaisir qui la laissait épuisée, morte d'amour, sans un souffle.

Pâles, défaits et heureux, nous venions sans y penser d'embarquer pour les rivages de l'enfer.

XXIX

La drogue, c'est aussi l'aventure intérieure avec toutes les agitations d'un cerveau fluctueux. Mais la cocaïne, affirmons-le d'entrée de chapitre, n'est pas une drogue : c'est le stupéfiant-roi. (Comme dans l'orchestre de jazz la trompette est l'instrument-roi, si vous nous permettez cette image.) J'en refais volontiers l'aveu, j'obéissais avec une subordination totale à Marianne Béranger pour deux raisons primordiales : par esclavage passionnel d'une part ; et, d'autre part, par commodité matérielle de vie. Que ce soit clair, j'étais l'amant entretenu, elle était la maîtresse entretenante. Je reprends la bonne formule : je ne cessais pas, moi l'aîné, d'être détourné par cette mineure entreprenante qui m'entraînait sans fin là où ses exigences de décision le désiraient.

Pour moi qui le consommais comme pour elle qui bénéficiait au lit de ses effets sur moi sans en prendre, la révélation du nouveau poison bouleversa nos projets établis. Il n'était plus question d'aller nous enfermer dans la compagnie des Jumièges ni de vivre un jour de plus cette absurde vie de chambre d'hôtel urbaine. Nous voulions le soleil, la mer, l'espace du large, la nourriture poissonnière pimentée et notre cher, notre irremplaçable tête-à-tête. C'était la première fois que nous voyions la mer, Marianne et moi ; la mer, cet événement capital pour tout regard qui la découvre et ne l'avait point jusque-là regardée. La contemplation d'une mer, d'un océan peut durer des heures pour un œil ébaubi.

Le soir, après notre folle copulation, nous allâmes dîner dans la ville portuaire. La liesse y coulait fluide et légère comme le vin rosé de Brignoles. L'on dansait entre marins et filles à la terrasse des cafés-restaurants, face aux cuirassés blêmes ancrés dans la rade ; et à l'intérieur, dans les arrière-salles, l'on dansait entre marins et garçons. Nous venions d'entrer dans le grand dérèglement des sens du demi-siècle. La fermeture des bordels, l'automne précédent, avait jeté sur le pavé deux milliers de putains. Toulon, le mieux du monde, tenait lupanar dans ses ruelles. J'avais du mal, ne pouvant faire entendre ma voix, à défendre Marianne des lazzis roucoulants et des quolibets racoleurs. D'autant que la cocaïne impatientante me poussait à faire le coup de poing contre les mal élevés. Remontant la rue d'Alger, nous nous arrêtâmes sur son insistante volonté à l'*Hôtel du Siège,* un trois étoiles ultrachic, beaucoup trop cher pour nous, où nous nous liâmes de sympathie avec le barman génois, Tiberio. Tandis que nous sirotions du Cinzano-champagne (Marianne à la paille, moi à lèvres nues) il nous indiqua une bizarre pension mal famée, *Les Pilotis,* à Carqueiranne-Plage, où nous arrivâmes le lendemain, après une nuit d'amour blanche, par l'autobus du soleil levant.

Sous l'emprise prodigieuse du givre de Dieu, ce fut une transformation radicale de nos jours, de nos nuits, de nos loisirs ardents. Marianne vivait exclusivement pour être aimée de moi plusieurs fois dans une journée et cela durant un temps infini. Le chlorhydrate de cocaïne pur est un aphrodisiaque nerveux si puissant qu'il peut entretenir une bandade pendant des heures sans même que les conditions du désir soient renouvelées, ou — qui plus est — sans même qu'elles soient établies. Vous bandez automatiquement, d'instinct et d'abondance, dès la reniflade de la prise ; les propriétés érectiliques du dangereux produit n'étant aucunement fonction de l'envie de possession que vous pouvez éprouver, mais créant au contraire cette envie de possession dès l'absorption nasale de la poudre. Il s'agit donc là, à la limite, d'une négation maligne de l'amour ; et d'une dysharmonie possessionnelle exaspérante puisque la femme saine se consume en jouissances tandis que l'homme malsain, dont l'érection est artificielle et provoquée, la besogne à blanc sans jouir.

Au bout d'une semaine de pension aux *Pilotis,* ma soupçonneuse ruse paysanne s'étant éveillée, je commençai à émettre des doutes et des craintes sur ma belle lycéenne. D'ici à ce qu'elle constitue un cas d'aliénation érotique, me disais-je, il n'y a que la distance de huit jours à persévérer dans cette sombre voie. En dépit des apparences et notamment de sa splendide chair cuivrée, Marianne était minée, intérieurement minée, par tous les efforts qu'exigeait l'exercice de cette passion physique pratiquement ininterrompue. Elle dormait beaucoup, et d'un trait de sommeil qui la faisait réunir au cadran de son bracelet-montre minuit à midi. Moi, pauvre fantassin de l'insomnie, je fermais difficilement l'œil. J'avais peur, je veillais sur elle, sur ses paupières gonflées de soleil, sur sa nudité merveilleuse. Purement morale, l'accoutumance cocaïnique procède d'une extraordinaire intelligence du mensonge. Convaincu que l'organisme ne s'habitue pas, que le corps n'est point voué au phénomène d'assuétude, nous nous bourrons plaisamment les narines, libres et déterminés que nous sommes ; mais le geste est inhibitif : il altère le mouvement régulier du cerveau et compromet son autonomie.

La frénésie avec laquelle la main plonge dans le flacon l'extrémité de la lime à ongles et en ressort avec ses petits prélèvements qu'elle précipite sous les fosses nasales, cette frénésie relève de la folie par ses accélérations discontinues. L'intensité appelant la fréquence et la fréquence trahissant l'intensité, le cocaïnomane finit par disputer une course éperdue contre soi-même. Raisonnable, l'héroïnomane nasal arrive à se discipliner avec une prise toutes les deux heures. Déraisonnable, le cocaïnomane s'enfile quasiment à tour de bras une dose toutes les dix minutes : il ne résiste pas au fabuleux prurit cervical.

L'héroïne et la cocaïne sont enfin des drogues concurrentielles. La première impose un ralentissement des activités ; la seconde, à l'inverse, suscite une excitation libératrice de la sensualité. L'héroïne atermoie, la cocaïne provoque. Comment donc les réunir dans leurs contradictions et dans leur violence conflictuelle réciproque. La soie et l'électricité se fuient ; l'héroïne et la cocaïne s'accommodent à niveau d'étiage ; à la condition qu'elles soient toutes deux des fleuves d'été parallèles allant de conserve au plus grand abaissement de leurs eaux. Il y faut une discipline d'enfer dans la distribution équitable des doses, l'iniquité se jouant au milligramme entre ces deux grandes stars de la corruption des esprits et des mœurs ; or la discipline — dont les toxicomanes véhéments se passent — s'inscrit toujours en faux contre l'extase, au nom du principe munificent qu'il faut laisser dans ses largesses le corps qui a trouvé son régime idéal de combustion vénéneuse.

L'on comprendra sans difficulté que pour rendre Marianne heureuse (puisque c'était là mon unique but sur la terre habitée), pour la porter à ces sommets de volupté possessionnelle solitaire qui me plongeaient dans l'épouvante dès que je voyais son beau visage de madone charnelle se décomposer sous les rides, les ravins et les failles qu'y creusaient impitoyablement les orgasmes montants, l'on comprendra que je sois devenu — et fort rapidement — plus cocaïnomane qu'héroïnomane. Disons plutôt, pour plus de scrupules d'analyse, que je prenais de l'héroïne en amateur (comme on dirait d'un amateur d'art) et de la cocaïne en professionnel; en professionnel amoureux. Il n'empêche que si d'aventure je retardais d'une heure — d'une heure seulement — la prise de mes doses de nécessité conventionnelle, tous les signes du manque apparaissaient, me rappelant durement à l'ordre : nausées, sueurs glaciaires, crampes du cycliste dans les mollets, rhume de cerveau, poussée de fièvre, la fatale et pavoisante chiasse marchant bien évidemment en tête, drapeau levé, de la fanfare des malheurs. Car la cocaïne, l'on s'en sera douté, ne peut absolument rien contre une insuffisance de substances opiacées. Loin d'atténuer le malaise héroïnique, elle l'avive au contraire de toutes sortes de cruautés dont un supplice que nous appelons, nous tous qui en avons souffert, les boyaux de raquette ; nos nerfs, battus à vif, sont tendus à craquer. Puissances étrangères de première grandeur trop fortes pour se combattre, la cocaïne et l'héroïne ne se font même point antidote dans les défaillances de l'organisme : comme le lait et la morphine par exemple; incapables de s'annihiler lorsqu'il s'agit de rendre un service de sauvetage, elles sont en revanche parfaitement capables de collaborer dans les plus brèves instances dès qu'il s'agit de détruire et de tuer.

Jamais elles ne se présentent, masques tombés, sous le visage découvert du contrepoison : ces prêtresses de la mort, vous pensez bien, ne veulent aucunement se nuire. Encore une fois, il n'y a rien à attendre de ces deux diablesses de poudres blanches lorsqu'un état de rupture — donc d'urgence — se crée dans le corps humain.

Je voudrais que l'on voie vivre Marianne Béranger puisque ce livre, en vérité, n'est que le sien. Elle y fait tout, construisant et démolissant, engendrant la vie comme une mère et la supprimant comme l'aspic.

Nous avions les rapports de force qui régissent l'équilibre

instable des couples absolus ; mais sous ces rapports toujours obligés par les sens, jamais un geste, une impatience, un mouvement, une humeur. Fallait-il que nous nous aimions tout de même pour nous supporter vingt-quatre heures sur vingt-quatre l'un près de l'autre, l'un contre l'autre, l'un dans l'autre, sans même nous accorder l'un sans l'autre un insigne moment de liberté, de solitude !

Fallait-il qu'elle m'aimât tout de même pour m'accepter en permanence dans un rôle définitivement non parlant ! Eussé-je été nain, cul-de-jatte ou cancéreux tabagique bipulmonaire que ç'eût été plus délicat, plus difficile à vivre ; la vie à la muette se révélait, somme toute, tout à fait acceptable et la mutité le moins chagrinant des handicaps ; à ne point parler, on se repose beaucoup et on gagne énormément en énergie de concentration ; les dépenses de mots, ça fatigue. Fallait-il que je l'aimasse tout de même pour ne pas prendre le temps d'aller à la consultation de laryngologie du centre hospitalier de Toulon ! J'étais malade, mentalement, psychiquement souffrant du corps de Marianne Béranger ; si je ne touchais pas — de la main, de la joue, de l'ongle, des lèvres — j'éprouvais l'horrible appréhension superstitieuse de devenir infirme, tétanisé. Visuellement privé d'elle, je n'y tenais plus. La ténébreuse absence dévastait de ses éclairs noirs tout mon horizon intérieur, celui par lequel nous autres amants recevons la lumière des dieux. Dans cette exacerbation du frémissement oculaire, l'obsession cocaïnique était virtuellement pour beaucoup. Je voudrais dire autre chose. Ceci. La grande, la sublime raison de l'attachement passionnel de Marianne (et la preuve qu'elle m'apportait de son immense amour) résidait cependant dans la totale acceptation de mon état. Elle qui n'avait aucune espèce de goût pour l'asile et les maladies nerveuses m'acceptait en débile profond de la toxicomanie. « On va bien finir par trouver, les uns et les autres, le temps de te faire guérir », répétait-elle souvent avant de me machiner comme si le temps, soudain, elle qui l'avait tout devant elle, venait d'entrer dans ses préoccupations urgentes. Enfin, depuis un an que nous avions été amants ou que nous l'étions redevenus après l'interruption dont tout lecteur se souviendra s'il garde un tant soit peu la mémoire amoureuse de ses beaux jours, je n'avais jamais fait l'amour à Marianne dans mon état normal.

D'aussi peu que ce fût d'injection ou de poudre, de sel dilué ou de sel diluable, je ne l'avais, jusqu'ici, jamais aimée que chargé. Il était maintenant trop tard, à tout jamais trop tard, pour nous reconvertir l'un et l'autre, après ce que nous connaissions, à une normalité quelconque du rapport hétérosexuel. Nous étions des amants perdus pour le reste universel de l'amour. A l'évidence, plus personne — ni homme ni femme — ne nous utiliserait jamais plus. Nous serions des proscrits amorphes, sans réaction devant ce commerce emprunté, codifié, élaboré sans hardiesse, ce commerce de l'amour tel qu'on le pratiquait partout, et dont nous avions fait, hélas ! sauter les bases, les verrous de sûreté, et la banque en un mot.

Je voudrais que le lecteur nous vît un peu vivre, qu'il se fît une idée de notre combustion quotidienne anarchique, paresseuse jusqu'à la fainéantise même, et seulement occupée aux grands travaux pratiques de l'amour. Anéantie par l'ultime orgasme de minuit (je lui en comptai sept d'affilée en un soir, mais dix-sept ans n'est-il pas l'âge des records pour les deux sexes ?), Marianne, le plus souvent vers les 12 h 30, annonçait son réveil par un froncement des sourcils. Jusque-là j'avais survécu toute la matinée sur un fond de misère héroïnale mais, me préparant aussitôt pour la grosse mise en œuvre, je passais à des reniflements plus substantiels. La drogue n'a pas sa pareille pour réaliser des prodiges dans l'instantanéité de ses rituels. C'est un art fameux que cette banalisation de la solennité. En trois jours le novice est affranchi de tous les secrets de la technique respiratoire et de tous les sortilèges attachés au produit.

Ainsi, pour la cocaïne, il identifie, l'astucieux subtil, impressions, sensations, perceptions, transmissions, tous les développements d'un critérium sous circuit abrité ; avec dans l'ordre, dès la prise initiale : le zézaiement fluidique de la poudre aspirée, la mâchoire de buis, le gosier neutre — aussi neutre que du mastic — puis, plus brusquement, l'anesthésie de tout le faciès, le gel opératoire du visage et du crâne comme si vous deviez subir une lobotomie. Chez les cocaïnomanes accusés, les tics pervers, les grimaces horribles ; et ce qu'on a appelé à propos de Malraux, et fort impertinemment puisqu'on ne savait pas s'il faisait usage du givre de Dieu, « le camion dans la gueule ». Le visage avance un peu et recule beaucoup sous l'effet d'un choc traumatique énorme. J'étais quant à moi un cocaïnomane rayonnant, car de fraîche date, invisiblement abîmé de l'extérieur et n'ayant jamais pris aucun semi-remorque dans la figure.

Il y avait nonobstant cette insoutenable pression du toxique mental qui est peut-être pire en vérité que la sujétion physiologique au poison. La cocaïne agresse ; elle procède par effraction et à main armée (c'est une image) ; elle commet un viol sur la personne qui la reçoit. Il ne faudrait prendre qu'une prise binarinale par jour ; or, nous en prenons des vingtaines. Marianne Béranger ayant vaqué à ses petites tâches évacuatrices, je m'assis près d'elle sur le grand lit de chêne-liège mou. Le Var est le département du bouchon, de la pyromanie forestière et du laurier-rose.

— Tu parles, ce matin ? m'interrogea Marianne.

— Non, je fis.

— Es-tu certain de n'avoir point fait cette nuit un rêve, un songe, un cauchemar au cours duquel tu retrouvais l'usage de la parole et tu reparlais vraiment ?

— Non, répondis-je. A la muette.

— Souviens-toi bien. C'est d'une extrême importance.

— C'est tout souvenu, écrivis-je sur son beau ventre encore gonflé de sommeil comme si douze heures de désertion absolue n'avaient pas suffi à lui faire retrouver sa respiration diurne. C'est tout souvenu, répétai-je en formant du bout de mon doigt les lettres de mon alphabet épidermique. J'avais la religion de la peau de Marianne : pour son grain d'encens d'Italie. C'était une peau odorante et parlante, expressive, exprimée ; et j'étais d'autant plus sensible à son charme tactile que mon indigence laryngée persistait.

Une nuit je fis un cauchemar de haute épouvante. Tout ce que l'on pouvait faire de plus effrayant dans les cimes de la peur. Faisant chantage à Marianne qui menaçait de me quitter, je m'étais injecté en intraveineuse, à la saignée du bras, une piqûre de braise soluble : héroïne et cocaïne allemandes à quantité égale et surdosée. C'est la mort suicidaire instantanée ; seuls des cobayes abusés en ont réchappé une fois à l'infirmerie d'une prison américaine. La braise ardente me montait en flammèches au cœur et je me débattais devant Marianne pour ne pas mourir.

— As-tu fait un cauchemar, cette nuit, mon amour ? me demanda-t-elle, ce matin-là.

— Tu as dû m'entendre, non, tellement j'ai braillé, répondis-je. Je t'en voulais à mort, tu me laissais mourir.

— Je ne me souviens pas de t'avoir entendu dans mon sommeil

de souche de chasselas. En revanche, j'entends maintenant une voix et je sais que cette voix est la tienne.

Ainsi me fut rendue par une manifestation folle de mon instinct de conservation la parole qu'une immense émotion d'amour m'avait enlevée.

XXX

Ainsi vivions-nous dans la transparence parfaite du désir assouvi une vie d'amants qui ne ressemblait à aucune autre mais qui nous apparentait par le poids de l'anxiété soulevée à celle des grands couples tragiques traditionnels. Vie de bulle montant des racines du nénuphar et, ne trouvant pas l'air souhaité, crevant d'une explosion à la surface des eaux. Vie d'un scaphandrier dans les fosses abyssales asphyxiantes, chargées d'émanations de gaz volcaniques. Vie sexuelle carcérale dans les grottes vulvaires sacrées de Marianne où je n'arrêtais pas d'agoniser sans jamais mourir.

Ce devait être cela, c'était cela le bonheur : une peine de haute condamnation de bagne où nous devions être heureux puisque ni l'un ni l'autre ne demandions à quitter ce chantier immense des grands travaux forcés de l'amour. Peut-être aussi touchions-nous au mythe sans être convaincus de la réalité de notre légende. Peut-être que si je mourais d'une rupture d'anévrisme ou d'un priapisme éclaté dans les délices du sexe de soie de Marianne, peut-être aurions-nous droit à la statue du couple mythologique au Panthéon sensuel.

Nous étions venus à Carqueiranne pour le soleil, la mer et la liberté de l'amour sur champ réduit de poudre blanche. Nous y avions trouvé l'esclavage érotique dans les excès de givre de Dieu, puis le soleil, la mer et les poivrons farcis aux piments lorsque ma belle lycéenne voulait bien se mettre au Butagaz du bungalow. Les pensionnaires des *Pilotis* s'intéressaient à nous, qui ne nous intéressions à personne, parce que nous étions jeunes et que la jeunesse distrait, émeut ou indigne l'âge mûr. A vingt-cinq ans nous n'eussions été regardés par personne tant l'insolence de mépris de Marianne et sa hargne de solitude jouaient sur l'humaine compagnie un rôle glaçant et distanciateur. Avec les chats, ça allait encore.

Au portique de l'esclavage amoureux, je me hissais d'un degré supplémentaire pour vivre désormais sous la complète tyrannie de sa régence. Au plan toxique, au plan matériel et jusque pour l'argent de poche, je dépendais absolument de Marianne Béranger. En drogue, elle était ma divinité pourvoyante. En vie quotidienne, elle me nourrissait, me logeait, lavait mes sous-vêtements et achetait en librairie les nouveautés dont j'avais quelque curiosité. Seul avec elle à la cour, j'étais le domestique choyé d'une reine unique. L'esprit étant pour elle une puissance nulle, je me disais : « Cela durera tout le temps qu'elle aimera ainsi mon corps soutenu, embrasé, porté par la cocaïne ; malheur à ce corps et malheur à moi du jour où elle ne nous aimera plus. »

J'ai songé depuis que Marianne Béranger fourbissait alors sur moi des armes de mère abusive ; j'ai abandonné cette hypothèse inconvenante. Elle se dévouait tout à mon corps silencieux et à ses seuls ordres. J'étais revenu de moi-même au temps du muet tant la non-parole rendait plus facile la vie journalière, me contentant d'ouvrir la bouche lorsqu'elle m'y autorisait d'un signe. Marianne Béranger adorait de ma part ces preuves de soumission cérébralement consenti. Elle m'en récompensait le plus souvent (muette elle-même avant, pendant et après l'action) par une gourmandise priapique extrême.

Le rapport de force était inversé. Même au lit je ne traitais plus d'égal à égal avec elle tant elle voulait que sa domination me fût imposée d'une manière ferme, âpre, constante, visible — et jamais suggestive. Nous ne faisions plus l'amour, mais avec réciprocité tout de même, que par consentement unilatéral. Qu'est-ce qui me permet de croire qu'elle m'aime encore et non de croire encore qu'elle m'aime ? m'interrogeai-je souvent, l'angoisse au ventre. Quelles sont les preuves objectives de cet amour ? La première de ces preuves — j'en fus convaincu par force, à l'usage — était la patience. Aiguilles qui se bouchent ou seringues qui cassent, correspondances qu'on rate, omnibus qui n'avancent pas, abcès (mais oui) qui paralyse sa marche : désheuré parce qu'il est désœuvré, le toxicomane est un retardataire incorrigible. Sous les autans, les frimas, la neige en tourbillon et les giboulées traversières, la demoiselle de Montpezat m'a attendu, dehors, par les plus mauvais temps. Si son corps avait faim du mien et froid sans lui, c'est encore cela l'amour.

Je ne sais comment Marianne et Dolphy Courterade régissaient les comptes toxiques de la pharmacie du Théâtre, ni les trous de poudre qui se creusaient dans l'armoire aux poisons de l'apothicaire Bonichel. Pourvu, je n'avais pas voix au chapitre. Dolphy, du reste, qui me trouvait compromettant car trop nerveux au comptoir, ne tenait plus à me voir dans l'officine. Si l'on sait que leur galère vogua ainsi des mois durant dans l'impunité policière et l'aveuglement des contrôleurs du ministère de la Santé, l'on m'accusera de mensonge, ou d'affabulation. La vérité était qu'Aristide Bonichel, pharmacien depuis 1892, thésaurisait, thésaurisait sans fin, commande après commande, toutes les substances vénéneuses qui entraient dans l'élaboration de sa chimie originale : tisanes antitussives, lavements pour selles moulées, suppositoires tous bobos, bains de bouche et, contre les phlegmasies cutanées, le redouté tue-zona. Toute la patiente industrie artisanale du soulagement par le poison. L'ignominieuse avarice petite-bourgeoise ayant présidé aux pesées du préparateur ne tenant pas la comparaison devant la générosité d'accumulation des réserves, cela en faisait à la fin des prises et des piqûres pour un toxicomane solitaire isolé dans la cambrousse. Après tout, j'avais bien droit, comme tout citoyen, à ma revanche sur la loi.

La demoiselle de Montpezat ne s'intéressait nullement à la cocaïne en tant que substance stupéfiante mais en tant que fortifiant priapique résolu. (Enrhumée, et en tousserie, la drôlesse, tellement elle était saine, ne touchait même pas à une pastille Salmon.) Etant son amant de fonction d'abord, son ami de cœur ensuite (et continuant tout de même à me présenter aux indigènes inconnus et aux étrangers de passage non plus comme l'ami de son frère, mais comme son fiancé : son fiancé écrivain), Marianne m'alimentait donc en cocaïne Bohringer comme un étalon en picotin, un moteur en essence. La drogue ne circulait plus à flacons pleins. L'on pesait les doses à petits plateaux et au frémissement de l'aiguille ; et, d'un dimanche à l'autre, l'on m'en remettait pour sept jours. (Comme avant-guerre son manager faisait avec le boxeur All Brown quand celui-ci avait à s'entraîner pour un combat sérieux.) J'étais un cocaïnomane rationné, sous contrôle médical sexuel et sous surveillance toxique.

Pour l'héroïne Merck, dont elle jugeait l'emploi comme un vice alors qu'elle admettait celui de la cocaïne comme une nécessité de volupté génitale qui lui était apportée tout confort et jusqu'ici sans défaillance, Marianne pratiquait la tolérance hypocrite. Elle fermait les yeux, nous n'en parlions pas, fût-ce en échangeant des billets, mais elle savait que je me piquais dans le double but d'économie quantitative et d'augmentation des effets. Elle connaissait aussi pour l'avoir appris par sa présence à mes côtés le processus des ruptures privatives : le drame du corps dans le sevrage morphinique, le vaste retombement nerveux et la dépression indolore dans l'interruption de la cocaïne. Privé de cocaïne, j'étais un amant inopérationnel, pantin tout disloqué de faiblesse. Privé d'héroïne, j'étais un malade invivable, marqué du signe de la mort. Aussi exercions-nous l'un sur l'autre, dans un statu quo respecté, une sorte de pression de chantage au silence, au taciturne silence.

« Si je perds son amour, je perds la vie, me disais-je, elle-même perdant l'amour si la drogue m'est supprimée. » Comme dans toutes les conclusions possibles du chantage, il s'agissait là d'un équilibre précaire, funambulesque, perpétuellement menacé. Mais on a toujours le bonheur qu'on peut, jamais celui qu'on voudrait avoir. Dans l'état où en étaient les choses, c'était un bonheur grandissime que le mien. Je me portais si bien, toxicomane disciplinaire, que Dominique Béranger, le sceptique d'entre les sceptiques, me croyait guéri. C'était là un tour de force extraordinaire à verser au crédit de sa sœur.

XXXI

L'on se fait à l'esclavage comme à un asthme dont on prendrait d'emblée la mesure des crises et que l'on maîtriserait sans médecin. L'appréhension des crises est plus préoccupante que leur déroulement ; l'on croit périr étouffé alors même qu'on retrouve ses assises respiratoires. Les premiers jours de cette vie nouvelle, mes pas s'entravaient, il est vrai, dans le poids de mes chaînes. La question de ma dignité se posait devant cette mineure de dix-sept ans qui conduisait ma vie au baiser et au fouet. J'en faisais une affaire de vaine morale, me grondait-elle, puisque nous vivions hors société, sans témoins. C'est cela même qui continue à me confondre : l'extraordinaire force d'entreprise de Marianne Béranger, sa direction magistrale de ma vie. Ça n'était point pour la mener à la ruine qu'elle accomplissait tous ces efforts.

A notre retour du Midi, elle m'avait confisqué au monde et aux siens, me mettant en sécurité, tel un prisonnier évadé, chez ses grands-parents Fortunati, me livrant à leurs mœurs italiennes. Satellite caché derrière sa planète, j'avais vécu cette semaine d'occultation avec un ravissement émerveillé. Premier acte. Le temps de reprendre son père en main et que soit arrangé le chignon de sa mère, comme elle disait, et elle m'avait réintroduit à Montpezat bras dessus bras dessous avec Dominique. Deuxième acte. Comme elle voulait m'épouser et avait averti son père de sa décision, elle s'était mis en tête de persuader Basile Béranger de m'employer comme ouvrier agricole. Troisième acte. Comme elle voulait absolument me garder dans son cœur, dans son lit, dans son ventre, elle avait annulé de sa propre autorité le rendez-vous avec le Dr Jean Frétet ; sevré sans rechute, j'avais réussi, seul face à moi-même, la désaccoutumance du siècle. Quatrième acte. Seul face à lui-même ? s'était étonné Frétet. Comment, vous n'étiez pas là pour le soutenir ? Pour peu qu'elle jouât son théâtre, Marianne vous sortait à tout propos les énormités mémorables des gens qui vivent d'impulsions. Poursuivons l'énoncé du programme décisif. A la Toussaint, après un mois d'octobre morose au lycée, où elle redouble sa classe de philosophie, comme elle me sent (croit-elle) tenté de repartir pour Toulouse avec Dominique, maintenant préfet général d'éducation physique pour tous les collèges religieux de la ville, elle m'envoie vivre à Cazals en me faisant réclamer par ma tante. Elle pourvoira à tous mes besoins. Il faut que j'aie la paix pour écrire, des sommeils d'enfant, du feu dans ma chambre, etc. Cinquième acte. Pour nos week-ends à Cahors, elle loue et meuble une chambre de bonne à cent pas du lycée, face à l'affreuse prison du Château-du-Roi. Sixième acte. C'est une provocation scolaire et sociale.

Me voilà soumis — après d'étonnantes semaines de drogue sans amour — à la pression hebdomadaire de l'amour avec la drogue. De l'amour à faire à tout prix, puisque je suis là pour ça. C'est là ma fonction, c'est à cela que je sers. Aux plissements des sourcils de Marianne Béranger, à la raideur soudaine de sa nuque, aux craquements qu'elle faisait saillir des petits os longs de ses phalanges en tirant dessus, à la tumescence de ses seins sous l'énervement du désir qui la portait vers moi alors qu'inconsciemment je commençais à m'éloigner d'elle, je reconnaissais à autant de signes avant-coureurs que les largesses toxiques de Dolphy Courterade touchaient à leur fin et que les provisions, cette fois, ne seraient point renouvelées. Il n'y a plus de saisons lorsque la drogue se retire des corps et des âmes ; le temps lui-même se rétracte derrière un flou pernicieux.

L'héroïne (l'héroïne allemande, la meilleure du monde), qui était la base de mon équilibre régulier, vint à manquer la première. Même la morphine pure sortie des cornues en cristaux polyédriques, avec son éclat stendhalien, était d'un effet fade et amoindrissant. Après des mois d'injections de poudre embrasée, les ampoules vous font dans le sang l'illusion de froides fléchettes interrompues avant la région du cœur. Avouer à Dominique que nous lui avions menti et lui demander de l'argent pour un voyage à Marseille, je n'en eus pas le courage. De jour en jour plus sous-dosé, j'étais à l'étiage avec deux centigrammes quotidiens d'Eubine, concentrant toute ma volonté, le samedi et le dimanche, sur le fond de flacon qui me restait de givre de Dieu. Mars fut inconfortable ; avril difficile ; mai infernal ; juin tragique. A

Cazals, en début de printemps, lorsque je me condamnais à des réductions somptuaires afin de grossir mes pauvres économies de week-end, et que je souffrais faisant peur à voir, le corps arc-bouté, à genoux à la tête du lit, ma tante, Agathe Salgues-Labro, courait, traversant la place aux platanes, chez le Dr Mage qui lui signait une prescription. Médecin de la famille, M. Max Mage m'avait fait naître au forceps, rendant onze ans plus tard supportable l'agonie du cancer de ma mère par une mise sous morphine continue. De la morphine, il en délivrait à présent au fils dont la drogue avait ruiné le sens moral et taché le casier judiciaire. Las ! ce qui était encore possible au chef-lieu de canton ne l'était plus au chef-lieu du département.

Le comportement de Marianne Béranger fut incritiquable. Belle, taciturne et calme, jamais elle ne fit une allusion au fait que nous fissions partir ensemble les dernières pièces d'un feu d'artifice. Quand on s'est tout dit et que l'on a tout fait, la vie de deux amants est d'une monotonie et d'une banalité qui touchent aux travaux les plus humbles. Il faudrait pouvoir prier dans ces cas de désolation, de dénuement et de fatigue extrêmes ; mais la prière qui vient si aisément aux lèvres du jeune homme à qui la drogue révèle son puissant empire, cette même prière fuit ses lèvres, leur reprochant peut-être d'avoir répandu trop de mots, trop de mensonges, trop de baisers.

Marianne Béranger voyait baisser dans mes yeux une flamme consumable, et plus cette flamme baissait, plus elle prenait conscience de son impuissance à la rétablir dans son autonomie de vivacité. Elle n'assistait cependant pas à la mort de ma passion pour elle, mais à la mort d'une jeunesse tuée par la passion de la drogue. J'ai beau me creuser, m'échiner, me rompre les vertèbres pour essayer de remonter à pleins seaux de mes puits anciens l'amertume, le fiel, le courroux, la rancune, il ne vient à mes yeux que des larmes et à ma bouche qu'un mot, merci. Que de folie ne mettait-elle pas dans son courage et de courage dans sa folie ? Je me souviens d'avoir vu son visage radieux s'assombrir soudain dans la glace : elle venait de penser qu'elle aurait un jour vingt ans et qu'elle serait vieille. M'aurait-elle connu impuissant qu'elle m'eût haï. De justesse, en jonglant avec les ultimes doses, en divisant au canif et à la lime les quelques parcelles du givre de Dieu, cette déshérence virile nous aura été épargnée. Entre nos corps tout aura été beau jusqu'au bout, avec une apothéose de haute volée. Nous nous serons presque autant et aussi bien aimés dans la gêne et les servitudes que dans l'opulence et la liberté.

Mais alors, pourquoi vous être quittés ? se demandera l'entendement commun. Le baccalauréat de philosophie approchait. Dans des conditions morales consternantes et d'affaiblissement intellectuel qui n'y paraissait pas, je donnais à ma lycéenne, au parloir, et dans une semi-clandestinité qui ne nous satisfaisait plus, une à deux heures de cours quotidiens. Elle révisait avec moi, la bride sur le cou, un programme annuel dont elle n'avait retenu que des bribes éparses. Il était épuisant pour un professeur d'attabler à la discipline cette intelligence à l'état brut, de lui apprendre, en somme, ce qu'elle ne voulait pas qu'il lui fût enseigné. Ma patience pédagogique s'en était allée dans la pénurie. Je trouvais Marianne Béranger tellement superficielle d'esprit et tellement forte et chevillée du côté de l'âme que j'en conçus très vite à son endroit une horripilation agressive ; aux yeux de l'homme détrui, l'indestructibilité des autres est une injustice qui fait mal.

Enfin — et c'était là le grief muet dont je l'assommais et dont elle connaissait toute la portée du reproche — Marianne Béranger m'avait coupé de son frère, c'est-à-dire d'un amour qui respirait à un niveau supérieur à celui du sien.

La demoiselle de Montpezat fut reçue au bachot avec mention. La gloire du professeur louangé ne vint pas adoucir pour autant la dureté de ma solitude intérieure. Nous ne nous parlions pas, nous ne nous touchions plus : c'était comme s'il y avait eu entre nous, tout raide devant nos pieds, tout pâle avec l'obsession de la mort marquant son front pur, le cadavre de Dominique, l'esquisse d'un sourire figé ornant sa bouche à la Raphaël. Au moment du bilan, il était inévitable d'évaluer l'immense gâchis entrepris et réussi par la drogue.

Après les épreuves orales, son diplôme obtenu, Basile Béranger vint la chercher dans la chambre dont je devais rendre la clé un peu plus tard.

Quand ils furent partis je voulus mourir aussitôt d'une piqûre de braise, ayant gardé les quantités d'héroïne et de cocaïne nécessaires à cette exécution. Pour aussi nécessaires qu'elles fussent, elles n'étaient point suffisantes. Injectée aux confluences veineuses du poignet, la drogue me tourna autour du cœur comme une comète folle puis alla se perdre, loin au-delà de Jupiter, dans l'infini encéphalitique. J'en étais de plus en plus persuadé au passage accumulé des jours : la mort, de longtemps, ne voudrait pas de moi.

Le suicide est chez le drogué une obsession passante. Un toxicomane ne se tue pas. Il meurt d'overdose ou de tétanie infectieuse, mais il ne possède pas dans sa petite cuisine privée l'assiette mentale suffisante pour envisager sa suppression. Tous les intoxiqués (ils sont fort rares) qui meurent de leur main soit par une arme à feu soit par le poison barbiturique, ceux-là ont un autre mobile que la drogue à invoquer, ces mobiles allant de l'hérédité suicidaire — grande force transmissible — à la réputation ruinée ou à la peur du crime qui sera prochainement commis sur leur personne et qu'ils préfèrent devancer en s'envoyant eux-mêmes *ad patres*. (Nous aurions dans ce dernier cas des exemples tout récents à citer sur le territoire de la ville de Paris.) Le drogué, ne l'oublions pas, est plus que personne craintif de la mort. L'homme ne s'intoxique pas pour s'amener, par le processus de l'extase renouvelée avec exigence, à une sorte de mort lente, mais — plus cyniquement — pour se sédimenter dans le plaisir. Le suicide est chez le drogué une obsession accidentelle. Si nous n'attentons pas à nos jours au moment même où notre vie ne nous paraît plus négociable, nous laissons s'enfuir sans retour notre volonté de mourir. Soyons tout d'abord sérieux dans le langage : on ne fait pas une tentative de suicide, on attente résolument à ses jours. Soit que je n'avais point la vocation suicidaire, soit que je croyais fermement au renouvellement supérieur de la vie, fût-ce dans l'homme le plus désespéré, je n'eus pas le courage de me retrancher avec fermeté du monde. Mais j'ai bien voulu mourir confronté au vide de l'univers par ma séparation, cette fois définitive, d'avec Marianne Béranger.

Je disposais pourtant d'un deuxième mobile d'élimination : la souffrance ; l'intolérable, l'injuste douleur. Je me suis fait subir à Cazals — obligé, sans secours d'aucune espèce — une cure de désintoxication qui relevait des pires atrocités, du sévice absolu.

Nos mots sont trop usés pour que je puisse leur confier ce que j'ai ressenti ; il m'en eût fallu d'inédits, de neufs. Au bout de douze jours de rupture raide, de lit gardé sans prise de nourriture ni de boisson, je quittai la chambre de ma mère, flageolant sur mes jambes, pour échapper à la mort. Ce que fut mon voyage d'Hyères via Toulon, il n'y a point de langue humaine pour le relater.

Dans la voiture de la banque que m'avait envoyée Gontran de Jumièges, regardant par la vitre ouverte toutes les beautés de cette nature provençale côtière, je sus d'emblée d'appréciation que je haïrais ces lieux où j'avais connu un an plus tôt l'indicible bonheur avec la demoiselle de Montpezat. L'été est cruel au souvenir ; au lieu d'en tempérer les excès à l'instar de l'hiver, il les embrase. Jumièges fut décontenancé de me voir en si piteux état, amaigri de onze kilos, l'aspect d'un vieillard mourant.

Il disposait cet été-là d'un opium d'une régie anglaise de Canton (Stringfield and Macauley) ayant transité par Hong-Kong et probablement détourné sur Marseille par les génies de la mer que nous connaissons. Destinés, je l'ai mentionné, aux plus grands laboratoires pharmaceutiques occidentaux fabriquant des produits de haute toxicité, ces opiums de régie sont le fruit d'une sélection rigoureuse des trente meilleures espèces de pavots de Chine et font l'objet d'un traitement chimique aussi spécifique que précieux. Ils sont si purs sous leur aspect ébénique de mélasse finale que vous les boiriez au flacon comme du sirop ; si purs qu'une datte cuite au grésillement de la lampe fond immédiatement posée sur le plat de la langue ; si purs que vous pourriez, votre seringue munie d'une grosse aiguille adéquate, vous les injecter au naturel — sans une goutte d'eau ajoutée — dans les veines ou les muscles. Leur fonction étant de fournir le maximum de morphine pure, ils sont d'une densité morphinique exceptionnelle. Cette drogue était si forte que la première pipe me fit strictement l'effet d'une cigarette qu'on fume bourrée d'héroïne[1]. Le cerveau était plus diligemment touché que les poumons.

J'avais l'organisme dévasté par l'expulsion brutale de l'héroïne et de la cocaïne. En arrivant à Hyères je respirais comme un bar échoué sur le sable ; j'étais en combustion lente et diminuée ; ma température intérieure était si basse que le thermomètre, rectal, en rendait compte à trente-six degrés deux ; moralement enfin, je

---

[1]. Le joint d'héroïne de nos toxicomanes actuels. *(N.d.A.)*

tombais en bébéphilie. Une misérable et grotesque petite épave, j'étais ! Or, au bout de dix jours francs, j'avais repris mon poids. Je commençais à nager, à jouer au volley-ball sur les plages, à aller aux îles par le bateau à vapeur et à m'enfoncer dans la jungle luxuriante de Port-Cros. Quand le sexe s'en est allé à cinquante ans, chassé à tout jamais par l'abus régulier de la drogue, et que le sentiment pour le jeune homme aimé demeure, immuable, l'amour homosexuel est une grande chose pure et généreuse, plus dévouée, plus chargée de dévotion même que l'amour hétérosexuel. Jumièges fit vraiment des prodiges à mon chevet.

L'élément nouveau de ma psychologie amoureuse était que je ne voulais plus rencontrer Marianne, car je n'aurais pu supporter de la voir devant moi. Je lui en voulais moins de m'avoir quitté (nous n'en pouvions plus l'un et l'autre : la tension de la drogue virtuellement manquante prenait le pas sur l'amour), moins de m'avoir quitté, dis-je, que de m'avoir jeté en bout de chemin, comme ça, dans cette désintoxication terrible, usante. Fortifié par tout l'optimisme dont mon corps s'emplissait dominé par l'opium, je me faisais fort désormais de la tenir à distance. Il est bien vrai que la drogue peut beaucoup pour l'amortissement d'une peine d'amour. Il est bien vrai aussi, comme le pense M. de Chateaubriand, que l'amour dévaste les âmes où il règne ; mais lorsqu'il s'en va seulement ; lorsqu'il est là, il les peuple de mille richesses et leur dispense la félicité. En amenant à mes lèvres la fumée morphinique du comptoir Stringfield and Macauley, je ne chantais pas du tout *Le Temps des cerises* à Marianne. Oh ! je n'étais pas guéri d'elle, certes, mais le paravent vaporeux de la fumée d'opium l'éloignait singulièrement de moi.

L'éloignement, tout était là. La tenir éloignée de moi ou me tenir éloigné d'elle. Ne plus la rencontrer jamais ; sinon de longtemps. Sans cela, remis en sa présence, faible de la chair comme je l'étais, je retomberais à nouveau malade à mourir d'amour. Elle me faisait peur.

De cette peur chevillée, effrayante, mon cerveau ne se séparait jamais aux heures du jour. La nuit, avant que le sommeil ne me gagnât, elle me tançait en appréhension. Dieu sait si l'opium porte peu aux rêves — il les tue — mais j'étais menacé de cette peur, à l'état virtuel, dans mes songes à venir. C'était un sentiment de pression, d'effroi fondamentalement dissocié des deux idées-forces qui avaient aiguillonné jusqu'ici ma passion pour Marianne : la sexualité et son corollaire entêtant, la jalousie.

Donc quel calme sur la grève après tant de tumultes marins — et quelle sérénité dans l'envisagement de mon avenir ! Ni prétendant pour les meules de foin coupé ni petite compagne pour les draps de lit passés aux boules bleues du lavoir : c'était tout simplement le pactole, le pactole au milieu du désert nu.

XXXII

Désormais, je n'ai plus de souvenirs, plus de mémoire affective ou simplement relationnelle, plus de futur contingent, plus rien. Je n'ai plus que les dates de mes odieux faits divers jusqu'ici impunis à inscrire au tableau noir de ma vie tragique. Je meurs au jour le jour ; mais s'il me reste si peu que rien de force dans mes agonies, je pars en campagne dans Paris, automatisé par les démons associés du besoin, à la recherche de mon viatique sacré. Chaque fois que j'absorbe par quelque orifice que ce soit, par quelque médiocre moyen dont je dispose, quelque misérable quantité de drogue, c'est bien le sacrement de l'eucharistie que j'administre à mon corps malade en danger de trépas. Je meurs au jour le jour et j'ai tué en moi Marianne Béranger. J'ai tué sa voix, j'ai tué ses yeux, j'ai tué son entier visage et jusqu'à la paranoïa d'épouvante qu'ils m'inspiraient.

On sombre dans la grande délinquance toxicomaniaque autant par nécessité pressante de la douleur que par cette perversion fatiguée de l'âme qui préfère céder au renoncement de la volonté plutôt que de ne pas se jeter dans la folie du risque. Frileuse et brisée, votre volonté ne vous sert plus à rien, qui n'élève même plus la voix pour déplorer le sort lamentable que vous lui faites. Au contraire, le risque, les risques parlent haut et fort, ils vous aboient dans les oreilles : « Tu meurs sans drogue, vous disent-ils ; alors tente encore une fois ta chance pour en trouver et survivre. Survivre, survivre, survivre, tu ne devrais avoir que ce verbe à la bouche. Drogue et survie, tes deux impératifs catégoriques se confondent. Alors fais-les s'épouser dans ton action. Je sais, tu sais, nous savons toi et nous que la mort au jour le jour ce n'est pas une vie. »

Le manque, dans l'heure qui suivait la dernière injection,

amenait maintenant une violente montée de température (jusqu'à quarante et davantage) et l'équivalence d'un coma méningé qui m'envoyait au délire. Je l'ai dit, il existe une trouble, une maligne et perverse attirance du fait divers. Le repris de justice éprouve une jouissance cérébrale et organique quand il retombe et que la justice le reprend. De même, j'éprouvais à rechuter dans la délinquance toxique une volupté délétère et morbide qui m'horrifiait certes, mais en me comblant d'un orgueilleux, d'un souverain plaisir. Même si nous n'avons dans ces moments-là aucune raison de nous en prendre à elle, ce que nous pouvons haïr la société (et toutes les institutions, tous les corps sociaux constitués) — la haïr jusqu'à souhaiter la fin du monde et prier pour sa venue en ces moments-là !

J'avais quitté Hyères avec des potions au dross (un dross de cristaux noirs substantiellement riche en codéine), avec des boulettes solubles à la seule chaleur de la bouche et un flacon d'opium injectable particulièrement fluide et d'aspect fort avenant, puisque ayant fait l'objet de trois filtrages successifs. Las ! il ne restait plus rien dans la pauvre fiole lorsque je posai le pied sur le quai à la gare de Lyon. Souffrant sans discontinuer — et dès l'arrêt d'Avignon — d'une attaque de claustrophobie ferroviaire, je m'en étais balancé, de quart d'heure en quart d'heure et jusqu'au coma de torpeur, tout le contenu dans les veines. De quoi abattre dix chevaux de labour. Le mal du wagon disparut à Laroche-Migennes où je m'étais assoupi, sursaturé.

Paris était vide en cette deuxième quinzaine d'août. La folie me suivait à la trace et l'idée de devoir confier ma toxicomanie à un centre antipoisons comme celui de l'hôpital Henri-Rousselle n'avait fait que traverser ma pensée en trait de flèche. En revanche, j'étais décidé, poussé par ma hargne antisociale, à nuire sinistrement à l'Ordre national des pharmaciens et apothicaires. Mme et M. Laparra, mes cousins, croyant bien faire, m'avaient loué une chambre « chez un particulier » : une vieille duchesse édentée, sous-économiquement faible et atteinte de la maladie de Parkinson. De mon hublot de mansarde je pouvais voir, monté sur une chaise, et passant la tête à travers le toit, le tombeau de Louis XVI dans le square du même nom[1]. Dès l'après-midi de mon arrivée je me mis en chasse, puisant dans je ne savais quelles

---
1. La chapelle expiatoire. *(N.d.E.)*

L'héroïne

réserves nerveuses une triple énergie d'anticipation, de déplacement et d'exécution. Les délinquants, au grand jamais, ne sont pas des gens comme les autres, ne serait-ce que parce que la force d'irresponsable folie qui les entraîne échappe à l'analyse psychiatrique comme à l'entendement populaire. Brisé par la torture de la privation et privé des réflexions de son libre arbitre comme de ses réflexions primaires, le toxicomane prend les risques de la plus folle déraison en commettant un grand délit de droit commun : le cambriolage, par exemple, d'une pharmacie avec effraction. Les traits de mon état d'esprit sur lesquels il faut que j'insiste furent de bout en bout mon indifférence devant les choses de ma destinée et ma froideur exécutrice. Pas l'once d'un émoi fébrile, pas l'atome d'une peur. Le sang glacé du crotale de l'Oklahoma circulait dans mon corps à l'aise.

Tout l'après-midi je m'absorbais à des repérages dans l'extrême sud de Paris, dans ce quartier de la porte d'Italie qui me convenait pour ses espaces déserts, ses rues peu fréquentées et qui ouvre vers les banlieues ouvrières d'Ivry et de Choisy des avenues vides. Je déniche ma première affaire à la Poterne des Peupliers ; en contrebas de la route de Fontainebleau, une prairie bordée de trembles blancs où des enfants jouent au ballon ; le terrain est en cul-de-rue, on se croirait dans un chef-lieu de province, à la limite de la campagne ; la pharmacie, masquée par les arbres, est à trente mètres environ de la partie de football. Un ballon est au pied d'un tremble. Promeneur discret à qui nul ne prend garde, je shoote avec force dans le ballon et l'envoie dans le dos d'un garçon qui s'effondre. Cris, stupeur, panique. « Mme Lassagne ! Mme Lassagne ! » hurlent les gosses. La pharmacienne sort de sa boutique et court vers le blessé. Sans être vu ni soupçonné d'être, je gagne son officine où je me cache dans un débarras de cartons d'eau minérale et de coton hydrophile. Je resterai là respirant sans peur jusqu'à la fermeture. Ensuite je viderai l'armoire des toxiques, m'offrant le luxe pervers de me piquer dans le cabinet de toilette de Mme Lassagne et de m'allonger pour le kief sur son canapé aux coussins recouverts de reps rouge cinabre. Au mois d'août à Paris, à une époque où la toxicomanie n'était une mode que pour quelques égarés psychotiques, maintes pharmacies à l'écart des centres vitaux de la ville étaient nuitamment cambriolables à la condition cependant qu'il n'y eût pas de vie extérieure nocturne dans le quartier. A Ivry-sur-Seine, avenue Babeuf, on se serait cru dans le faubourg déshabité d'une planète lunaire. La porte des deux officines visitées donnait sur un couloir aussi désert et silencieux que l'ensemble de l'immeuble. Je l'ouvris à coups d'épaule, m'y prenant à trois puis quatre reprises. Dans les deux cas l'armoire aux poisons était vide de toutes les substances appartenant au tableau B. Les stupéfiants avaient été certainement placés dans le coffre.

Dans ma chambre je consultais le Bottin de ma propriétaire, la duchesse Dion Di Scoffa (Rose qu'elle se prénommait), y cherchant des adresses de laboratoires pour me rendre aussitôt sur les lieux et mettre en scène le théâtre des opérations. C'était démence que de vouloir dévaliser la pharmacie Vicario comprise, boulevard Haussmann, à un jet de pierre de la place Malesherbes, entre une brasserie et un chemisier ; au reste, la fabrication des comprimés d'héroïne contre la toux venait d'être suspendue. Je vivais comme un tueur entre deux contrats de meurtre, restant prudemment dans ma chambre à savourer dans une immobilité d'impotent les effets de doses considérables et me faisant violence vers les 18 heures pour repartir me ravitailler. La drogue c'est comme l'amour, ça vous pousse un homme dans les reins. Dès lors il faut avancer ou périr.

Le siège parisien de la firme multinationale Hoffmann La Roche, qui produisait le Pantopon, se trouvait rue Crillon, dans le quatrième arrondissement. Je m'introduisis dans ses locaux prétentieux un dimanche matin que la concierge était à la première messe de communion dans une église du Marais. Avant d'entreprendre chaque razzia, j'entrais volontiers dans un saint lieu pour me concentrer, tempérer mon impatience nerveuse, prier, déjouer le sort, chasser les superstitions impalpables. Rue Crillon, j'ouvris une vingtaine de bureaux, fouillant des centaines de tiroirs, potassant au mot près les dossiers de commandes, violant le secret des chimistes pour savoir d'où venaient la morphine et l'opium du Pantopon, quel était leur itinéraire dans Paris, quelle société les transportait et en quelles quantités permises. Je dus me rendre à l'évidence : le Pantopon était fabriqué à Bâle, au siège mondial de la firme. Mais ce fut une chance que je pusse fracturer sans dégât une armoire de verre qui contenait les boîtes d'échantillons (trois ampoules) que l'on confie aux voyageurs médicaux pour leur porte à porte publicitaire.

La seule appréhension du manque, tant j'étais autosuggestionnable, me rendait presque aussi malade que le manque réel. Je décidai de frapper un grand coup pour une razzia capitale et de retourner à Toulouse pour y confier une nouvelle fois mon sort, si tant était qu'il fût encore traitable, aux mains du Pr Perret.

Dans le venteux Ménilmontant, les laboratoires Lepice et Koehly fabriquaient bien quant à eux l'Eubine d'après la robuste formule allemande. M'immisçant dans l'enceinte interdite évoquant une infirmerie de camp de concentration, j'avais vu de jeunes employées en blouse blanche remplir une à une avec une grosse seringue Pravaz les petites suspensions d'un centimètre cube et les faire passer ensuite, en ascension verticale, sur un rouleau à claire-voie dans le tube filiforme d'où elles ressortaient refermées dans leur précieuse capsule de verre étanche et fragile. C'était joli comme tout ce petit ballet d'opéra du poison injectable ; on en aurait croqué l'ampoule avec ses dents. Tellement la demande d'ampoules à fournir dépassait l'offre d'ampoules à proposer, la maison Eubine ne prenait pas de vacances. Les laboratoires n'étaient gardés que par un concierge, lequel logeait en fond de cour, ayant aménagé sa loge dans une ancienne buanderie. Je résolus de passer aux actes le vendredi soir de telle sorte que je fusse loin le lundi matin lorsque l'alerte du vol serait donnée. J'arrivai dans l'enceinte crasseuse à 17 h 45 et, profitant de la sortie du personnel, je me glissai dans une camionnette bâchée pour attendre le désespoir du jour et épier les mouvements du gardien avec les jumelles d'hippodrome que la duchesse Dion Di Scoffa m'avait aimablement prêtées. A 20 heures, la nuit étant largement tombée et l'établissement me paraissant sans une âme qui vive, je fus intrigué par une lumière tombant du plafonnier au rez-de-chaussée du bâtiment central, ce bâtiment où étaient stockés dans une chambre forte les cinq cents kilos (peut-être) de chlorhydrate de dihydroxycodéinone, base industrielle de l'élixir d'extase. Sortant de ma cache, je pénétrai dans le bâtiment par la porte principale. Il n'y avait personne dans le bureau éclairé. Suivant le couloir et m'aidant d'une lampe électrique, je pus me glisser dans la pièce où les filles disposées autour d'une table circulaire remplissaient en temps normal les dizaines de milliers d'ampoules. Il en restait des centaines sur la table qui, surprises par la fin du temps ouvrable, devraient attendre le lundi pour être couchées dans les dix boxes de carton aseptisé qui formaient la classique boîte d'Eubine vendue en pharmacie. D'un ample mouvement de ratissage du bras, je fis glisser la première foule d'ampoules (non encore étiquetées) dans un de ces sacs de toile, profonds comme des tombeaux portables, où les caissiers de banque entassaient alors les pièces d'argent de cinq francs pour les mettre en réserve. Changeant de position autour de la table, je répétai vingt fois le même geste, m'en prenant ainsi à une société, à une civilisation, à un univers de vie, à un monde. MM. Lepice et Koehly étaient délestés de leur marchandise par un jeune homme sans humanité, barbare révolté qui ne s'accepte plus dans l'état de son corps et la turpitude de son âme, et qui frappait la pharmacie française fabricante d'opiacés pour se venger de sa toxicomanie honteuse. Comme ça.

Je ramassai une à une les ampoules isolées pour les serrer dans les poches pectorales du blouson de suédine paille, tout neuf, que Marianne et Dominique m'avaient fait parvenir à Hyères juste avant mon départ, lorsque, déplaçant ma lampe de poche d'une pichenette, ses faisceaux électriques découvrirent dans l'encadrement d'une fenêtre, dont le store était incomplètement baissé, deux dobermans, les pattes de devant hissées sur le rebord de pierre, et qui à travers la vitre ne me quittaient pas d'un seul de leurs quatre yeux. J'étais chez MM. Lepice et Koehly sous haute surveillance canine allemande. En parfaite possession de moi-même tant dans les mouvements de ma pensée que dans mes gestes, j'appuyai le sac bancaire contre ma poitrine et boutonnai mon beau blouson italien aussi haut que le volume des ampoules me le permettait. Puis, sans presser le pas, je sortis du bâtiment central pour traverser la cour et atteindre le portail de sortie. Les deux dobermans me suivaient, animaux de faïence noire silencieux, aussi indifférents à mon personnage que j'étais insensible à leur couple. Comme je passais devant la camionnette bâchée garée en milieu de cour, j'entendis dans mon dos :

— Hansi, Dieter, l'on ne mange pas la soupe, la bonne soupe de papa, ce soir ! Dieter, Hansi, l'on se nourrit d'amour et d'eau fraîche, ce soir. Qu'est-ce qui se passe alors, Hansi, Dieter, si l'on n'a pas faim ce soir ? C'était la voix lente, appliquée, aux articulations rugueuses et maladroites, du concierge probablement allemand à quatre-vingt-dix-huit pour cent de certitude. J'y remarquai cette spécificité de la discipline germanique étendue à toutes les formes d'action, même à la prononcion des langues étrangères, et qui, ici, faisait précéder le on du l'. (Pendant les combats de la libération de Paris, certains soldats allemands capturés avaient eu la vie sauve en donnant aux F.F.I. des renseignements sur des véhicules stationnés dans les garages civils ou des dépôts de munitions contenus dans des caves d'immeubles. Démerdez-vous, leur disait-on alors pour les remercier. Celui-ci avait dû se démerder plus que bien.) Dieter, Hansi, l'on ne répond pas à papa ce soir ! entendis-je encore une fois dans mon dos. Moi, me retournant alors vers les dobermans : « Qu'attendez-vous, sales cons, pour aller bouffer votre soupe merdeuse au lieu de me coller au cul comme à Buchenwald ? »

Tandis qu'un chien me mordait cruellement le haut de la cuisse droite, l'autre me terrorisait par ses aboiements. La cour s'illumina soudain, projetée dans le ciel par quatre globes d'angle. Pivotant sur mon pied gauche pour prendre tout l'élan qui m'était permis à si peu de distance, j'envoyai mon pied droit, de toute la force de ma frappe extérieure, dans la gueule du deuxième doberman. Il fut si surpris, le choc fut si violent qu'il en tomba sur ses pattes de devant. Le concierge courait vers moi, une matraque à la main. Sur son ordre, sa femme venait de lancer sur la hauteur de Ménilmontant la grosse sirène d'alerte comme si le laboratoire morphinique était attaqué par le gang de Pierrot le Fou.

Le portail était deux fois clos : au verrou et au cadenas. Il me restait le mur d'enceinte. Par chance, il était à ma hauteur. Je bondis, pensant m'y hisser d'une traction des bras, les genoux en aide, puis, appuyé sur un coude, en acrobate, pouvoir sauter dans la rue sans même prendre la précaution de me rétablir.

Je n'avais pas prévu que la crête du mur était hérissée sur toute sa surface de tessons de bouteilles encastrés dans le ciment. Les dobermans rageurs m'attaquant aux chaussures, je ne cédai pas lorsque je sentis le sang sourdre sous les entailles de mes doigts. Je n'allais pas en mourir. Ce dont je ne m'étais pas aperçu dans l'inconscience du réflexe de conservation, c'est que j'avais les veines des deux poignets sévèrement sectionnées.

Dans la rue, en courant vers le métropolitain, je perdais mon sang comme une bête. Sur les marches de la station, je faillis m'évanouir de faiblesse. C'était comme si toute la vie — la mienne, celle des autres, celle de la terre habitée — s'en allait pour toujours de moi. Les centaines d'ampoules s'étaient brisées au contact de la pierre. La codéine coulait sur mes mains, emportée par mon sang triste où je commençais à voir dans chaque grosse goutte le visage resplendissant de Marianne Béranger.

XXXIII

Avant de partir pour mes chasses toxiques j'étudiais le métro sur plan. Je n'éprouvais aucun frisson particulier dans la nuit souterraine de Paris mais, que mon coup fût réussi ou qu'il eût échoué, le désir physique ardent de rejoindre ma base de sommeil. J'avais remarqué, tant tout est suggestion dans la grande toxicomanie délinquante, qu'après les émotions d'un cambriolage les doses simples ont des effets doubles ; alors qu'après la négociation sans incident d'une fausse ordonnance, une dose ne donnait que ce que j'étais en droit d'en attendre ; dans la drogue comme dans l'amour, le sentiment de l'ivresse obtenue s'accroît de celui du danger qu'on encourt.

Lorsque l'année suivante, lui ayant été présenté par Roger Stéphane, je parlais avec Jean Genet de ces choses graves qui marquèrent sombrement ma conscience entre vingt et vingt-cinq ans, le grand écrivain de la délinquance homosexuelle m'expliqua que c'était là la récompense du mal, que la recevoir n'était point à la portée du premier venu et qu'en conséquence c'était un bien de l'avoir reçue. Voilà un bon point dont, à l'université nocturne du fait divers, je me serais pourtant passé.

A la station Ménilmontant je pris la ligne métropolitaine numéro 2 (Dauphine-Nation par Barbès) en pensant, à Nation, repartir sur la 9 (Mairie de Montreuil-Pont de Sèvres) qui desservait Saint-Augustin où se trouvait mon havre de sommeil. Les torpeurs du sang perdu sont irrésistibles. Il ne sert à rien de lutter contre elles. Mieux vaut se laisser aller à l'évanouissement d'autant que ce glissement dans le néant se révèle tout à fait agréable. Nous avons la lucidité de la mort douce. M'asseyant sur une marche, je m'étais garrotté chaque poignet avec une chaussette, le gauche avec la chaussette de mon pied droit, le droit avec la chaussette de mon pied gauche. Ensuite je m'étais débarrassé la poitrine et le ventre des milliers de brisures d'ampoules dont une quarantaine, incroyablement, restaient intactes. Sur le quai où je titubais dans le délire muet, les tremblements du froid et les frissons de la fièvre, Marianne Béranger prit, d'apparition, la direction de ma vie menacée.

— Tu montes en première classe, me dit-elle tandis que le train accostait. Tu gardes les mains dans tes poches, les coudes collés à tes hanches, en appuyant le plus fort possible tes poignets contre les fémurs. Bats-toi pour conserver ton sang. Tu t'assieds en queue de voiture sur une place strapontin de préférence, de telle sorte que tu sois très repérable. Ne t'avise surtout pas de te cacher. Ferme les yeux, bombe légèrement le torse afin que ton cœur puisse respirer fièrement, dors et n'oppose enfin aucune résistance à te laisser réveiller. Quelqu'un va s'occuper de toi dans les trois minutes.

Ainsi fut fait. La nouveauté était que je n'avais absolument plus peur de Marianne et que notre rapport était si familier dans son réalisme tendre que personne au monde n'aurait pu penser qu'il avait été interrompu. Pendant que j'étais assoupi une lourde main s'abattit sur mon épaule. Elle me serra si fort pour me réveiller que je crus qu'un étau me broyait la clavicule. Nous étions à la station Père-Lachaise. Une minute à peine venait de s'écouler.

— Lève-toi, me dit une voix. Je vais t'aider à descendre.

Sa pèlerine sur son avant-bras droit, strictement cravaté, la chemise d'un blanc de page vierge, l'agent me ceintura de son bras gauche et, sa main sur ma taille, m'invita à me rapprocher de lui. Tandis que nous marchions sur le quai — moi, soulevé par une manière de houle virile ; lui, faisant effort pour me soutenir — je m'aperçus dans une lueur de semi-conscience que nous ne nous dirigions pas vers la sortie mais vers la correspondance de la ligne 3, Pont de Levallois-Gallieni.

— Où m'emmenez-vous ? demandai-je.

— Où emmène-t-on un type dans ton état ? A l'hôpital, non ! Tu as de la veine dans tes malheurs. Tenon est à une station d'ici.

— Par pitié, hurlai-je si fort que la voûte de faïence répercuta mon cri. Où vous voulez mais pas à l'hôpital.

— Tu as des papiers sur toi ?

— Non.

— Où habites-tu ?

— Dans le huitième arrondissement. Laissez-moi, je vais prendre un taxi.

— Primo : aucun chauffeur ne te chargerait. Secundo : si je te laissais je serais poursuivi pour non-assistance à personne en danger.

— Regarde cet homme et obéis, m'intima Marianne. Fais effort pour ouvrir tes yeux et regarde. Son visage contient toutes les bontés qu'on trouve sur la terre et celles-là mêmes qu'on n'y trouve point.

D'aussi près que nous y réfléchissions, nous ne saurons jamais l'exacte vérité sur le rapport profond qui lie deux êtres humains, surtout lorsqu'il s'agit de deux hommes. La seule approche de psychologie rapportée qui nous paraisse juste en ce domaine concerne l'instantanéité du sentiment ressenti. S'il n'éclate pas en toute spontanéité et tout de suite telle l'allumette en ignition embrasant un foyer forestier, il y a de grandes chances qu'il soit trop tard pour qu'il se produise jamais. Les mystères de l'amour et de l'amitié sont en réalité les mêmes. Nous nous complaisons dans leur moite épaisseur comme dans l'obscure humidité d'une matrice. Il ne sert à rien d'en disputer puisque nous ne modifions pas les penchants de nos cœurs. Ils battent quelquefois aussi fort pour un ami que pour une amante.

Par-delà les sottes idées de compromis de société ou de convenance des mœurs, une sympathie immédiate unit ce sergent de ville de mon âge entré dans la police depuis peu au drogué démentiel que j'étais. Le type me faisait penser au garde-chasse de *L'Amant de Lady Chatterley*. Si grand que j'en paraissais tout tassé, c'était un modeste qui croyait au sérieux de la vie. On lui sentait cependant des projets et des ambitions mal contenues.

— Je m'appelle Philippe, dit-il. Et toi ? J'avançais mon prénom. Je m'occupe de ta blessure, reprit-il. Nous allons aux Buttes-Chaumont. (Il héla un taxi.)

— J'aurais plutôt cru que vous vous appeliez Frédéric ou Christian, observai-je avec un temps de retard.

— J'ai deux frères qui s'appellent ainsi. Moi, c'est Philippe. Je te conduis chez mon ami qui est dentiste.

— Elle me donnera les soins de première urgence.

— Il te donnera, rectifia-t-il. Mon ami, Olivier, est stomatologiste ; ma fiancée, Aurélie, fille de salle dans un restaurant. Ça te surprend ?

Je m'évanouis, la joue contre son épaule. Olivier était un beau garçon blond, imberbe, avec des reflets dorés dans les cheveux et un teint de miel. Tandis que Philippe me faisait couler un bain tiède, qui réveilla la léthargie de mon corps somnolent, Olivier téléphonait à un camarade médecin, qui survint presque sur-le-champ. Interne en chirurgie, il fut frappé par l'état de mes mains. J'étais exsangue, affaibli au possible car sous-alimenté, déshydraté, sous-tendu et mon pouls artériel se dérobait au contrôle du pouce aux points les plus battants du corps.

— Je recouds et je plâtre, dit Casoni, le chirurgien. Les chairs sont massacrées, les ligaments des poignets tout désunis, tout mous. Je plâtre, je plâtre quasiment tout l'avant-bras.

— Nous garderons Yves le temps qu'il faudra, n'est-ce pas, Olivier? décida Philippe. Tout le temps qu'il faudra.

— Tentative de suicide? me demanda Casoni.

— Fichtre non. Je suis toxicomane. A l'écoute de mon récit, le visage de Philippe se figea d'horreur.

— Il est hors de question de livrer Yves à la brigade des stupéfiants du quai des Orfèvres, dit-il. On eût dit que c'était lui qui prenait les décisions pour les deux autres, de dimensions plus discrètes.

— Hors de question, répétèrent-ils dans un ensemble synchronique parfait.

— Mon petit vieux, m'annonça Casoni, nous serions dans un bloc opératoire que j'interviendrais sous anesthésie générale. Ici je ne suis pas outillé. Je te propose donc une anesthésie locale qui créera dans la zone opérable un fond dermique indolore de peu de profondeur. En pareil cas, tout est affaire de sensibilité individuelle. Un tel hurlera à la torture. Tel autre s'endormira du sommeil paisible de l'enfant.

Nous passâmes dans le cabinet dentaire où je m'allongeai quasiment à l'horizontale sur le fauteuil chirurgical. J'étais badigeonné de mercurochrome des ongles aux coudes. Les coagulants administrés à haute dose par Casoni ayant produit leur rapide effet le sang ne pissait plus des nombreux sectionnements pratiqués dans ma géographie veineuse par le gros verre des tessons.

— Merde, dit Casoni, j'allais omettre le vaccin antitétanique. Cet oubli réparé, il me planta dans le gras de la peau du bras attenante à l'os radius une série de cinq aiguilles en façon de lancettes. Ensuite, avec une grosse seringue à piston noir, il injecta un cocaïné de synthèse, la xylocaïne. Sous le gel liquide infiltré,

L'héroïne

mon bras gauche puis mon bras droit se durcirent dans le froid comme mon membre génital introduit dans le sexe de Marianne après la reniflade. Puis par le processus aussitôt mis en branle du mimétisme imaginant, j'eus une érection scandaleuse que les trois jeunes gens furent bien forcés d'apercevoir sous le coton terne de mon slip. Elle était ahurissante cette réceptivité maladive, cette réceptivité extrême à un anesthésiant synthétique édulcoré. Sous l'essor montant de la xylocaïne glaçante je me mis à parler par petites phrases brèves, explosives, nerveusement articulées, ponctuées au hachoir. J'avais envie de raconter Marianne Béranger à Philippe, en aparté de confidence.

— Tu ne vas pas bouger, hein ! le môme, dit Casoni avec son accent potelé de la Corse centrale. Il fit un signe à Philippe de me tenir pour plus de sûreté, ma logorrhée de givre de synthèse le laissant rempli de circonspection. Mon avant-bras sur l'accoudoir, ma main levée grande ouverte, Philippe s'en empara sous le poignet et la rabattit sur la tablette circulaire où Olivier déposait d'ordinaire ses résines, ses prothèses d'essai, ses plombs d'or.

Une séance de charcutage pugnace commença. Les sutures veineuses et les agrafes implantées sont un supplice de l'enfer. Transpirant à grosses gouttes, satisfait de mes plaies superbes sous leurs pansements fixés par des diagonales de nylon adhésif, Casoni, au bout d'une heure écoulée, passa au plâtrage.

— Je puis te dire à présent que tu conserveras l'usage entier de tes poignets, dit-il, dans leur souplesse de mouvements et dans leur force à soulever les poids. Le résultat est positivement inattendu.

Je remerciai, mais ne perdant pas le nord et revenant à mon obsession logique :

— Comment ferai-je, tout à l'heure, pour me piquer, docteur ?

— Nous te soustrayons aux recherches de la brigade des stupéfiants. J'ai pris moi-même de gros risques professionnels en venant te secourir. Ne compte pas sur moi maintenant pour te fournir en morphine. Je ne me ferai le complice ni d'une déchéance ni d'un nouveau fait divers. La drogue n'est pas de mon ressort.

Casoni promit de revenir dans douze jours pour déplâtrer, désagrafer, enlever les points, remettre en place la géographie veineuse des poignets. Philippe, qui roulait pour le commissariat de Belleville, nous raconta le lendemain que toutes les brigades territoriales de la capitale, les vingt commissaires d'arrondissements, l'Office central de la répression des stupéfiants du ministère de l'Intérieur, rue des Saussaies, et enfin la mondaine, toutes les forces policières du grand Paris étaient mobilisées pour colleter un jeune drogué redoutable dont le signalement était le suivant :

« Vingt-deux ans d'âge au vu, cheveux châtains, pas de signes particuliers, grand, au-dessus de un mètre quatre-vingts, portant un blouson de daim couleur paille, une chemise verte, un pantalon de gabardine kaki d'officier de l'armée américaine et des mocassins italiens marron foncé avec — détail très important, ce modèle de chaussures n'existant pas en France — une boucle de cuivre dorée sur l'extérieur du pied. Je n'avais pas de domicile connu. Je n'étais pas fiché au sommier parisien de l'Identité judiciaire. Personne ne savait mon nom. Je devais être un étudiant monté de sa province ou (tout était possible) un touriste francophone étranger. J'avais été vu en plusieurs occasions : dans un bar de la rue Sainte-Beuve (sixième arrondissement, Luxembourg) avant le défoncement aux pavés, rue Notre-Dame-des-Champs, d'une vitrine de pharmacie ; boulevard Garibaldi (treizième arrondissement) où j'avais pillé une officine dans de semblables circonstances d'agression. Etc. La pharmacie Lassagne et les laboratoires du Pantopon Roche, me soupçonnant des deux mêmes vols commis à cinq jours d'intervalle, venaient de porter plainte contre moi. »

— Avec un palmarès aussi brillant, me dit Philippe, s'ils te cravatent, tu écopes de cinq ans de réclusion correctionnelle à Poissy ou à Clairvaux, qui sont des centrales dures, sordides, inhumaines. Depuis qu'à mon retour d'Allemagne, je me suis engagé dans ce métier des forces de l'ordre, je suis confronté journellement avec le monde clos de la prison. La prison te briserait. Vous n'êtes point fait l'un pour l'autre. Tu n'as pas le visage d'un héros de pénitencier. Il y a autre chose dans le tien. Réfléchis, s'il en est encore temps. Moi je ne peux pas faire davantage.

— Vous avez déjà tellement fait pour moi, Philippe. Celui-là, je ne le tutoierai jamais, pensai-je. A cause du respect dont il s'entoure, dont il se pare, et qui le rend, pour moi, inaccessible à la familiarité conventionnelle du tutoiement. Quelle que soit l'affection que nous leur portions, il existe ainsi des gens dont les qualités de fierté et de hauteur morale tiennent notre sentiment à distance respectueuse d'eux. Dieu sait pourtant si j'avais envie de sauter au cou de ce type et de le presser sur mon cœur.

L'héroïne

C'est de la bouche de ce gardien de la paix républicaine que j'entendis prononcer pour la première fois le nom du juge d'instruction Ferdinand Golletty, magistrat de haut rang, ennemi juré des trafiquants de drogue et terreur des prévenus drogués. De par ses fonctions, Philippe, à plusieurs reprises, avait été amené à conduire à son cabinet les premiers les fers aux poignets, les seconds en précaire liberté provisoire. Le juge, qui passait pour être d'une cruauté inexpiable avec les revendeurs et d'une inflexibilité rancunière avec les usagers, se révélait en compensation d'une bonté familiale avec les agents de police. Il était aux petits soins pour le beau Philippe qu'il ne laissait pas de pistonner et qui envisageait un changement d'affectation dans la Creuse.

— Je te souhaite sans plaisanterie de tomber sur un homme implacable comme M. Golletty, dit celui-ci ; et qu'il instruise ton affaire s'ils te cravatent. Les bonnes sœurs vous désintoxiquent fort bien à l'infirmerie de la Petite-Roquette. Je connais plusieurs jeunes femmes accoutumées à l'Eubine qui, loques à leur entrée en prison, en sont ressorties belles et reluisantes et se sont aussitôt relancées dans le grand circuit de l'amour actif. On ne laisse pas mourir les toxicomanes à l'infirmerie de Fresnes ou de la Santé. S'ils te cravatent, le médecin pénitentiaire te fera dormir et soutiendra ton cœur.

Ils ne me cravatèrent point et M. le juge Golletty n'eut pas cette fois-ci l'honneur de me faire asseoir sur la grosse chaise de bois blanc de son cabinet monastique dont on disait qu'il était au palais de justice de Paris l'imitation exemplaire de celui du cruel procureur Vichinski (l'homme qui avait conduit les procès de Moscou) au siège du pervers N.K.V.D. Je passai seize longs jours reposants dans la compagnie de Philippe et d'Olivier puis de Philippe et d'Aurélie, que je trouvais finalement préférable mais sans que je pusse parvenir à me faire une idée arrêtée de la vie sexuelle de mon nouveau compagnon de fortune. A raison de deux à trois par vingt-quatre heures, je pris la quarantaine d'ampoules d'Eubine qui avaient été miraculeusement sauvées du désastre de la rue de Ménilmontant. En tant que stupéfiant l'Eubine avait un succès extraordinaire et très supérieur à celui qu'elle connaissait en tant que médicament de la douleur. Les premiers jours je souffris âprement de la névrotomie que Casoni, le chirurgien vivisecteur, avait pratiquée sur mes ligaments distendus. Et puis, comme j'en étais encore en mon bel âge de jeunesse, tout s'oublia : les vols, l'accident, les sutures, le plâtre et la rééducation des poignets à la maison de santé des gardiens de la paix où Philippe, audacieusement, m'avait introduit sous l'état civil d'emprunt de Serge Rostagnol, son beau-frère. Tout s'oublia, hormis Marianne Béranger. Lorsque Philippe me raccompagna à la gare d'Austerlitz — achetant mon billet, me traitant d'une manière incommensurablement généreuse —, je lui fis cadeau de mes jolies cicatrices mauves et je promis de lui offrir ma désintoxication toute prochaine en prime de première amitié. Philippe me dit qu'il ne croyait absolument pas en Dieu mais que le Seigneur avait inventé deux grandes passions pour l'homme, le sommeil et l'amour ; et que, ne fût-ce que pour cela, il méritait le chœur de nos louanges. L'amour nous arc-boute et le sommeil nous détend, disait-il avec cette intelligente sensibilité paysanne que je place dans ma cote d'estime au-dessus de toutes les autres. Tous les garçons de ma génération, même les plus pudiques comme Philippe, parlaient de l'amour avec à-propos, talent, vivacité, intelligence. Le seul qui n'en parlât point était Dominique Béranger, car tant était grand l'amour qu'il me portait qu'il préférait le taire. Je ne pensais absolument plus aux filles pendant les seize jours où se déroula cette convalescence clandestine bienheureuse, organisée, orchestrée, surveillée par un gardien qui avait su rétablir en mon cœur la paix la plus douce. Dans son mouvant ensemble, en entier, la race des filles avait été occultée puis confisquée, supprimée, détruite par la demoiselle de Montpezat ; et ce n'était pas demain la veille du jour où je m'intéresserais de nouveau à une paire de beaux seins, à une chute de reins niagarienne, à une altière démarche de jambes. L'amour ayant régné dans mon âme par Marianne Béranger, il avait dévasté cette âme en s'en allant et il n'en restait plus rien désormais qu'un désert d'Arabie sans pétrole.

C'est tellement occupant l'amour et c'est une occupation si riche que mieux vaut être rendu malheureux à mourir par lui que de n'en pas connaître le merveilleux poison, m'avait encore dit Philippe, sur ce long quai d'Austerlitz découvert où se levait, en première céleste, une querelleuse lune d'automne. Il avait attendu de me conduire, quatre jours plus tôt, à la maison de santé des gardiens de la paix, boulevard Saint-Marcel, pour me livrer, maintenant qu'il avait mis toute sa confiance en moi, son véritable nom de famille. Je savais que l'instruction de notre amitié n'était pas close et que nous nous reverrions tant et plus dans mon grand futur. Je savais également qu'impressionné chaque fois davantage par son indestructibilité je ne parviendrais jamais à lui dire tu.

XXXIV

Par un de ces mouvements fortuits du devoir de disponibilité qui agite tous ceux qui s'aiment, je veillais à présent — moi le dormeur toxicomane — sur les insomnies nocturnes de Dominique Béranger qui avait passé tant de nuits à surveiller mes souffrances de sevrage. La percée d'une dent de sagesse le rendant fou et le Dr Brice Lions (comme le roi des animaux mais au pluriel) ayant refusé de lui prescrire des suppositoires d'Eubine forte, il s'était ouvert la gencive — pensant favoriser ainsi la poussée de l'os — avec la lame de son couteau à cran d'arrêt. Qu'avions-nous donc, garçons du Sud-Ouest, à trimer la torture pour des molaires retardées ?

Pour ma sécurité judiciaire et sa paix personnelle, Dominique était venu m'arracher au laxisme munificent de ma tutrice pour me ramener à Toulouse et m'y remettre aux mains du Pr Perret. Trois fois par semaine, en début d'après-midi, le distingué psychopompe me prenait en séance de psychothérapie préparatoire de cure, me forgeant un moral d'acier pour la grande épreuve qui m'attendait. « Je vois à votre pupille brillante et menue que vous ne diminuez que très chichement vos doses », me sermonnait-il rituellement. Les mots doses, sentiment océanique, kief, prison d'extase, seringuée, etc. (tous ces mots bêtement pervers qui composaient le manuel lexique de la toxicomanie), ne présentaient plus pour moi ni intérêt ni résonance. La drogue était maintenant un agent sans effet tant les quantités injectées l'étaient dans une proportion misérable. Je vivais sans ambition ni appétit, végétant et passif, ni heureux, ni malheureux, fleuve alangui à l'étiage. Il n'y a rien de pire pour un homme jeune que cet état démissionnaire, que cette déroute veule du sentiment.

Envoyé par Dominique à Marseille, Miguel Ortega en était

revenu avec dix grammes (dix grammes seulement) de cette héroïne blanchâtre à prix modique mais d'une force immodérée pour le prix, qui se vendait toujours cinq cents francs le gramme comme à la Libération mais que l'on consommait maintenant, disait-on, à Naples et à New York City. Les deux sachets remis à Dominique, je n'en avais point le libre usage ; il me rationnait, baissant insensiblement d'un jour à l'autre, aussi peu que ce fût, la dose des piqûres. J'étais entré dans une nouvelle phase de ma vie qui était censée correspondre à la fin de ma jeunesse. J'étais à moitié mort en pleine jeunesse et la moitié de vie qui me restait à vivre était vouée à la déshérence et à l'abandon. Quand on pense à tout ce que la drogue homicide aura tué en moi entre la vingt et unième et la vingt-quatrième année, années décisives du printemps de la vie, il y a de quoi frémir. D'autres en ont frémi à ma place. Je n'ai plus le temps aujourd'hui de m'attarder à frémir sur mon lointain passé. Prétextant qu'esthète suave et fin lettré, Jean Frétet[1] (qui avait été son élève) n'aurait pas la poigne suffisante pour mater le rechutiste caractériel polymorphe que j'étais devenu et arguant qu'on ne retentait pas deux fois dans le même service une expérience échouée (référence à la cure Rempart), le Pr Perret m'avait retenu une chambre à la maison de santé du Dr Duroc, laquelle se trouvait à trente-quatre kilomètres au sud-est de Toulouse, dans la campagne boisée du Lauraguais. Ce M. Perret (dont la voix en tant qu'expert auprès des tribunaux était très écoutée à la commission des grâces) avait pris à mes yeux et dans mes jours une importance considérable : il était le directeur de ma vie et Dominique Béranger la courroie de transmission par laquelle ses ordres s'exécutaient.

    La conscience en paix, le corps en guerre, j'allais guérir. On sent les dispositions d'une âme à lutter, à se glisser dans le moule d'une discipline, à épouser le programme despotique d'une rigueur supposée.

    Je voulais l'amnistie, la virginité retrouvée de mon casier judiciaire. La prison m'eût brisé ; l'univers carcéral détruit. Mieux valait dès lors s'en éloigner du plus loin possible et si possible à jamais. De par ce que j'avais vécu avec la drogue et sa démence privative, j'avais déjà renoncé à fonder un foyer, à épouser une

---

1. Le Dr Frétet venait de publier *L'Aliénation poétique : Baudelaire, Rimbaud, Mallarmé,* Janin.

femme, à élever des enfants. (« On ne devient pas fou parce qu'on se drogue, on se drogue parce qu'on est fou » : Dr Otto Ritter.)

Dans une législation républicaine qui protégerait réellement la société, tout toxicomane devrait être interdit de mariage civil et religieux. Qui plus est, la médecine anticonceptionnelle devrait stériliser tout homme, toute femme qui se serait adonné, ne serait-ce que l'espace d'un temps fort court, aux grandes substances morphiniques. Si les gens savaient exactement de quels dangers la drogue menace le monde, nos démocraties déporteraient les drogués. Je n'allais donc pas transmettre à de vigoureux bébés, par simples contacts de couchage, mes funestes gènes eubiniens, pantoponesques ou héroïniques. Il faudrait aussi préserver les mères et les jeunes filles, les aïeules et les communiantes ; si ardente à défendre l'homme menacé, toute la condition féminine devrait se mobiliser contre le fléau.

Je vivrais donc le restant de mes jours en amant veuf et en père orphelin. Je n'aurais ni famille ni patrie mais seulement du travail. J'incarnerais jusqu'au prototype le libre citoyen d'amour et de mérite, sans épouse ni géniture. Dur programme aux dures limites, irréalisable après un certain âge. D'autant que l'homme qui a vécu comme je venais de vivre avec Marianne — c'est-à-dire en célibataire enchaîné — regrettera toujours son temps d'esclavage et ne songera plus, en ses solitudes désolées, qu'à retourner à l'odeur de rouille de ses chaînes.

C'est toujours aussi difficile, indicible, inexprimable presque : les sentiments et les mots ne correspondent plus. Sous la nudité dure de la décision, le souvenir se dérobe et les dates s'estompent au calendrier. Je n'ai de mémoire coriace, affligée, que de la dernière semaine ; plate et grise dans les brouillards matinaux, elle se présente comme une sorte d'unité lacustre du temps qui se fige et s'arrête. Mais nous ne recréons pas le temps intérieur qui s'est enfui de nous. Autant que nous puissions l'emprisonner il ne se laisse point retenir.

Le tissu rougeâtre de sa gencive cicatrisé après le coup de couteau décisif ayant permis la pousse de la molaire folle, Dominique Béranger était passé d'une espèce d'affectation d'affairisme médical à une exubérance de retour à l'adolescence. Il paraissait à peine dix-huit ans ; de Marianne et de lui on eût dit de deux jumeaux hétérozygotes. C'était bon pour moi qu'il eût tant rajeuni, qu'il eût repris ce visage de lycéen raphaélique. Cela va m'enhardir, je vais pouvoir lui parler, me disais-je. Mais chaque fois je n'en faisais rien.

J'ai passé huit jours veillés et de longs moments sur les plages de l'insomnie nocturne à me tarabuster sans fin pour pouvoir dire à Dominique Béranger d'une manière ou d'une autre que je quittais le Sud-Ouest sitôt terminée la postcure. En d'autres termes, que je le quittais, que je quittais la basilique flamboyante de Montpezat ; que le salut n'irait point sans un changement complet d'existence, de cadre de vie, d'enveloppement professionnel ; sans un renouvellement absolu de toute mon affectivité. Désintoxiqués, les musiciens de jazz de La Nouvelle-Orléans s'exilaient à Chicago pour dix mois ou un an.

Pendant huit jours et huit nuits pas un mot ne sortit de mes lèvres. C'était comme si j'avais eu dans la gorge un pavé plongé dans du goudron froid. L'épreuve se révélait infiniment plus pénible que dans le Midi où je n'avais qu'à obéir à la sœur. Il fallait ici que je parlasse au frère. Seule une bonne dose d'héroïne aurait pu m'en donner, créant un choc neuro-mental, le courage. La passion de Dominique Béranger avait pris ce tour tout à fait particulier de s'exercer à mon endroit dans une totale négation de lui-même. On eût dit maintenant d'un saint qui soignait un malade maussade et qu'il égayait. Il préparait lui-même l'héroïne qu'il faisait fondre dans du sérum physiologique, agitant avec vigueur le flacon, puis il filtrait à travers une étoupe et il injectait.

D'aussi peu que de jour en jour les doses aient été progressivement et minutieusement dégradées, et aussi insensiblement faible que fût (d'un frémissant petit milligramme peut-être) la diminution de la dose à l'unité de piqûre, mon organisme en chute de sevrage était si sensible à ces sordides économies de poison que j'aurais pu prévoir à quarante-huit heures près la date et le moment du point zéro de la rupture, cette précure ayant été, je le répète, pratiquée sur moi par Dominique Béranger, sorte d'externe bénévole agissant pour le compte du Pr Perret en obéissant scrupuleusement à ses éclairements. Je lisais les résultats de cette entreprise d'avarice scientifique sur mon visage morose dans la glace et sur celui de Dominique à découvert. C'était un visage triomphant. Dominique, à l'avance, savourait sa victoire. Il parvenait à cette fin qui semblait devenue sa seule raison d'être sur la terre et qui était de me faire guérir. Alors que la passion chez sa sœur tenait des appétits de la bête, elle relevait chez lui d'une symbolique divine.

Le 2 novembre, jour des morts, Dominique reçut du Dr Duroc cette communication laconique :

— La chambre d'angle qui donne sur les grands bois et que vous avez retenue sera libre à 18 heures.

Au volant de sa Studebaker vert olive qui lui coûtait passablement d'argent à nourrir d'essence, Dominique Béranger ne me conduisit pas à la clinique du Dr Duroc (cela contre l'attente de tous mes lecteurs, je suppose) mais à la gare des autobus. En effet, prendre le car constituait de la part du malade — et dans la psychologie du psychiatre — un acte de volonté on ne peut plus méritoire. Il indiquait sa détermination à rejoindre son lieu de cure par lui-même, sans être assisté ni promené, ce qui augurait excellemment pour la suite des événements à venir. J'étais déçu, désespérément.

— Quelle tête tu fais, mon pauvre Yves, sourit Dominique, en me laissant me débrouiller tout seul avec ma valise. (C'est après coup, pendant le voyage, que la tristesse de ce sourire m'impressionna.) Réjouis-toi donc ! Tu es presque sevré. Dans cinq à six jours nous aurions commencé les piqûres d'eau distillée et tu ne t'en serais même pas aperçu.

— Tu parles !

— Réjouis-toi, une charmante infirmière, Mlle Laure Lorblanchet, t'attendra à la descente du car. A demain, fit-il, en me pressant les mains dans les siennes.

— Adieu, dis-je indifféremment.

XXXV

*Labastide-Beauvoir
2 novembre — 23 décembre*

La sombre, la froide pluie de novembre noyait le Lauraguais — Normandie du Languedoc — et de temps à autre une goutte énorme, se détachant du terminal d'une baleine, s'écrasait en catastrophe sur la pommette rougissante de Laure Lorblanchet. Je ne connais rien de plus excitant que le jeu des perles d'eau sur le visage lisse et nu d'une jeune et jolie femme. Une impression de paix docile et d'ineffable bonheur se dégage de ce spectacle. J'étais servi avec Mlle Lorblanchet.

Nous ne nous étions pas dit un mot, nous contentant l'un et l'autre d'un imperceptible sourire.

— Il y a loin à marcher d'ici à la clinique ? demandai-je.
— Quatre cents mètres environ.
— Mais c'est le bout du monde.

Je me sentais soudain de très mauvaise humeur. Le grand froid intérieur de la privation de drogue venait de s'abattre en moi comme un poids très lourd, entraînant avec lui des éboulements de blocs de givre, des avalanches de glaciers. Je me sentais enfin, pour que le tableau fût plus noir, abandonné comme une misérable larme de pluie au milieu de l'océan du monde ; misérable et abandonné. Nous aurions chaud à la clinique. Il devait y avoir des fauteuils profonds comme des tombeaux dans la salle de séjour et un piano pour tapoter du Trenet ou du Teddy Wilson. Peut-être enfin m'y dispenserait-on un petit viatique qui redonnerait des calories à mon corps ainsi que des ailes à mon âme. Il fallait faire quelque chose de toute urgence. Ça volait bas vraiment.

— On y va, dis-je.

La peau de mouton de ma canadienne remontée jusqu'aux oreilles, je chargeai sur mon épaule gauche, son flanc en appui contre ma tempe, la lourde valise de cuir à sangles gonflée à craquer de livres et de ces chandails que Marianne Béranger me tricotait depuis l'âge de onze ans avec une patience inlassable ; la seule qu'aient jamais eue, au contact de la laine et des aiguilles, ses mains de grande prédatrice. Me faisant un dôme de toile imperméable de son parapluie bleu ardoise, Laure Lorblanchet se rapprocha de moi tant et si bien que nos hanches puis nos épaules se touchèrent. Le cheminement de la marche entamé, nous nous rapprochâmes jusqu'au serrement, de telle sorte que je glissai mon bras droit sur l'épaule de Laure Lorblanchet, ma main caressant sa joue mouillée où les gouttes faisaient la queue pour descendre et taquinant son joli menton de jeune fille duveteux et glacé.

Je me souviens, dans les autans qui se levaient en état d'alerte, de la grêle incessante qui tambourinait sur la coupole du parapluie des familles nombreuses comme sur une peau de ventre. Mais je me souviens avant tout du geste brusque et tendre dont l'envie me prit d'attirer à moi, d'une main ferme, le visage mouillé de Laure Lorblanchet, d'en lécher une à une les gouttes, puis d'embrasser avidement cette bouche dont je ne voyais rien dans le noir.

Tant que des cancéreux souffriront leur agonie tumorale en quelque hôpital ou institut, aucun toxicomane au sevrage ne devrait avoir le droit de se plaindre. Torture inventée, le martyre du toxicomane est la punition de son imaginaire en proie aux plus grands dérangements de la raison raisonnable. L'on ne devient pas fou parce qu'on se drogue, l'on se drogue parce qu'on est fou. N'ayons pas peur de le crier à la face impavide du monde : conscient ou inconscient, lucide sur lui-même ou de lui-même ignoré, tout drogué est un malade mental qui doit être traité comme tel, soit dans nos vieilles bastilles asilaires soit dans nos modernes services libres.

Sainte-Anne ou les mirifiques Cèdres du Liban de Hollywood, Marmottan ou l'admirable Mayo House de Rochester, Lexington ou la Villa des pages du Vésinet, tout cela s'équivaut, tout cela s'égale, hormis que les gens de clinique ne sont pas seulement des hospitaliers mais aussi des hôteliers et que plus le confort de l'entourement est réel mieux cela vaut pour la guérison de cette grande maladie du froid qu'est l'interruption de la drogue dans le cycle d'une économie vivante. Mais pour autant que l'on veuille vraiment guérir, l'on guérit aussi bien au Camarillo Hospital [1] qu'à l'infirmerie de Fleury-Mérogis, dans nos centres psychothérapeutiques départementaux qu'à la prison des Baumettes. Encore faut-il que votre volonté vous y porte, les mains libres ou les fers aux poignets. Il n'y a pas de désintoxication réussie sans une rage absolue de guérir, c'est-à-dire de rompre pour toujours avec la folle illusion toxique ; mais à ce faîte d'un grand dessein médité, le malade ne parvient point seul : il faut qu'il souscrive à ce fameux contrat de transparence qui le lie en sincérité, en son âme et conscience, à son médecin. Car le contrat c'est le dialogue et les deux hommes qui l'ont signé ne peuvent plus se mentir.

La drogue procède exactement avec la volonté comme elle procède avec le sexe, la promenant, l'emmenant en bateau, puis l'embarquant plus avant dans la mer pour l'endormir au bout du voyage et la sachant coercible la priver de tous ses moyens et la contraindre à capituler. Il arrive un moment palpable où aucune force au monde n'infléchit plus la volonté défaillante, plate, étale, ruinée : c'est comme un muscle cardiaque qui ne réagit plus sur l'écran de la télévision opératoire. Ainsi pendant la double désaccoutumance cocaïno-héroïnique qui me fut imposée (Cazals, juin 1948) par ma fâcherie tragique avec Marianne, je fus incapable de me sortir du lit pour me présenter à une convocation du tribunal correctionnel de Toulouse (affaire Boutenègre), ce qui me valut la seule condamnation infamante, prononcée par défaut, figurant au casier judiciaire numéro 3 (lequel est réservé à l'appréciation confidentielle du ministre de la Justice et garde des Sceaux).

Il faut y insister, la toxicomanie est avant tout une grave maladie cérébrale et la plus funeste de toutes, car la moins curable à cause précisément de l'annihilation de notre volonté qu'elle réduit, qu'elle détruit, dont elle fait poussière. Dans son traitement toujours en progrès des psychoses, la psychiatrie généreuse relance aujourd'hui dans le circuit sociétaire plus de schizophrènes et de paranoïaques qu'elle ne parvient à remettre sur orbite professionnelle de drogués repentis mais difficilement recyclables. Un certain nombre d'anciens toxicomanes contemporains nous

---

1. Hôpital new-yorkais au régime très dur où l'on force les Noirs à se désintoxiquer. (N.d.A.)

apportent pourtant chaque jour la preuve de leur récupérabilité. En ce domaine, c'est le milieu le plus menacé — celui des artistes — qui fournit paradoxalement le plus riche foisonnement d'exemples de sujets guérissables.

Il suffit de jeter un œil sur l'univers du jazz : que de coupes sombres, que de prélèvements abusifs effectués par la mort ces trente dernières années ! Charlie Parker, Fats Navarro, Bud Powell, Winton Kelly, Paul Chambers, Art Pepper, etc. ; sans oublier la plus grande, la dame au gardénia : Billie Holiday. J'ai vu Lady Day, dans sa loge de l'Olympia[1], les joues gonflées comme par une incoercible double fluction dentaire : il n'y restait plus un point, un minuscule point de liberté de peau, où planter son aiguille à seringue. Le foie ratatiné par la morphine criminelle comme un parchemin rétréci aux braises du feu, la mort de l'hépatique Edith Piaf fut pourtant une mort acceptable (un songe de nuit d'automne sous ciel pluvieux) comparé au chemin de croix vécu par Lady Day, cette grande dame du blues au destin nervalien. Poursuivie par ses agents musicaux pour contrats cassés, traquée par le bureau des amendes judiciaires qui la menaçait de contrainte par corps, moquée par la brigade des stupéfiants qui lui tendait dans Harlem d'humiliants trébuchets, offensée par ses marchands dont elle avait fait la fortune, sans logis, sans dollars, sans voix ni souffle, réduite à la mendicité d'une dose de poudre insoluble que son sang n'acceptait plus — et, pour finir, l'éclat d'un cœur arrêté qui se brise en se délivrant. O mort ! où caches-tu tes sordides triomphes ? Tu les soustrais à nos yeux effrayés parce qu'ils te font honte et que tu en as peur peut-être en ta froide conscience, n'est-ce pas ? Le lendemain du décès de Billie Holiday — la plus grande héroïne tragique de l'histoire du jazz —, le saxophoniste alto Jacky Mac Lean[2], disciple de Charlie Parker, s'exclamait : « Nous en sommes maintenant certains après ce qui s'est passé hier à New York, Dieu n'a jamais existé pour les Noirs d'Amérique. »

Mais face à ces ossuaires du Nouveau Monde où la poudre homicide entasse ses cadavres, pauvres désorbités sociaux que de victoires éclatantes sur la mort remportées en conjonction solidaire avec la vie ! C'est l'élégant révolté Miles Davis,

---

1. Concert Ténot-Filipacchi (abrégé à mi-récital) d'avril 1958.
2. Il joue tout à loisir avec son quintette dans *The Connection,* le film passionnant de Susan Terry (Disques Blue Note). *(N.d.A.)*

jeune prodige de la trompette qui s'en tire à vingt-quatre ans pour ne retomber jamais plus — et ce n'était pas facile de se concentrer en abstinence dans l'ombre du Bird[1] qui se piquait à tour de bras. C'est l'immatériel Stan Getz, ce doux géant du saxo ténor (dont je suis timbré, fanatiquement timbré), c'est Stan qui, pris dans un fait divers de pharmacie où j'aurais pu dix fois me faire reprendre[2], et envoyé au pénitencier pour y purger une moyenne peine, se fait apporter son instrument dans sa cellule et élabore à partir des grands standards de la musique populaire brésilienne ce chef-d'œuvre d'une sublime beauté qu'est *Jazz samba*. C'est le *drummer* Kenny Clarke qui, à un âge avancé et après vingt cures suivies de rechutes, entre en clinique à Meudon-Bellevue et avec le concours de sa jeune protégée allemande en ressort curé et ne rechute plus jusqu'à sa mort. Etc., Les exemples de sevrages réussis sont aussi nombreux que spectaculaires. Il y a aussi ceux qui luttent (le trompettiste Chet Baker, Américain errant d'Italie, fantôme de night-clubs dont le talent chevillé résiste) et ceux qui renoncent à lutter ; mais pour un Ray Charles, par exemple, la cécité n'est pas une excuse ; aveugle de naissance comme lui, le chanteur Steevie Wonder ne s'est jamais piqué au cheval blanc[3].

Ce qu'il faut souligner en conclusion de ce chapitre, c'est que les drogues dures s'attaquent à la masse de substance nerveuse du cerveau dans sa totalité ; laquelle substance est altérable et réductible. Lisez bien l'information médicale suivante : les cellules cervicales détruites par l'héroïne dévorante mettent sept ans à renaître et à se reformer. Alors que l'alcool s'en prend à nos cellules vulgaires, la drogue s'intéresse exclusivement à nos cellules nobles. Ça veut dire quoi ? Ça veut dire que notre intelligence, notre imagination, notre mémoire, notre potentiel volontaire, notre sensibilité affective et intellectuelle sont directement et gravement touchées. O Marianne, mon amour, ma criminelle enfant, qu'as-tu fait, qu'avons-nous fait ensemble de mon beau cerveau des lendemains immédiats de ma vingtième année ? J'ai pu souvent m'essouffler depuis à retrouver ses lumières, je ne les ai pas un instant reconquises. La course au cerveau perdu ne se gagne jamais.

---

1. *The bird,* l'oiseau, le surnom de Charlie Parker.
2. L'anecdote est largement développée dans le deuxième tome de ses confessions.
3. L'héroïne dans l'argot des musiciens noirs.

Dominique Béranger ne m'avait point menti : j'étais beaucoup plus près du point zéro que je ne le pensais. Avec son intendance d'abaissements mathématiques rigoureux dictés par le Pr Perret au cours de consultations téléphoniques aussi longues qu'incessantes, Dominique m'avait remarquablement porté en seuil de cure.

Après vingt jours passés sous la surveillance esclavagiste de Dominique, et sous consommation de dix grammes d'héroïne commerciale clandestine, j'étais arrivé en quantité de drogue pure à trois ou quatre centigrammes quotidiens injectés. Cela, même un toxicothérapeute aussi médiocre que le Dr Duroc vous l'enlève en douze jours sans souffrance, insomnies, ni troubles fonctionnels.

J'avais été si remarquablement placé sous diminution d'effets par Perret et Béranger avant mon entrée en cure que de cure il n'y eut point. Et pour cause : l'essentiel — la suppression de l'effet toxique — avait été réalisé avant même que l'on parlât d'arrêter la drogue. Ce sont là des tours de force, des passe-pieds miraculeux des sciences mentales contemporaines dont bien peu de psychiatres sont capables en vérité. Je n'ai connu en un quart de siècle d'assujettissement toxique — et après vingt tentatives faites à l'étranger pour recouvrer ma santé française — que deux singuliers talents puissamment efficaces, et par leur savoir et par leur bonté : le Pr Perret à Toulouse et — six ans plus tard — son homologue à Marseille, le Pr Crémieux, rescapé théâtral mais sympathique des camps de la mort. A part eux, notre paysage psychiatrique national n'était ni nul ni fantomatique : il n'existait pas.

Comment voulez-vous que des hommes — agrégés de l'université ou plus humbles chefs de clinique — fassent naître dans le cœur d'un malade sevré le seul sentiment qui soit capable de lui rendre sa jeunesse dans la santé et sa santé dans la jeunesse : l'amour ? Seul l'amour — et l'amour seul — peut restituer au toxicomane privé de drogue ce goût toxique du désir qui lui fera oublier tous les toxiques. Le drogué cependant a besoin du médecin : pour son cadre de cure, pour l'établissement de son contrat de programme, éventuellement pour sa présence (s'il ne peut point s'en passer) — et, surtout, pour les infirmières ou les infirmiers qui accourent dix fois par jour à son chevet.

Aujourd'hui que j'écris ce livre, ce n'est point le talent des psychiatres qui m'a sorti de la drogue, c'est le génie de l'amour qui m'en a définitivement guéri. Cet ouvrage a pour sujet les deux grandes sources de plaisir que le monde, la terre habitée,

L'héroïne 319

proposent à l'homme : l'orgasme sexuel et l'orgasme toxique. Quel dommage qu'ils ne soient pas compatibles et que nos cerveaux, en conséquence, soient dévastés par leur concurrence déloyale.

Malheur au drogué épuré qui ne rencontre pas l'amour au sortir des cliniques. Il retombera dans sa drogue comme le plus vulgaire des alcooliques se précipitant au café pour y exorciser les miasmes qui lui restent de sa cure de dégoût.

Voici dans quelles circonstances j'acquis la certitude que ma guérison s'accomplissait. Il y avait au sous-sol de la clinique une pièce cubique cimentée, évoquant un blockhaus par la rigueur triste de ses lignes et meublée en son centre d'un billard débarrassé de sa bordure. C'était la salle d'opération de Labastide-Beauvoir. D'avides chirurgiens de Castelnaudary, d'Albi, de Toulouse, venaient y pratiquer des appendicectomies sur la population du Lauraguais souffrant du ventre. Dès le premier jeudi de mon séjour, accoudé de dos à la cheminée, j'assistai à l'ouverture de quatre boutonnières puis à l'ablation du bout de viande appendue et congestionnée qui termine le cæcum.

Peu regardants, les opérateurs me laissaient contempler leur travail jusque sur des créatures du beau sexe ; bonnes femmes de la riche paysannerie de polyculture ou jeunes ouvrières manuelles travaillant à la briqueterie. L'appendice coupé, tous le jetaient dans l'âtre — où brûlait un feu de bûches — du même geste machinal de boucher impatient de terminer sa besogne. C'était vraiment de la chirurgie de coin de rue, du tout expédient, avec un minimum congru de garantie septique. On réveillait la patiente anesthésiée en lui pinçant le gras de la joue, le patient en le giflant pour peu qu'il s'avisât de ronfler. Il n'y avait pas de temps à perdre ; il fallait que le billard fût libre vivement. Le plus souvent, donc, réanimé en sursaut et manifestant par des cris sa douleur aux entrailles, l'opéré recevait une piqûre de morphine et rejoignait sur un brancard l'ambulance qui le ramenait à la ferme, soulagé.

Après les interventions, ce premier jeudi, trois ampoules sédatives (deux morphines à un centigramme et une Eubine forte) étaient restées sur le dessus de la cheminée en faux marbre rouge. Je ne courais aucun danger en les confisquant et en me les injectant sous la peau, les seringues étant à ma portée dans le placard aux instruments opératoires. Contre toute attente je ne fus pris d'aucun vertige déstabilisateur. Je regardai les ampoules là où j'eus été le plus secoué d'ordinaire : à la bande de papier rouge qui leur courait autour du corps, et je les apportai à Laure Lorblanchet sans éprouver le moindre regret.

— Tenez, fis-je, orgueilleusement.

Le lecteur comprendra cette haine sourde, cette hargne muette qui même sans raison (comme ce fut mon cas) dresse le citoyen en état de sevrage contre une société souvent indifférente et qui ne lui manifeste en aucune façon une quelconque hostilité. L'esprit du toxicomane est ainsi distordu que chaque fois qu'il va en prison ou qu'il entre en clinique, il y va, il y entre persuadé que, non satisfaite d'avoir perverti sa pureté originelle, la société inhumaine et farouche à son seul endroit lui intente un procès judiciaire dans le but de l'exclure à jamais du monde civique. Cette récrimination rousseauiste est ridicule. L'on trouve bien entendu une paranoïa de mégalomanie dans ce complexe de solitude et d'adversité qui ne se défoule que longtemps après la guérison établie. La raison du toxicomane — je me répète à dessein — est une raison blessée qui, ce qui est plus grave, s'est auto-meurtrie. Elle émet des raisonnements spécieux et qui le sont dans leur formulation comme dans leur contenu. De cela aussi il faudra qu'il apprenne à se départir dans le cabinet du psychothérapeute ou face à son rééducateur dans le parloir de la prison.

Le seul homme en vérité, le seul qui ait jamais mérité ma génuflexion perpétuelle, est bien le saint Pr Perret. En m'accordant la responsabilité limitée pour cause de jeunesse, il a fait s'attendrir sur moi les faisceaux d'une justice qui au lendemain de la Libération n'était pas tendre avec les jeunes.

La conclusion de son rapport d'expertise, la voici dans son bref : « Intelligence toujours lumineuse mais oscillant quelquefois au ras des ténèbres ; et c'est là que se situe et se creuse pour Y. S. le gouffre de l'acte. Aussi devons-nous nous entraider — puisque la preuve vient d'être apportée qu'il en vaut la peine — pour la maintenir à une bonne, une rassurante hauteur. » Rien que ça. Le sujet favori du professeur enseignant la psychologie médicale aux futurs psychiatres était les sensibilités de l'intelligence.

La maison de santé du Dr Duroc n'était pas une clinique psychiatrique ordinaire mais une pension de famille pour cerveaux timbrés.

Trottinant menu, ils arrivaient des quatre points cardinaux de la grande région midi-pyrénéenne, les petits fêlés, comme on les appelait aux cuisines et dans la hutte du jardinage. Hôtellerie-refuge pour dames presque exclusivement, le gros du contingent des pensionnaires était fourni par la cité tarnaise de Mazamet-sur-Arnette, centre mondial du délainage et, à ce titre, la ville la plus riche du monde pour peu que l'on calculât son capital à l'agglomération.

Les 17 768 Mazamétains concentrés sous 13 815 toitures possédaient, en effet, aux crédits ajoutés de leurs comptes bancaires individuels, la plus immense fortune de la création. Nos fameuses deux cents familles n'étaient qu'un leurre politicien, un appât factice de lutte des classes, un slogan pour faire monter la bave de l'envie avec la salive des pauvres. C'est chez les Crésus de Mazamet, au pays de Jaurès, qu'il eût fallu promener le peuple. Charles Trenet vous le dirait lui-même : il n'a jamais chanté qu'à guichet fermé dans cette place forte des gros sous.

Dans cette sorte de Vésinet et de Beverly Hills de la Montagne Noire aux longues rues de western bordées de pavillons à blindage, l'on assistait déjà chez beaucoup de maîtresses de maison appartenant à la haute société de la mégisserie ou de ses gérances à une espèce de méphitisme pervers exerçant son action sur leur matière grise et leurs âmes. S'alimentant aux infidélités conjugales des maris sans cesse en déplacement qui à Glasgow qui à Melbourne, s'entretenant de tout l'ennui du bridge éternel pour femmes seules, se morfondant enfin sur les bulletins scolaires des enfants peu assidus, ces dames alanguies, s'attardant au thé qu'on buvait aux éventails tant vous étouffait le chauffage, versaient déjà

— les précurseuses — dans cette névrose du siècle qui devait précipiter aux périphéries urbaines la frénésie surgissante des maisons blanches, euphémisme tricheur désignant les cliniques privées. Chacune en leur façon, leur toilette et leur style, elles étaient déjà, ces précurseuses mal aimées, nos stars occidentales du *breakdown* et la pension médicale Beauvoir figurait en anticipation un îlot-pilote d'une version française de *La Vallée des poupées*.

Sans cesse affairée, se démultipliant aux soins des gâteuses et des cacochymes (Beauvoir faisait aussi office d'hospice pour dames débiles et mères-grand détériorées), Laure Lorblanchet m'émerveillait par son énergie de courage et de célérité. Alors qu'une Marianne Béranger vous exhalait ses reproches au moindre effort, Laure, infatigable aux grandes manœuvres, était dans les escaliers du bateau de l'aubette à minuit. C'est un bon préambule à l'amour que de s'éprendre d'une femme par l'admiration qu'on lui porte.

XXXVI

Mis à part la drogue, vérité tragique du plaisir sur laquelle nous avons maintenant amassé toutes les connaissances possibles et imaginables, deux grands mystères impartageables se partagent la réflexion consciente de l'individu : l'amour et la mort. Pour autant que nous l'ayons frôlée (et Dieu sait si nous nous sommes croisés, elle et moi), pour autant qu'elle nous ait fait des visites subreptices ou clandestines, pour autant que nous ayons souffert sa passion et ses agonies, la regardant tant et plus en face, la suppliant même en toute dernière limite de nous emporter tant sa douleur nous faisait mal, nous ne saurons rien de l'immense mystère de la mort tant qu'il ne se sera pas accompli pour nous ; nous n'en aurons jamais que de douteuses mais redoutables approches.

De même, quelque lourd tribut que nous ayons payé aux dieux de l'amour, quelque torture que nous en ayons endurée pour des bonheurs qui en contrepartie ne laissent que peu de traces (l'amour parfait n'étant point de ce monde), nous ne savons quasiment rien de ce second grand mystère ; ni de sa naissance, ni de sa foudre, ni de ses métamorphoses, ni de ses verdicts. Tout ce que nous pouvons en dire c'est, que face à la rigidité unitaire de la mort, ce sentiment développe une pluralité dont nous ne nous lassons jamais, de telle sorte que même arrivant vaincus et détruits en bout de course nous sommes toujours prêts, infatigablement prêts, à nous aligner au départ du prochain grand prix. C'est à croire que l'amour n'use pas l'homme, fût-il détérioré par l'âge ou la maladie. C'est à croire que l'homme est inusable au frottement de l'amour.

Tout ce pesant préambule pour exposer l'objet de mon contentement, à savoir pour jeter ce cri qui est lui-même une forme d'interrogation : relativement peu passionné dans cet amour qui me liait à Laure Lorblanchet, j'y ai été plus heureux pourtant qu'avec aucune autre femme. Ce bonheur, il est vrai, tenait à la redécouverte du contact de deux peaux nues, au bouleversement produit dans mon corps par la caresse des doigts et le baiser de la bouche dans la suite immédiate. Déchargé de toute l'électricité factice de la drogue, de la poudre perverse et des injections maléfiques, j'étais l'amant nu pour qui la nature, en ses plus propices conditions de bonheur, réinvente l'amour, le rapprochant ainsi — et du plus près — de la perfection amoureuse. En 1957, M. Hervé Mille fit écrire par Léon Pierre-Quint (pour le magazine mensuel *Marie-Claire*) un des plus beaux articles dont la littérature de journalisme ait eu à s'enorgueillir jusqu'ici : « Victor Hugo ou le fiancé vierge ». Moins fortement sexué que V. H., j'étais le fiancé vierge d'une adorable jeune personne que je n'épouserais point puisque je m'étais interdit, de par mon passé de toxicomane, de prendre femme et d'engendrer enfants. Le destin m'avait fait vivre le plus grand amour de ma vie dans des conditions de sujétion toxique qui relevaient de l'épouvante. En récompense de m'être désintoxiqué, le hasard objectif me faisait vivre la plus transparente des liaisons physiques dans des conditions de totale félicité.

26 août 1944-2 novembre 1948 : quatre ans de drogue, c'est un bail d'enfer contractuel passé avec la folie. Que mes trois dernières amours en aient pâti, voilà qui est d'une logique éperdue. Avec Diane Delsol, sortant de la drogue pour la première réelle fois, j'étais un funambule en acrobatie de rechute. Avec Annick Mestrezat j'avais joué sans aboutir, merveilleusement entretenu par elle dans l'extase mystificatrice. Je me trouvais en seuil de sortie de drogue lorsque Marianne Béranger, de son irrésistible manière animale, m'avait fait l'amour pour la première fois. Je me trouvais au bord des précipices de la privation lorsque deux ans plus tard elle m'avait chassé de son corps mais pas de son cœur. Sorti de l'enfer toxique quatre ans après, je retrouvais enfin, indemne et sans dommage, le paradis perdu de l'amour.

Rien n'étonnait plus Marianne Béranger à dix-sept ans non encore atteints. A vingt-quatre ans révolus, Laure Lorblanchet s'étonnait de tout. Du ravissement que j'avais à la contemplation de ses épaules, lesquelles tombaient en rondeur charnue sur le haut du bras de telle sorte qu'elle m'évoquait une statue d'Aristide Maillol. De l'étonnement que je prenais à la déshabiller et du zèle d'empressement que j'apportais à cette exécution. Le plus souvent nue sous sa blouse blanche au col amidonné d'infirmière (le buste pris dans un soutien-gorge de rayonne blanche renforcé sur la masse circulaire du sein, le bassin et le ventre serrés dans une culotte qui couvrait de toute sa hauteur chaste le nombril et les hanches, et dont le tissu variait selon les jours), Laure Lorblanchet avait besoin de toute son agilité de mouvements pour s'élever quatre à quatre dans les escaliers du bateau. Laure Lorblanchet me laissait absolument tout faire avec elle sans même que je lui en demandasse la permission mais à la condition que nous fussions dans le noir afin que je ne visse point ses rougeurs de honte affluer aux pommettes. Alors que Marianne Béranger se donnait nue, en plein soleil, avec une impudeur de bête en chasse, Laure Lorblanchet ne s'abandonnait qu'après l'extinction des feux. La première était une provocation sexuelle quelquefois grossière ; la seconde l'acceptation amoureuse dans toute sa féminité.

Ainsi l'amour avait pris le relais de la mort. Nous le vivions au jour le jour sans serments ni promesses avec beaucoup de gestes nocturnes et peu de mots. Si j'y avais réfléchi davantage, j'aurais presque pu deviner dans le consentement silencieux de Laure, disposée vraiment à toutes mes entreprises, la connaissance de cette fragilité infantile des amours de clinique qui, le malade en allé, meurent sous ses propres pas.

Donc il n'y eut point de cure, de cure radicale : c'est-à-dire de traitement curatif destiné à faire disparaître l'habitude interne que mon organisme avait prise de la drogue, cette accoutumance ayant disparu avec l'effet même du toxique, de telle sorte que Laure Lorblanchet me piquait quatre fois par jour, une fois toutes les six heures, sans objet réel. Un peu en façon de l'ingénieur en chef du son d'une station radiophonique, mon corps aux aguets était tellement à l'écoute du moindre événement que je sus le jour même, à la date et à l'heure, quand parvenu au point zéro du sevrage, Laure Lorblanchet m'infiltra dans le muscle fessier le premier centimètre cube d'eau distillée.

— Ne vous donnez pas cette peine inutile, dis-je. Je sais bien que désormais c'est de l'air liquide — du vent, quoi ! — que vous m'injectez dans le dos.

— Petit prétentieux, répondit-elle. Si je cessais ces tous derniers milligrammes, ils manqueraient tellement à votre chimie fonctionnelle que vous me les réclameriez bien avant midi.

Il s'agissait de la piqûre de 8 heures du matin, la première et la plus importante : celle qui ouvre le seuil de la journée physique et la conditionne en conséquence. Un toxicothérapeute intelligent fait toujours sauter la dernière insignifiante quantité morphinique à l'occasion de cette injection.

— Oh ! la la ! fis-je. Je vous parie bien que non.

— De toute manière un tableau de marche est établi, répliqua-t-elle. Nous nous y conformerons jusqu'au bout.

Nous nous y conformâmes donc pendant cent heures supplémentaires ! et ce fut bizarrement le cinquième jour qu'avec l'interruption totale des injections, je fus psychologiquement le plus malheureux. Il s'agissait là, en vérité, de cette déchirure positive, de ce malaise émotionnel de l'amour qui vient de naître. J'adorais être piqué par Laure. Très vite une dynamique de la complicité s'était emparée du rituel exécutoire. Relevant la veste de mon pyjama jusqu'à la chute de mes omoplates, j'aimais à m'allonger sur le ventre, mon visage incliné, la joue droite posée sur mon avant-bras. J'aimais à ressentir l'acte de la main de Laure tirant sur l'élastique du pantalon puis, tandis que je rentrais légèrement mon ventre contracté, le faisant amplement glisser, découvrant ainsi les fesses jusqu'aux cuisses, le champ opératoire pleinement dégagé. L'enchantement d'Annick Mestrezat se renouvelait, magique, mais pour de bonnes raisons cette fois. J'aimais sur le nerf sciatique et sur la chair tendue de mes muscles fessiers le froid givrant de la grosse étoupe hydrophile imbibée comme une éponge d'alcool rectifié ou d'éther sulfurique. J'aimais aussi le coup sec et frappant du poing fermé de Laure Lorblanchet

L'héroïne 327

sur ma région lombaire enfonçant l'aiguille dans le muscle avec une autorité si rapide et si violente que tout mon bassin s'en trouvait être une zone insensibilisée. C'est par le truchement de ces injections de croupe qu'en vérité mon désir pour Laure est réellement né. J'y avais des érections si soudaines, si véhémentes, que n'y prenant garde je me fusse répandu dans mes draps. Aux premiers temps des piqûres, Laure — échaudée par le comportement des éthyliques, lesquels se précipitaient sur les tampons d'alcool absolu pour en boire les gouttes ou d'éther pour les respirer — remportait sur son plateau les flocons de coton humide ; mais elle le faisait en rougissant comme pour s'excuser à mes yeux de cette suspicion saugrenue.

Sous la magistrale intendance du Pr Perret qui supervisait à distance depuis son service hospitalier toulousain, un traitement de réarmement psychique se substitua à la cure dégressive lorsque celle-ci fut terminée. Il s'agissait en premier lieu de retrouver un sommeil normal en diminuant par paliers graduels les injections de soporifiques. Il fallait en second lieu (et je ne puis dire, en toute objectivité, si ce fut là une idée de génie) régulariser le métabolisme de l'arrière-cerveau par des piqûres d'un centimètre cube d'apomorphine. Je reconnus ce vaccin qui ne présente aucun caractère de toxicité à son aspect visqueux et blanchâtre de gélatine semi-liquide. Laure agitait violemment l'ampoule, en façon de branle nerveux, afin de dégeler le produit et de le rendre d'une fluidité injectable ; puis l'introduisant dans la seringue, elle me l'infiltrait lentement et profondément dans le tissu intramusculaire. Elle aurait pu me balancer du pétrole à lampe ou de la strychnine dans le postérieur lombaire que je n'en eusse point pris ombrage tant j'aimais à être piqué par ses mains de fée.

Ainsi le traitement, de bout en bout, ce fut elle ; et cette part de Dieu par quoi un essai rencontre la grâce de l'aboutissement, ce fut elle encore. Du sevrage à la guérison, la traversée du désert est longue, laborieuse, difficile, l'humeur, la bile et le courroux du convalescent aggravant la difficulté. Il n'y eut point de désert mais une série ininterrompue d'oasis. Ici ce fut elle, encore et toujours.

Au plan des sens, le phénomène le plus extraordinaire du point de vue de l'excitation pure fut la désoccultation de mon odorat aliéné. Les sensations olfactives revinrent en force et en nombre. En cette saison d'automne appauvrie où la nature tuée n'offre que bien peu de centres d'intérêts à l'emprise des narines, ce fut un carrousel, un festival tournoyant de senteurs. Rappelant par bien des aspects la forêt normande, hormis pour ce qui est de sa plus modeste étendue, la forêt du Lauraguais exhale à la lunaison pluvieuse de novembre un mélange exalté de pestilences sublimes. Le pourrissement des feuillards, la chute par fendillement des écorces, l'écrasement des fougères mordorées sous les pieds des chasseurs, la putréfaction nauséeuse des protozoaires, la reptation des limaces sur les parasites graisseux, toute cette damnation végétale nous envahissait par la fenêtre ouverte quand après minuit, tous feux éteints, nous pouvions enfin nous aimer, Laure et moi. Je n'ai jamais vu jouir Laure Lorblanchet en amante défoulée, libre et triomphante, pour la bonne raison — une fois de plus répétée — que nous ne nous prenions que dans le noir. Mais avec les odeurs qui montaient de la terre engluée dans sa pourriture saisonnière auxquelles se mêlaient en accompagnement sonore les cris rauques des bêtes blessées ou les enrouements de joie de la sauvagine nocturne jouissante, ces petites amours de clinique frileuses touchaient à l'intemporel. Elles ne paraissaient point périssables, en tout cas, à ma courte réflexion immédiate.

Sans amour l'on ne guérit pas de la drogue. Mais, une fois guéri, l'on ne retombe pas toujours amoureux. Or, le cœur impatient ne sait plus attendre : tout est là.

Désintoxication et dépression sont des mots synonymes. Qui dit asthénie (manque de force, débilité, faiblesse) dit neurasthénie ; et la mélancolie — ce cancer rongeant de l'âme — accable de toutes les fatigues morales le désaccoutumé de fraîche date. Je n'ose avouer que le post-traitement à l'apomorphine prescrit par le Pr Perret m'a évité ces tristes états par crainte d'avoir subi (fût-ce inconsciemment) la contagion dithyrambique d'un Burroughs, lequel ne tarit pas d'éloges sur ce vaccin. Mon opinion est cependant fondée : alors que l'apomorphine n'amène aucun répit de soulagement dans une cure privative, elle peut aider en revanche et dans la postcure à la restauration d'un moral et à la réfection d'un tissu nerveux. De la vérité de cette dernière assertion je ne fournirai qu'une preuve : l'apomorphine entre dans la composition de la plus puissante des amphétamines dextrogyres, la Préludine des laboratoires allemands Bohringer, excitant stupéfiant du système nerveux central auquel s'était beaucoup adonné Hitler durant les derniers mois de son règne.

J'ai gardé mon cœur pour la bonne bouche. Quand — en façon de Rousseau, de Gide, de Genet — on a tout dit sur soi au point d'avoir été incapable de tirer un son d'un autre, ce n'est point par pudeur que la confidence la plus sensible vient à la fin. C'est à la fois la crainte de mal dire l'inexprimable et la peur de s'être trop exprimé.

Lors de ses visites à la clinique de Beauvoir, pas une seule fois ma bachelière n'aura daigné me montrer le cher visage que j'aimais d'elle. Sous les soleils les plus incertains, nous allions par les bois bras dessus bras dessous, cueillant en bordure de futaie la nèfle froide, grumeleuse et putréfiée dont nous aimions sucer, paysans respectables, la chair avariée autour des noyaux.

C'était un de ces après-midi de décembre où l'autan rugissant comme une bête forcenée se déchaînait sur la terre et voiturait les nuages du ciel à une telle vitesse qu'à peine déportés au loin il les dissolvait, semblait-il. Nous nous étions enfoncés au nord-est, vers Revel, dans la forêt dite des marécages : une frênaie bourbeuse, excentriquement étendue, qui s'éployait dans tous les sens, striée de sillons remplis d'eau croupissante. Sur ce paysage d'après-déluge, paradis de la sauvagine et terrain de chasse sacré des rapaces diurnes, l'irréelle lumière de plomb bleuâtre du Lauraguais, lequel confine à l'Aude méditerranéenne comme le sait chaque écolier communal. Avisant un grand frêne blanc dont l'écorce lisse exsudait peut-être le suint de nos destinées désormais inalliables, Marianne Béranger m'intima : « Adosse-toi à cet arbre. Ce que ne me permet pas ma fourrure neuve, ta vieille canadienne te le permet. » Ceci dit sur un ton d'indifférence hideuse. Je m'exécutai non point par obéissance amoureuse comme autrefois, mais par lâcheté servile. J'ai longtemps été lâche devant Marianne Béranger, dont la volonté se fortifiait de mes capitulations. Là-dessus, se hissant sur la pointe de ses bottes, elle m'enlace sous les aisselles, prend ma nuque à deux mains et rabat toute ma tête vers son visage.

— Ma bouche peut faire l'amour à la tienne si toutefois cela ne te dérange pas trop ! dit-elle.

— Tout l'amour qu'elle voudra, répondis-je lâchement, mais tout envahi par cette houle qui me transportait lorsque j'étais dans ses bras.

Marianne entreprend alors ses grandes manœuvres du baiser puis, déboutonnant ma canadienne, l'ouvrant à pans grandement écartés, pinçant mes seins, libérant l'ardillon de ma ceinture, dégrafant mon pantalon, le faisant glisser avec sa maestria insurpassable, elle tombe à genoux dans la terre fangeuse au risque de salir son bel ocelot. Voici sa bouche bien embesognée sur mon sexe, dont le manque de réaction la navre puis suscite une hargne, excite une haine dont nul lecteur, nulle lectrice n'est en droit de se faire une juste idée. Mal impulsé par le déclic hésitant du cerveau, le sang n'a pas procuré à mon pénis la turgescence souhaitée. Mon désir pour Marianne était mort, tué par la cocaïne homicide dont elle m'avait sans honte et pendant un an régalé.

Ce qu'il m'a fallu de vipères avalées, de chagrins secs et de torrents de larmes pour arriver à ce détachement de la mémoire sensuelle ! Dieu seul fut le comptable de ces efforts désespérés. Il faut enfin rendre à Marianne ce dernier sulfureux hommage : elle a été la seule femme pour qui j'aie songé à mettre réellement fin à mes jours. Fallait-il que je l'aimasse, tout de même, pour que ni le désir de son corps ni la douleur de jalousie qui durant deux années me vinrent d'elle n'aient jamais diminué sous l'anesthésie des drogues stupéfiantes. Elle m'aura appris, à dix-sept ans, ce que peu de maîtresses d'aujourd'hui apprennent aux amants modernes : à associer le mot mort au mot passion.

XXXVII

Chaque fois que j'ai écrit de Dominique Béranger dans cette symphonie baroque avec chœurs à quoi j'ai voulu que ressemblât cette œuvre, j'ai écouté sur ma chaîne stéréophonique, avec toute l'amplitude voulue, le *Benedictus* de la Grand-Messe de Mozart.

Notre roman avait commencé par une blessure, quand à la veille de Munich, dans une prairie de Dordogne, au cours d'un tournoi interdépartemental de football scolaire, Dominique avait failli me rendre infirme à vie, m'entaillant profondément le genou de ses crampons de chaussures et m'arrachant les faisceaux fibreux de l'articulation. Aussitôt précipité dans les plus grands affolements par cet accident malheureux qu'il avait un peu voulu tant mon marquage étroit étouffait son jeu, il m'avait, empruntant une voiture, conduit sans permis sous le toit de son père avec lequel, de caractère indépendant et odieux, il se disputait à tout bout de champ à l'époque.

Me transférant à pleins bras d'une auto dans l'autre, Basile Béranger — cet homme grandiose par la force et le cœur — m'avait amené d'un coup de volant à un chirurgien d'exception, le Dr Rougier[1], qui, à 11 heures du soir, réveillant ses bonnes sœurs, faisant ouvrir son bloc opératoire, était intervenu sur mon genou, m'endormant au masque d'éther, dans sa clinique cadurcienne. Dominique lui passait les instruments ; il enfilait le lien de catgut dans l'aiguille et le regardait en sanglotant me recoudre ; il délayait le plâtre dans la cuvette et prenait lui-même sur des mannequins de bois le moule de mon genou. Jean Rougier n'avait jamais connu d'assistant plus zélé, exécutant son travail avec plus de conscience

---

1. Elu député du Lot (S.F.I.O.) en octobre 1945.

amoureuse. Ancien élève du Pr Henri Mondor à la Salpêtrière, ce virtuose diabolique spécialisé dans la chirurgie de l'abdomen détenait le record mondial de vitesse de l'appendicectomie : sept minutes à partir de la dernière résistance du souffle au masque anesthésiant. Les sutures ligamenteuses n'étant pas le sourire de son métier, l'homme avait émis sur le sort de mon genou les plus noirs pressentiments. Or, trois semaines après je remarchais. Six semaines plus tard je rejouais au football, tenant deux mi-temps sans être remplacé.

Dominique Béranger, sous le coup du miracle, était entré en adoration pour moi comme on entre dans les ordres. J'ai visité depuis, sous la papauté de Jean XXIII, les loges du Vatican décorées des fresques de Raphaël, et j'y ai reconnu son visage sous les traits d'un pêcheur du lac de Tibériade se mettant à prier lorsque Jésus sort du flot les pieds secs. Le cœur me faut pour raconter notre histoire. Avec moi — j'avais quatorze ans —, l'amour et la grâce arrivaient sur des béquilles à la ferme de Montpezat. Sous la force de cette passion contenue, la transformation de Dominique fut si radicale que les religieux et les païens, les jésuites et les vignerons tous ensemble s'en émurent. Le voyou de Dieu ne braconnait plus ; il n'égorgeait plus les martres sangui-cruelles ; il ne terrassait plus les loutres arrachées de haute lutte à leur plongée ; il n'enfermait plus dans une cage de verre l'hermine femelle et la vipère mâle pour suivre aux jumelles d'officier d'état-major les yeux terrifiés de la première sous le regard effrayant de la seconde. Est-ce, au domaine du chasselas, cette passion irrémédiable qui nous jetait l'un vers l'autre qui chassa à tout jamais de son âme ce sentiment du démonisme qui l'obscurcissait plus et tant ? Quoi qu'il en fût, j'allais être pour tous — sauf pour Marianne — le prodige bénéficiaire de cette métamorphose capitale.

L'héritière de Montpezat n'était alors qu'une écolière en tablier rouge mais qui, au titre de fille du maire, faisait obéir la campagne et le bourg, l'eucharistie et les gendarmes. Elle n'admettait point que je prisse sa place dans le cœur de son frère, ni que je partageasse son sommeil et ses rêves. Plus j'y songe, plus il m'apparaît équitable que toute la haine dont elle s'est nourrie alors contre moi ait trouvé sa négation pacifique dans tout l'amour qu'elle m'a porté à partir de ses quinze ans. Il y a quelque chose de prodigieux à voir naître, se nourrir de nous, pousser, grandir, s'épanouir et s'étendre, fertilisant notre sol et nous enrichissant

L'héroïne

avant l'âge : c'est la passion en milieu juvénile ; il faut la suivre dans tous les embrasements dont elle brûle l'adolescence, elle qui nous fait adulte avant qu'il ne soit l'heure.

A partir du moment où j'ai posé mon seul pied valide sur la terre de Montpezat, la passion n'a pas cessé d'exercer sur Dominique et sur moi ses bienfaits et ses mérites, en même temps qu'elle sévissait sur l'écolière Marianne de toute sa fureur : j'étais venu, sinistre vagabond blessé, pour lui voler son frère et ne pas le lui rendre. Elle m'en avait fait plus tard l'aveu : il lui paraissait alors impensable que nous pussions vivre en troïka — en couple triangulaire — aussi facilement, aussi agréablement que nous le fîmes.

A trois reprises, à neuf et dix ans, Marianne avait voulu m'empoisonner avec du venin de vipère versé dans mon verre (un jour de vin d'honneur) en quantité si inconsidérée qu'il était impossible de se méprendre au goût. Le poison, par ailleurs totalement inopérant sous cette forme, n'échappait pas au verdict de la première petite lèvre en ce sens qu'on le reconnaissait — l'espace seulement d'une fraction de seconde — à sa saveur de craie sublimée par un acide. On n'avalait pas ; avertie par le goût infect, la bouche rejetait ; aurait-elle absorbé une gorgée qu'il n'y eût eu ni empoisonnement du sang ni corruption du tissu interne. Ce qu'il y avait de signifiant dans le geste réitéré de la petite infante de Montpezat était l'obsession volontariste de me supprimer. Y fût-elle parvenue que ç'eût été ni plus ni moins un crime passionnel perpétré avec toute l'innocence de l'enfance, avec tout l'angélisme de sa perversion polymorphe.

Autant la passion est consumante, autant elle peut nous détruire en nous usant et nous réduire à rien, autant nous pouvons dépérir en elle, autant elle est consumable et peut périr en nous. Dans le souvenir idéalisé, exalté au-dessus de tout, divinisé, disons le mot, que je conserve aujourd'hui des enfants Béranger, la passion qui me liait à eux, et qui m'y lie toujours, se présente comme impérissable à mon cœur. Quarante ans sont passés, cependant, et si je fais, par un puissant retour du flux du souvenir, une fixation d'hypermnésie sur leurs chers visages, c'est que l'âge redore leur lustre et les veut plus beaux encore qu'ils n'étaient au faîte de leur double splendeur. Mais les faits sont là : soit que je me sois usé au frottement de cette passion, soit qu'au bout de dix ans de tenace exercice (1938-1948) cette passion se soit usée à mon frottement, soit que je n'en pouvais plus de traîner ce boulet double (on ne sait que, partiellement, il n'y a jamais de vérité absolue dans le domaine de l'amour), elle n'était plus la même ; altérable, elle s'était altérée puisque je m'en suis allé.

En amour on rompt toujours contre quelqu'un (il n'y a pas de rupture neutre, que je sache) et jamais contre soi-même ; nous haïssons nous faire mal, nous exécrons nous broyer le cœur. Si j'ai brisé les chaînes de cet esclavage Béranger avec un acharnement stoïque, si j'ai rejeté la couronne de lauriers dont était ceint mon front sans que je remportasse des victoires, je l'ai fait contre Marianne, pour m'en aller au loin d'elle, libre de toute attache et sans ressentiment, non contre son frère.

Je n'ai jamais été aussi tendre ni plus authentique, dans ma tendresse avec Dominique Béranger, qu'à Labastide-Beauvoir, lui offrant une vraie lune de miel de l'amitié amoureuse. A Toulouse, pendant la grande baisse des doses d'héroïne, j'avais été — malade à l'étiage mental — amorphe et avaricieux de paroles. A Beauvoir d'un bout à l'autre du séjour, je fus pour lui d'une humeur d'ange en dépit, les premiers temps, de mille tiraillements dans les membres. Puis mes progrès le stupéfièrent. Un jeudi, j'étais si allant qu'il me trouva m'entraînant sur le pré avec l'équipe de football. Le dimanche, j'endossai le maillot et le trempai de sueur. Lorsque Dominique pouvait se rendre libre, nous allions déjeuner sur le bord de l'étang de Revel d'une carpe farcie ou d'un aïoli de carpeaux. Je sais que je donnais à Laure Lorblanchet l'impression d'être épris de lui tant j'apportais d'empressement à l'accueillir, d'affection à le toucher, de volubilité à lui poser des questions. Je me forçais à l'amour, aux débordements du cœur, mais cela me faisait plaisir de le faire et me rendait heureux.

Comme Dominique était un garçon si naturel qu'il n'avait point d'attitudes, je n'avais rien observé d'anormal dans son comportement. Il n'entrait aucune part de comédie en lui. Sa sœur était capable de rouerie, de mensonge, d'astuce, de scélératesse. Lui n'usait que d'une stratégie : celle de son cœur. Il avait vu la fêlure dans le cristal de mon rapport avec Marianne, et sans doute la jugeait-il irréparable : il n'en parlait pas. S'il était fixé sur l'intelligence de mon rapport avec Laure et sur la manière enjouée dont nous le vivions, il n'en supputait nullement les effusions chaleureuses. Il avait aussi quelquefois des mutismes d'abbé de cour mécontent de la confession de son roi. Sans doute avait-il renoncé à croire que nous nous retrouverions un jour en tête à tête sur le même circuit comme nous y étions, de l'automne 38 à l'été

40, en cet âge d'or de notre passion. Cependant, j'ai toujours éprouvé la certitude, à Beauvoir, que nous étions tous les deux au plus beau des beaux fixes. Mais je n'ai pas eu l'énergie de lui avouer que je partais, et ce fut là peut-être une incapacité criminelle.

Il manque à cette symphonie baroque avec chœurs, interprétée dans le mouvement, un andantino guilleret qui évoquerait la genèse de notre passion, la joie profuse des premiers temps — quand on se découvre et qu'on s'aime, quand on s'aime et qu'on se découvre. Il y manque la ferveur qui m'attachait au moindre de ses pas ; le culte dont j'honorais ce visage exceptionnel importé d'Italie, que je voyais plus grand que nature tant mes yeux étaient avides de lui, de même que je voyais ses pieds d'orfèvre en la matière du football d'une pointure supérieure à celle qui les chaussait. Il y manque le frémissement de torrent timide des rendez-vous quand il venait me cueillir avec une moto empruntée à la descente du train. Que nous nous fussions vus de plusieurs semaines ou de peu de jours, l'attente anxieuse, la fermentation affective, le recueillement religieux qui présidaient à nos rencontres étaient les mêmes. Il y manque ce rayonnement de l'amour révélé, cet extraordinaire agrandissement de l'âme dans lequel il entre à coup sûr une réelle part de Dieu, une part de réalité divine. Il y manque ce souffle prodigieux de l'empire de la révélation. Il y manque le printemps de deux vies en leur fleur, la métamorphose éclatée de deux existences inséparables qui vont battre l'amble pendant dix ans. Il y manque mes quatorze moissons et ses seize vendanges, ce grand écart de deux ans que Dominique pouvait utiliser à toutes les fins possibles ; autant de choses qui ne sont point dans la grandiose félicité du *Benedictus* de Mozart. Il y manque aussi l'incroyable libéralité de son père — ce privilège du patriarche qui consiste à dispenser beaucoup et à tout propos ses dons munificents et à confondre dans la foulée de son cœur son fils et l'ami de son fils, à les rapprocher sous la même aisselle protectrice. Il y manquerait enfin l'inconsciente étourderie de la mère qui, pensant dans sa pure innocence m'abandonner dans le lit de son garçon à la nécessité juvénile du sommeil partagé, eût pu m'y livrer à tous les pièges d'une grande passion prédatrice. Seule Marianne, Brinvilliers en herbe, avait envisagé cette hypothèse du haut de son tablier rouge et de sa prescience vipérine. Mais dis-moi, Dominique, qu'as-tu fait de mes dispositions à t'aimer et à t'appartenir dans l'exaltation diffuse de mes quatorze ans ? Nous en avons joué au football des six et huit heures par jour, jusqu'à la venue des crampes, puis jusqu'à l'endolorissement tétanique. Un footballeur n'est jamais assez endurant, disais-tu, à ce qui l'offense, à ce qui le blesse, à ce qui l'impatiente et le fait enrager. Lorsque, plus tard, j'ai rapporté ce trait de toi à M. de Montherlant, il s'est exclamé : « Celui-là, j'eusse aimé le connaître. » Le temps que nous avons passé dans les bois, affriolés par des prises incertaines (c'était la guerre, on ne chassait plus) ou à l'affût de la sauvagine des marais giboyeux, ce temps perdu fut incalculable, et nos calculs émus, lorsque nous nous sommes alarmés de sa fuite sans retour, ne l'ont pas ramené. Transcendant en cet art du trappeur et tandis que je tenais les reptiles en horreur, tu m'appris à écumer le laboratoire de la nature pour remplir de venin les bocaux des laboratoires ; pour le seul profit du pognon, disais-tu. Quand la vipère rose de Caylus me mordait aux mains, puis filait en déroulant son ruban indigo sur le calcaire brillant du plateau aride, tu te précipitais pour en extraire le venin avec tes dents et ta bouche. Ce baiser antipoison, Dominique, est bien la seule preuve d'amour sensuel que j'aie jamais reçue de toi. Tant et si bien que je réclamais des morsures. J'en voulais, à quinze ans, par milliers. J'en voulais jusqu'à la mort. J'eusse voulu mourir mille fois mordu, sous tes dents et ta bouche. Puis, produite et voiturée par la révolution de l'exode, la première jeune femme vint.

Il manque à cette symphonie baroque avec chœurs l'andantine de notre genèse amoureuse, de nos âmes éprises. On ne nous y voit pas assez vivre : sur les stades, en déplacement où nous cherchions toujours l'aparté dans les trains, les hôtels, les vestiaires. On ne nous y voit pas assez vivre pendant les années intenses de l'Occupation où, toujours séparés, nous étions pourtant inlassablement réunis.

XXXVIII

J'ai quitté Labastide-Beauvoir le 24 décembre par le premier car de la journée : celui de 8 heures. Toute la nuit un ouragan d'horreur avait soufflé sur le Lauraguais, manquant emporter le toit, arrachant les volets, jetant à bas les rosiers en pots du balcon.

Comme nos premières nuits d'amour (qui, elles, le sont par défaut de connaissance réciproque), nos dernières nuits d'amants ne sont jamais de grandes réussites ; l'on se connaît mais l'on se quitte. Je n'emportais pas mon amour comme une mousse des bois à la semelle de mes mocassins d'Italie, je l'avais plutôt sur le cœur comme une miche de pain de tourbe. Sous la lumière brutale du plafonnier, j'avais vu dès potron-jaquet les grands yeux insomnieux de Laure se découvrir sous une lourdeur de paupières que je ne lui connaissais pas. Comme j'étais heureux le soir du jour des Morts en lui prodiguant mes baisers de pluie dans la tempête ! Comme j'étais malheureux en ce matin de veille de Noël de n'avoir plus un baiser sur la bouche à savoir lui donner ! Les amours passent, les passions durent. Né passionné, forcené de la passion, je ne serai jamais un amoureux normal. J'étais d'abord un amant renonciateur et Laure une maîtresse renoncée. Sans prononcer un mot, dans un silence absolu de nos lèvres en cette nuit de venteuse épouvante, nous avions exprimé l'essentiel de notre aventure : le renoncement à nous revoir, à nous aimer, à même imaginer que nous pussions vivre un jour un an de notre vie ensemble. L'âme du toxicomane est une terre brûlée, calcinée par la drogue, où certaines fleurs du sentiment ne repousseront jamais plus. C'est pour cela que le renoncement de l'ancien intoxiqué à l'endroit de l'amour (de l'amour engagé, qui prend femme et fonde famille) est une courageuse attitude.

En cette nuit d'avant la Nativité, je venais de prendre toutes les décisions de renoncement, quitte à me tuer pour mieux renaître si tant était que j'eusse pu croire à une quelconque résurrection. Outre à la drogue et à Laure Lorblanchet, je renonçais non seulement à Marianne et à Dominique, mais aussi aux Béranger, aux Fortunati, à Montpezat, au domaine, à ma vraie seconde famille et à tous ses aboutissants. Etais-je capable, conséquemment capable, de supporter le poids affligeant de cette folie de solitude et d'en assumer le lot ? Au contact des arrogantes folles mazamétaines ou des fous délicieux de la villa Beauvoir, mon cerveau, à son tour, n'avait-il pas tiré le mauvais timbre ? Sous l'énorme fardeau de ma valise (plus lourde à bahuter que huit semaines auparavant, alors que j'avais repris du poids et des forces), mon épaule ploya, je penchais chancelant comme si j'allais tomber. Infantile malade mental livré à moi-même, je n'étais plus protégé des murs de la clinique ; je les laissais derrière moi dans une lugubre grisaille d'aube. Tous les maux, tous les désespoirs, tous les dangers, tous les vertiges me cernaient. Le Pr Perret, mon aimable guide, avait tout prévu en vérité, sauf ma sortie de clinique, sauf mes premiers pas dans la rue vide sans personne à mon côté. Dans ces cas-là, c'est une sensation effroyable que le drogué sevré éprouve : il voudrait être en prison pour se savoir protégé de la rechute extérieure par les plus hauts murs du monde carcéral.

Je sus, ce matin du 24 décembre 1948, qu'on ne guérit jamais, qu'on ne remonte jamais définitivement des abîmes toxiques, qu'on fait seulement l'objet — à la condition d'être un peu chanceux — de rémissions miraculeuses, plus au moins durables, mais la métastase sera toujours au rendez-vous au bout du compte, agissant à distance pour corrompre plus et mieux, multipliante, affamée, dévorante et ravageante. On ne guérit jamais.

« Votre cancer c'est l'héroïne », me dira pendant quinze ans, sur un ton d'affectueuse rabâcherie, mon ami le Dr Jean-Louis Verlomme. On ne guérit jamais ; l'intoxiqué est un grand malade mental ; les toxicomanes meurent jeunes ; votre cancer c'est l'héroïne (sans parler des autres, de cancers, qui vous attendent en tapinois) ; délinquant irrécupérable, le toxicomane doit être mis au ban de la société et déchu de ses droits civiques ; dans le même ordre d'idées, tout statut professionnel doit lui être refusé par tout chef d'entreprise ; le toxicomane est un fou dangereux ; on ne devient pas fou parce qu'on se drogue, on se drogue parce qu'on est fou, etc. Ajoutées au tissage, centimètre après centimètre, ou perfidement instillées au goutte-à-goutte, quel vacarme destructeur ces phrases terribles ne vous font-elles pas dans une cervelle brûlée ! L'orgue des sentiments, à côté, ne peut plus faire entendre, le pauvret, sa complainte indécise. Rengaine ta rengaine, on lui murmure. Etant sourd, il n'écoute pas. Il continue, l'incorrigible, il persévère.

Au relais de la station des autobus, dès potron-minet, je bus coup sur coup, en cul sec, trois doubles marcs de raisin des Corbières pour un seul café noir. Disposant d'une vingtaine de minutes avant le passage du car, je courus à la clinique, pensant y demander à Laure l'argent pour le prix du billet Toulouse-Toulon. Au moment fatal (elle s'affairait dans les escaliers du bateau), le toupet cérébral me fit défaut. « Je suis venu vous embrasser une dernière fois », dis-je. En m'entendant la vouvoyer, à moi-même étranger, je me pris pour quelqu'un d'autre. Ce joli corps ferme en blouse blanche que j'avais si fort serré dans mes bras au cours des nuits de grand vent, ce corps ne m'appartenait déjà plus. Déjà nous étions, Laure et moi, absents l'un à l'autre. C'est aussi cela, l'amour : une éternelle coupure.

Ainsi commença cette journée démentielle. Avec la double certitude que l'homme est inguérissable de la drogue et que, sevré de ce premier redoutable esclavage, il est l'esclave potentiel d'une tout aussi redoutable sujétion : l'alcoolisme. Ivre d'une frénésie de surcompensation, le corps dévasté exige l'alcool à grands cris non seulement pour son repeuplement, sa survie, sa combustion, mais aussi pour son équilibre, c'est-à-dire pour une juste proportion des forces compensées. L'homme sevré devra dès lors lutter sans défaillir contre ses deux états de besoin moraux : l'asservissement obsessionnel à la pensée de la drogue et l'asservissement obsessionnel à la pensée de l'alcool. Il y a là tout un programme d'hygiène mentale à concevoir, toute une répartition du contrôle des envies à échafauder qui avait échappé au bon Pr Perret, lequel faisait probablement confiance à ma considérable santé de jeunesse et au bon génie de Dominique. « Il s'en tirera avec Béranger », avait-il dit à mes juges, obtenant d'eux mon absolution sans pénitence.

Je m'en tirerais seul ou je retomberais. Après tout, ce ne serait jamais qu'une rechute de plus. Tout homme est peccable et le toxicomane est le plus faible de tous les pécheurs. Contre toute raison, contre toute logique, dans le plus grand des non-sens et contre tout à-propos, je n'eus plus qu'une idée en tête : berniquer

Dominique qui m'attendait à Toulouse dans la loge, où nous avions habité ensemble, du collège libre où il exerçait. Si je sonnais à cette porte, si je montais cet escalier, si je tombais, ivre d'une émotion émoustillée par l'eau-de-vie, dans les bras de Dominique, c'en eût été fini de mon renoncement. Nous repartions pour Montpezat. Nous rejouions le scénario de nos trois vies destinées. A chambres contiguës. Sous la fragile protection d'une cloison de briques à peine étanche au bruit. Dominique et moi dans la première. Marianne dans la seconde. Le même film que nous avions joué, elle et moi, deux ans plus tôt. Qu'est-ce qui me faisait donc tellement peur dans cette situation où je m'étais trouvé dans un bonheur si sublime que mon identité s'y était dissoute et que je me sentais à ravir dans cette exquise déperdition ? Le même film que nous avions joué en aparté dans le film, lui et moi, huit ans avant que ne se manifestât Marianne, envahissait également ma mouvante mémoire. C'était la même attente douce de la nuit ; même s'il ne s'y passait rien, même si c'était une nuit morte, il était doux de l'attendre. Puis la détermination de Marianne, toute guidée par ses sens, avait aboli cette attente, son charme et son anxiété. Désormais, seule avait compté l'appréhension du désir voulu mais retardataire, la hantise de ne pouvoir assumer le long voyage du plaisir nocturne de la demoiselle de Montpezat. La cocaïne, stupéfiant absolu, avait torpillé cette angoisse sexuelle ; l'envoyant par le fond, elle n'avait plus ressurgi. La mémoire est une force mobile ; elle bouge, elle se déplace ; en quelques secondes, j'avais fait le tour de tout mon vivant passé. Une frayeur sacrée s'emparait maintenant de moi. La vraie question qui se posait était celle de mon impuissance à retourner à Montpezat, à vouloir y poursuivre à nouveau mon beau roman d'amour de domaine, retenu que j'étais en arrière par un frein d'épouvante puissant et résolu. Cela dit dans une autre formulation, c'était l'impuissance du bonheur qui m'accablait. Je n'avais plus la force de tenter d'être heureux, de m'efforcer de réussir une guérison bienheureuse entre les deux grandes forces sentimentales qui aient jamais fait battre mon cœur : les enfants Béranger. Comme quoi j'étais mort puisque ma jeunesse était morte. Cette incroyable lâcheté devant le risque à prendre et si peu de danger à encourir, ce refus impuissant à courir la chance d'un bonheur qui me tendait les bras mains ouvertes me le prouvaient mille fois en une seule : ma jeunesse était morte, j'étais mort. Perdu pour perdu, mieux valait l'être seul. Puisqu'on ne guérissait jamais, puisqu'on subissait l'enfer de la tentation jusqu'à l'inévitable rechute, puisqu'il n'y avait pas de fin à la littérature du pessimisme désespéré, mieux valait s'enfuir au loin. Seul. Seul. Seul.

J'allais payer cette absurdité stoïque, la plus grave des erreurs graves commises en une vie peut-être, d'un prix incalculable. Qu'est-ce que cela pouvait faire puisqu'on ne guérissait jamais, puisqu'on mourait jeune, puisqu'on avait sa raison blessée et qu'on relevait des petites maisons où l'on finirait bien, relégable entre les relégables, par nous interner pour toujours.

Ce fut dans un mouvement de panique accéléré que de la halle aux grains, centre d'arrêt des autobus de la ligne Revel-Toulouse, je pris au vol un tramway pour me conduire à la gare où j'attrapai en dernière extrémité l'express de Paris. Il me déposait à Gourdon à midi quarante. A 1 heure et demie j'étais rendu à Cazals. Classée au milieu du tableau du championnat de deuxième série à la fin des matchs aller, l'équipe locale essayait avec de laborieux efforts d'accéder à la première. J'y pris donc sous le maillot numéro 5 le poste pour lequel je marquais une préférence d'affection naturelle : celui d'arrière central. Le football me sauva d'un éthylisme sauvage dont la région du Périgord Noir faisait les frais désastreux. J'allais certes passer un long contact avec la nécessité chronique et souvent abusive de l'alcool, mais — c'était là l'essentiel — je ne buvais pas en permanence. Les exigences de la compétition et les disciplines de l'entraînement m'évitant le rituel répétitif de l'habitude, j'attendais le banquet de victoire du dimanche soir avec une hâte frénétique. Il m'arrive aujourd'hui encore de ressentir au cœur un pincement affolé au souvenir de mes débauches de boisson qui occupaient ces bombances. Mes camarades, des amis de la prime enfance pour la plupart, me ramenaient dans ma chambre ivre mort, me déshabillaient, mettaient au portemanteau mon élégant costume, puis, me déposant dans le lit, ils s'en repartaient sur la pointe des pieds pour ne point réveiller ma tutrice. Je ne réapparaissais à celle-ci que le mardi au déjeuner, et souventes fois même au dîner tant mes ivrogneries étaient sévères, abrutissantes et aggravées d'un veule remords. Le mercredi, nanti de sommeil, je soulevais mon cul de plomb vers les midi ; lourd d'un déjeuner fort opulent, j'allais à la prairie, j'y chaussais mes souliers à crampons puis, me faisant transpirer par cent exercices adéquats — balle au pied —, je précipitais ma digestion et, derrière un buisson, j'allais m'alléger le ventre de tout son poids inutile. Le jeudi, après un entraînement méthodique, harassant et sérieux avec les élèves du cours complémentaire, je coupais l'alcool, le vin, le café et les cigarettes jusqu'au dimanche soir, où je replongeais dans les fastes fumeux de l'ivrognerie au point d'en avoir le cerveau troublé pour les trois jours suivants. J'existais comme un Oblomoff qui aurait trouvé dans le football un remède à sa pesanteur physiologique. Toujours aussi allergiquement insensible à Tolstoï et à Proust (à sa tourbe de larbins et d'oisifs [1]), je lisais assez peu mais très bien, vivant avec Faulkner, les grands Anglais Meredith et Thomas Hardy, découvrant les nouveaux Américains — au premier rang desquels Prokosch — et m'éprenant d'un débordant amour pour le merveilleux, l'incomparable Studs Lonigan [2].

Sans le football, ma grosse soûlographie hebdomadaire m'eût été une honte, mais sur le stade j'étais acclamé. Ne faisant montre d'aucune patience et énervé — supplémentairement énervé — par le besoin profond d'étancher ma soif, je jouais sèchement, tout à ma besogne, sans fioritures ni fair-play. Fallait-il cependant que je fusse efficace puisque la ligue du Midi me retint pour sa sélection. Un regret dans l'âme, je dus déclarer forfait pour cet honneur, car gagnant Paris sitôt le championnat terminé.

Je partis dans une solitude écrasante que bien peu de garçons de mon âge eussent supportée. Marianne Béranger, par représailles, venait d'épouser Miguel Ortega, le torillon andalou que j'aimais tendrement et auquel je souhaitais de tout mon cœur des noces de platine avec elle. Par représailles, elle m'avait renvoyé mes quelque trois cents lettres d'amour parmi lesquelles un bon tiers n'étaient point décachetées, humiliant aveu dont je rougis mais qui permettra au lecteur de se faire une idée de sa flemme intellectuelle indécrottable. Par représailles, enfin et pour faire bonne mesure, elle avait fait à Dominique, par le plus fin du détail, le récit complet de notre liaison coupable, en n'omettant rien absolument de notre aventure varoise et de la sujétion dans laquelle elle m'avait tenu pendant un an sous l'empire stupéfiant de la cocaïne. Par représailles et par ses soins, j'étais exclu de Montpezat à perpétuité.

A mes yeux, pourtant, Marianne Béranger était excusable : ce fut son crime passionnel.

---

1. L'expression est de Claudel. Malraux la cite dans ses *Antimémoires*.
2. James T. Farrell, *La Jeunesse de Studs Lonigan*, Gallimard.

XXXIX

Si je suis vivant, ma jeunesse est depuis longtemps morte, exterminée par l'implacable drogue homicide. Alors que certains hommes sont jeunes longtemps encore au-delà de quarante ans, ma jeunesse à moi n'a pas survécu au quart d'un siècle. Elle n'était déjà plus lorsque, à vingt-cinq ans, la mine relevée, je suis arrivé à la gare d'Austerlitz guéri de l'horrible claustrophobie ferroviaire, la maladie du wagon s'étant en allée avec le toxique expulsé de mon organisme. Sur ma lancée de rémissions, le destin me souriait. Rien n'était assez grand pour moi, d'une part; d'autre part, rien n'allait assez vite.

A défaut d'y réussir, j'étais certain de travailler très vite à Paris. N'avais-je pas dans le seul carnet d'adresses que j'aie jamais consenti à porter sur moi, ma mémoire, les numéros de téléphone personnels d'André Gide, le contemporain capital, de Malraux, de Pierre Herbart, de Camus, de Louis Aragon et d'Elsa Triolet. Enfin, et surtout, je savais que je pouvais compter sur l'amitié d'un homme jeune et de ma génération : Roger Stéphane.

Très vite, le 5 avril 1949, je suis rentré à la rédaction de l'hebdomadaire *Paris-Match* que relançait M. Jean Prouvost en formule restaurée avec l'indispensable apport de pages couleur. N'ayant aucun amour pour la marche dans ce Paris décidément assombri d'indifférence, je suis venu aux Champs-Elysées par les transports en commun. Sur deux recommandations téléphoniques qui lui furent passées coup sur coup — la première par M. Pierre Lazareff, la seconde par M. Jo Vaysset —, je fus reçu dans les cinq minutes par Hervé Mille, le directeur général.

Cet homme, Hervé Mille, dont je ne dirai jamais de mal moi qui ne puis m'interdire d'en dire de tous, est une âme imaginée par Saint-Simon dans le corps d'un héros inventé par Paul Morand. De Saint-Simon, on redoute chez cet esthète nourri de la plus fine culture tous les ingrédients qui font les mélanges de génie : la passion de la cour, le goût du caquetage, l'attrait du poison sur le trait de la flèche, le sens inné de l'intrigue et le mépris hautain de la bassesse. De Paul Morand, on envie chez cet aventurier de l'esprit les épices rudes qui vous enflamment un plat : l'élégance cosmopolite d'un voyageur de l'Orient-Express, la volupté d'Epicure, l'âcre mélancolie du blasé et la générosité piquante du champion du monde qui peut vivre toute une saison d'œufs brouillés.

« Hervé n'est pas snob, il est chic », m'a dit plusieurs fois Marlon Brando qui a bénéficié comme nous tous, enfants de la deuxième génération perdue, de son pouvoir d'hospitalité discrétionnaire. Pour ce potentat de presse qui a méchamment fustigé mon complexe héroïnique, j'ai la reconnaissance du bien qui prend parti contre le mal. Hervé, c'est une fin de siècle et le début d'un autre qui chaque jour se recommencent. A chaque réveil il a deux mille ans sans avoir vieilli d'un cheveu. Trentenaire, il avait pris déjà sa stature et sa pose de musée, m'a affirmé Cocteau. Cet homme, qui m'a combattu dans la drogue avec une hargne quasiment policière, m'a apporté par ailleurs un tel éventail de relations que rien qui ne fût réversible ne pouvait m'arriver à Paris tant qu'il y vivrait. Comment oublier enfin que, me précipitant dans les bras de Mlle Gabrielle Chanel pour rédiger ses Mémoires, et se trompant complètement d'héroïne, il m'a jeté, en la personne de Mme Misia Sert, aux genoux d'une reine inamovible en mon cœur, et de laquelle j'ai appris à vingt-cinq ans tout ce qu'il me restait à savoir du commerce des hommes et des industries de leur société. Des garçons aussi différents que Brando, Vadim, Christian Marquand, Robert Hossein, André Lacaze, Gaston Bonheur, Rigade, Gégauff, des femmes tout aussi diverses qu'Arletty, Juliette Gréco, Annabelle Buffet, les sœurs Bardot, Moreau, Deneuve... ne me contrediraient point : situé de par sa psychologie des hasards au carrefour de tant de destins qui n'étaient pas évidents, Hervé Mille, cet alchimiste royal, a transmuté ces plombs douteux en certitudes d'or. La manière dont je fus accrédité à travailler pour *Paris-Match,* dans cette première équipe qui continue à faire figure de légende dans l'histoire du journalisme des temps modernes, ne manquera point d'amuser les jeunes gens d'aujourd'hui qui désirent entrer dans la profession. Lazareff, au bout du fil, explique à Mille : « Mon petit Herveton, il faut que tu engages Yves Salgues. Ma fille Nina n'a que son nom

L'héroïne

dans la bouche. J'ai voulu le prendre à *France-Soir* pour lui faire plaisir, mais Salgues s'est récusé, m'avançant pour raison principale de son honnête refus qu'il est nyctalope et noctambule, donc qu'il commence à n'y voir qu'au crépuscule et à ne vivre vraiment que la nuit tombée. " Je ne suis pas du matin, comprenez-vous, monsieur. Dans ce cas je me vois mal arrivant dans vos locaux vers les 5 heures : c'est le moment où je m'endors. Nous ferions du mauvais travail ensemble. Pardonnez-moi. " Ce garçon est stupéfiant, je dois dire. Vois ce que tu peux en faire et tiens-moi au courant. Mais fais-en quelque chose ! Nous ne pouvons en aucun cas décevoir Nina. » Mal aimée d'Hélène Gordon-Lazareff, car elle était la fille naturelle de Pierre qui l'avait eue avec l'actrice de cinéma Sylvette Fillacier, j'avais connu Nina — cette belle sculpture cubiste — sur les plages de la contrée tropézienne, le mois de juillet précédent. Sur la piste du *Bar du Soleil*, au Lavandou, je l'entraînais à danser, une boulette d'opium sur la langue, que les couples et Nina elle-même prenaient pour un rouleau de réglisse fondante. Je dois à ma nature exceptionnelle de ne jamais m'ennuyer dans la vie même quand j'agonise.

Le deuxième coup de téléphone reçu à mon sujet par le directeur de *Paris-Match* émanait de M. Vaysset. Ami très rapproché de Philippe Erlanger, Jo Vaysset mettait à la disposition d'Hervé et de Gérard Mille, son frère, une fois l'an, à leur absolue convenance, le rez-de-chaussée d'un hôtel particulier dont il était propriétaire à Venise. « Vous m'obligeriez beaucoup en faisant travailler Salgues, mon cher Hervé, expose-t-il, montant au filet dès le service. Erlanger dit de ce garçon que c'est un chêne avec un charme fou. » En cette époque où les mœurs n'avaient pas la dureté d'arête de celles d'aujourd'hui, vous entriez partout avec de si prestigieuses références : aussi bien au *Washington Post* qu'à *Time Magazine,* aussi bien à l'*Osservatore Romano* qu'à la *Pravda.*

De mémoire de Bibliothèque nationale, je suis le seul garçon inconnu débarqué d'un train de province à avoir dans les deux mois qui suivirent son arrivée à Paris décroché une grande signature régulière dans un grand hebdomadaire illustré. Lorsque, dix ans plus tard, le président Marcel Dassault, s'émouvant de mon peu de zèle à venir travailler chez lui, demandait à son rédacteur en chef de *Jours de France,* Georges Beaume, ce qu'il fallait pour m'affriander, il s'entendit répondre : « Salgues est ainsi fait qu'il ne s'intéressera jamais à un journal dont la direction ne s'intéresse pas personnellement à lui. » C'est vrai, j'ai besoin que des yeux se posent sur moi, que des regards m'interrogent, que des consciences amicales me sollicitent, m'appréhendent, me fouillent. A *Paris-Match,* dans la foire d'empoigne des égoïsmes forcenés, les deux premiers regards à se poser réellement sur moi furent dès le premier jour celui de Daniel Filipacchi, fils unique d'Henri, et celui de Patrick Kessel, fils de Georges, neveu de Jeff et cousin de Druon. A vingt-quatre heures de distance, donc quasiment ensemble, ils m'ouvrirent leur appartement, leur foyer, leur famille, tenants et aboutissants y compris. Cette politesse exquise du cœur vous réchauffe un homme. Or, désheuré, inadapté temporospatial, insomnieux et à demi éthylique, traînant comme des boulets les séquelles de ma toute récente toxicomanie, j'avais besoin de réchauffement plus que tout autre.

Le 24 décembre 1949, je partais pour un reportage en République fédérale d'Allemagne avec le photographe Jacques de Potier, qui devait s'illustrer pendant la guerre d'Indochine et s'y faire blesser glorieusement, lorsque je reçus, au journal, un coup de téléphone de Mme de Jumièges : consécutivement à des injections de très mauvaise héroïne, le juge Golletty ayant déclenché une opération de terreur sur le milieu marseillais du trafic de la drogue et de ses usagers, Gontran venait de mourir dans une crise de tension tétanique, tous ses muscles convulsés. La rigide agonie avait duré plus de huit heures devant tout le corps médical toulonnais impuissant et médusé. Non satisfaite du crime et de la folie, la drogue ajoutait le supplice d'enfer du tétanos au bilan de ses désastres.

Le soir de la Saint-Sylvestre, dans sa petite loggia de professeur de gymnastique du collège des pères blancs, à Toulouse, Dominique Béranger s'est brûlé la cervelle avec le revolver de marque allemande P.38 sur lequel Marianne, trois ans plus tôt, avait mis le pied alors que nous venions de nous aimer dans le grenier à foin. Nous avions remis, heureux, cette prise de guerre, probablement cachée là par un maquisard, à Dominique sans savoir que nous pouvions lui fournir ainsi l'instrument de son suicide. Une pièce de collection pour ton musée de la guerre, lui avais-je dit.

Le 3 janvier 1950, alors que je revenais d'outre-Rhin les oreilles bruissantes du ronflement des excavatrices et des crissements des concasseurs qui broyaient la pierre, les yeux éblouis par cette reconstruction hallucinante et grandiose de tout un pays qui vingt-quatre heures sur vingt-quatre relevait ses manches sous le soleil comme sous les projecteurs, Basile Béranger, ce monument de ma jeunesse, m'annonça la nouvelle au journal : « Ton Dominique est mort, dit-il, en appuyant sur le ton sans y insister. Courage, il vous a pardonnés. » Ce fut tout, il raccrocha. Pendant six ans, vivant absolument sans amour, sans un ami, sans une femme, j'ai écrasé le visage de Dominique, crevant ses beaux yeux d'émeraude, chaque fois que j'effectuais un pas dans la rue, chaque fois que je montais une marche. Pendant six ans, chaque fois que je me suis injecté une dose d'héroïne intraveineuse et que les orchidées de sang fleurissaient ma seringue, c'est ce visage raphaélique, ce sont ces yeux verts du vert des émeraudes des tribus sahariennes des Garamantes que je noyais dans mon torrent circulatoire. Je n'aurais pas pu vivre sans ce nécessiteux secours.

Il en va des livres comme des grèves : il faut un jour les terminer. Commencé le 26 août 1944 avec la libération de Toulouse, mon esclavage prendra fin le 2 juillet 1971, date à laquelle je tenterai l'entreprise désespérée de ma libération définitive. Dans un état de délabrement si avancé que depuis longtemps je ne me regardais plus dans les glaces, lassé de toutes les cliniques de luxe d'Europe, écœuré de la psychiatrie impuissante à cerner le problème de la toxicologie du plaisir, j'ai été admis ce jour-là dans un établissement dit conventionné de la banlieue Paris-Ouest.

« Le mot clinique ne veut rien dire. Seul le mot temps importe et signifie. Dans une clinique on reste huit jours ou huit mois : le temps de se faire sevrer ou le temps de se faire guérir. » Dr René Held.

Dégoûté de tout, ne croyant plus en rien, couvert d'abcès purulents, qui me maintenaient par quarante degrés de température dans un danger septicémique permanent, j'ai accepté (à la fois pour et contre moi-même) de tenir l'impossible pari, mais sans y croire, de la plus longue solitude morale dans la plus cruelle des afflictions physiques : deux cent quarante jours dans une cellule, à la double porte condamnée et aux fenêtres obstruées de barreaux, d'un pavillon d'isolement.

Dans sa maison de santé de Meudon-Bellevue, le Dr Pierre Random ne m'a pas fait faire une cure de sommeil, non plus qu'une cure d'ensommeillement, mais une cure de somnolence. C'est dire que ses infirmières m'ont administré, à seringuées pleines, des doses d'anxiolytiques telles que j'en étais assommé pour deux ou trois heures, mais sans être pour autant arraché à moi-même, à mon effroyable douleur de vivre, à ma lancinante peur de mourir, à ma volonté de prier sans pouvoir rassembler les mots de ma pauvre prière.

J'étais à ma dernière extrémité. Sur le registre de garde, à l'infirmerie et sur son tableau de marche journalier, le Dr Random avait écrit en capitales, en dessous de mon nom, les mots « à surveiller », les soulignant de cinq traits de stylo-bille rouge. Une rémission miraculeuse eut pourtant lieu. En même temps que moi était traitée dans cette clinique conventionnée une jeune fille fort peu conventionnelle, pur produit des lendemains de mai 68. Brune comme elle, Fabienne Martigny ressemblait à ce point à Marianne Béranger que, la croisant, le jour de ma rentrée, sur le seuil de notre pavillon — Les Cèdres — j'avais cru confondre leurs deux visages.

Comme Marianne Béranger, Fabienne Martigny avait dix-sept ans. Lycéenne à Versailles, elle venait comme elle de rater son second bachot. Non point pour un jeune toxicomane, mais pour un chanteur, Mike Brant, qui se dérobait à sa fureur d'aimer. Se tailladant les veines, absorbant de folles quantités de neuroleptiques, conduisant son vélomoteur dans les rues de Meudon un bandeau sur les yeux, elle n'arrêtait pas, n'agissant que par équivoque, de poser des problèmes aux psychiatres et de leur parler par rébus. Guérie, elle se rendit à nouveau malade pour continuer à partager avec moi la petite liberté de plein air des maisons de santé agréées par la Sécurité sociale.

Ce qu'a fait Fabienne Martigny pour moi, aucune femme ne l'avait fait avant elle, aucune femme ne l'a fait depuis, aucune femme ne le fera probablement jamais. Me lavant, me rasant, me coiffant, pansant mes plaies ouvertes au tulle Lumière, elle a guidé mes premiers pas incertains sur la pelouse. Sur ma chaise longue, programmant mes après-midi de radio au chic de la concurrence, entre Bouvard et Chancel, elle m'a donné, en simultanéité d'offrande, les cours les plus somptueux de baiser profond jamais reçus, me réapprenant cette vérité fondamentale : à savoir que l'amour se fait d'abord de bouche à lèvres.

A la faveur d'une première sortie à Paris, ingambe et sevré, je ne pus résister à la tentation d'une reniflade. L'héroïne aspirée étant pure à quatre-vingts pour cent, et ayant perdu l'habitude de ce cyclone nasal, je tombai raide, frappé d'une encéphalite par overdose. Muet puis bègue, sans pensée ni mémoire, paralysé du côté gauche des doigts du pied à l'épaule, Fabienne Martigny m'a entièrement rééduqué. En quatre étapes : sur une voiture à deux roues caoutchoutées ; puis sur des béquilles ; puis en appui sur sa solide épaule garçonnière ; pour enfin, dernier épisode, me lâcher seul — titubant et peureux — dans les allées du parc de Bellevue.

Je ne lui dois pas seulement la vie, je lui dois d'être vivant avec un minimum de handicap ; et, ce coup de semonce du destin m'ayant apporté quelques degrés dans l'élaboration d'une philosophie de la sagesse, je lui dois la terreur de sombrer à nouveau dans les abîmes de mon ancienne folie. Comme quoi, répétons-le, il tombe sous le sens que dans le challenge d'une guérison l'œuvre du toxicothérapeute — son client sevré — est nulle et inexistante. Ne pouvant venir de la médecine, le miracle ne peut avoir lieu qu'en provenance de l'amour.

Pendant vingt-sept ans, quatre belles rémissions exceptées, j'ai vécu chaque jour avec ce monstre anonyme dans ma poche, le tâtant à travers mes étoffes pour m'assurer qu'il était bien là, faisant le signe de la croix et priant Dieu pour qu'il n'en tombât pas un atome au moment de la piqûre, me resignant et reprenant encore lorsque j'avais injecté dans mon organisme affamé le poison mortel : mon paquet d'héroïne. Ce livre n'est pas une tranche de vie, il est le concentré d'une vie dévorée par la drogue homicide. Il se déroule en quatre ans pour l'essentiel, quatre années au cours desquelles j'ai connu les plus éclatantes fêtes de la vie de l'esprit et des sens. Il n'en est rien resté : l'héroïne les a abattues, elle a tout fait voler en éclats, elle a tout réduit en poussière. Lorsque prend fin le roman de ma folie toxicomaniaque, j'en étais à la dose infernale de cinq grammes de poudre clandestine chimiquement pure par vingt-quatre heures.

Toute ma vie n'a été qu'une longue marche en crémaillère, avec de difficiles embellies et d'effrayants abîmes toujours recommencés, toujours plus profonds. Car l'héroïne — une fois qu'elle a fait la connaissance d'un homme, surtout s'il est jeune : il faut lui reconnaître toutes les qualités d'une grande prédatrice —, l'héroïne homicide ne lâche plus cette proie. Elle et lui feront, de conserve, un bon bout de chemin ensemble : jusqu'à la mort de l'homme-proie.

Il a fallu — et cela m'a pris un temps infini — qu'avec une mémoire vierge je restructure totalement mes souvenirs. Le bilan de ces vingt-sept années est impressionnant : huit magnifiques situations perdues, une réputation professionnelle ruinée, vingt-trois cures de désintoxication dans les maisons de santé et les hôpitaux de France, puis dans les cliniques internationales, à l'étranger. Aujourd'hui, survivant de l'héroïne homicide, je suis un homme nu et un homme blessé. Vous qui me lisez déjà ou me lirez demain, si vous aimez la vie, vous haïssez la mort, que Dieu soit au bout, n'y soit guère ou n'y soit pas. Si vous aimez la vie, vous haïrez la drogue qui est synonyme de corruption, d'abaissement, d'immoralité, d'impuissance, de déshonneur, de mort lente et de privation de liberté. Si vous aimez la vie, vous aimez l'amour qui est sa récompense et sa transcendance humaine alliée chez certains couples à l'idée que les amants se font du divin. Si vous aimez l'amour, vous haïrez la drogue qui est sa négation despotique et totalitaire. Haïssez la drogue sous toutes ses formes, douces ou dures. Car, pour l'enchaînement du mal, il n'y a ni douceur ni dureté ; il n'y a que le pire, lequel n'a point de digue pour contenir son flot. Haïssez-la.

La drogue, de mon temps, était le luxe des démocraties occidentales. Elle en est devenue le fléau. La parole, aujourd'hui, est aux pouvoirs publics et à la jeunesse menacée.

Paris, porte de Saint-Cloud,
1er mai 1986.

*Achevé d'imprimer en janvier 1987
sur presses CAMERON
dans les ateliers de la S.E.P.C.
à Saint-Amand-Montrond (Cher)*

— N° d'édition : 87016. — N° d'impression : 3418-2243. —
Dépôt légal : janvier 1987.

Imprimé en France